高等学校交通运输与工程类专业规划教材

Introduction to Traffic Information Engineering

交通信息工程概论

崔建明　张绍阳　**主编**
宋焕生　**主审**

人民交通出版社股份有限公司
China Communications Press Co.,Ltd.

内容提要

本书按照高等学校交通工程专业、交通信息工程及控制专业本科的教学内容编写，全面、系统地介绍了交通领域信息技术的概念、理论与应用等内容。本书将交通工程与现代信息技术紧密结合起来，在信息技术的背景下，对交通信息工程的信息采集、处理、通信、应用及控制等进行概述。

本书可作为高等学校交通工程类专业本科生和研究生教材，亦可供从事交通信息化工程研究与开发应用的工程技术人员参考。

图书在版编目(CIP)数据

交通信息工程概论／崔建明，张绍阳主编. — 北京：人民交通出版社股份有限公司，2018.2
高等学校交通运输与工程类专业规划教材
ISBN 978-7-114-14556-8

Ⅰ.①交… Ⅱ.①崔… ②张… Ⅲ.①交通信息系统—高等学校—教材 Ⅳ.①U495

中国版本图书馆 CIP 数据核字(2018)第 030467 号

高等学校交通运输与工程类专业规划教材

书　　名	交通信息工程概论
著 作 者	崔建明　张绍阳
责任编辑	李　晴
出版发行	人民交通出版社股份有限公司
地　　址	(100011)北京市朝阳区安定门外外馆斜街 3 号
网　　址	http：//www.ccpress.com.cn
销售电话	(010)59757973
总 经 销	人民交通出版社股份有限公司发行部
经　　销	各地新华书店
印　　刷	北京市密东印刷有限公司
开　　本	787×1092　1/16
印　　张	14.25
字　　数	337 千
版　　次	2018 年 2 月　第 1 版
印　　次	2019 年 6 月　第 2 次印刷
书　　号	ISBN 978-7-114-14556-8
定　　价	40.00 元

(有印刷、装订质量问题的图书由本公司负责调换)

高等学校交通运输与工程(道路、桥梁、隧道与交通工程)教材建设委员会

主 任 委 员：沙爱民 （长安大学）

副主任委员：梁乃兴 （重庆交通大学）
　　　　　　　陈艾荣 （同济大学）
　　　　　　　徐　岳 （长安大学）
　　　　　　　黄晓明 （东南大学）
　　　　　　　韩　敏 （人民交通出版社股份有限公司）

委　　　员：(按姓氏笔画排序)

马松林	（哈尔滨工业大学）	王云鹏	（北京航空航天大学）
石　京	（清华大学）	申爱琴	（长安大学）
朱合华	（同济大学）	任伟新	（合肥工业大学）
向中富	（重庆交通大学）	刘　扬	（长沙理工大学）
刘朝晖	（长沙理工大学）	刘寒冰	（吉林大学）
关宏志	（北京工业大学）	李亚东	（西南交通大学）
杨晓光	（同济大学）	吴瑞麟	（华中科技大学）
何　民	（昆明理工大学）	何东坡	（东北林业大学）
张顶立	（北京交通大学）	张金喜	（北京工业大学）
陈　红	（长安大学）	陈　峻	（东南大学）
陈宝春	（福州大学）	陈静云	（大连理工大学）
邵旭东	（湖南大学）	项贻强	（浙江大学）
胡志坚	（武汉理工大学）	郭忠印	（同济大学）
黄　侨	（东南大学）	黄立葵	（湖南大学）
黄亚新	（解放军理工大学）	符锌砂	（华南理工大学）
葛耀君	（同济大学）	裴玉龙	（东北林业大学）
戴公连	（中南大学）		

秘 书 长：孙　玺 （人民交通出版社股份有限公司）

前言

随着交通事业信息化发展，面向交通的信息化教学逐渐成为交通运输工程及控制类学科重要的专业核心课程内容。近些年以来，随着信息技术的快速发展，交通信息工程及控制学科的内涵和外延都在不断扩展，但是，本领域的概述类教学教材甚少。此外，为了使学生能够在计算机科学与技术相关课程学习的基础上对信息技术在交通领域的应用形成全面的了解，我们编写了《交通信息工程概论》教材。感谢人民交通出版社股份有限公司组织这次编写活动，使得编者有机会参与到交通信息类课程教材的编写中来。

由于交通信息工程涉及内容广博、庞杂，因此，在本教材的编写上，进行了内容的取舍，仅对应用较多的方法与理论进行介绍和讨论。本教材由崔建明副教授及张绍阳教授共同编写，由长安大学宋焕生教授主审。

参与编写工作资料收集与整理的有夏咪、王子凡、程晓鹏、张郎等几位研究生，在此对他们的工作表示感谢。

本教材中涉及计算机科学、人工智能、通信、电子以及交通工程学的概念与知识，因此，建议学生在具备这些基础知识之后再开始学习，以便取得事半功倍之效。本教材可以作为交通工程专业、交通信息工程及控制专业，以及以交通为应用方向的信息类专业的本科生、研究生教材，也可以作为有关工程技术人员的参考书。

由于内容驳杂，加之作者水平所限，错误难以避免，望各位读者、同行给予指正。

崔建明
2017 年 9 月

目录

第1章 绪论 ··· 1
1.1 交通信息与时代进步 ··· 1
1.2 交通发展带来的挑战 ··· 2
1.3 交通信息概述 ·· 3
复习思考题 ··· 4
第2章 交通信息工程概述 ··· 5
2.1 智能交通系统(ITS)概述 ·· 5
2.2 交通信息技术概述 ·· 13
复习思考题 ·· 18
第3章 交通管理信息系统技术 ·· 19
3.1 管理信息系统概念 ·· 19
3.2 交通管理信息系统 ·· 21
复习思考题 ·· 24
第4章 交通信息采集 ··· 25
4.1 交通信息分类 ··· 25
4.2 信息采集技术 ··· 26
4.3 RFID 技术与交通检测 ·· 34
复习思考题 ·· 38
第5章 交通信息处理 ··· 39
5.1 数据融合 ·· 39
5.2 信息条件下的模式识别 ··· 48
5.3 数据压缩技术概述 ··· 56
复习思考题 ·· 63
第6章 交通信息通信技术 ·· 65
6.1 有线网络技术 ··· 66

6.2 无线网络技术 71
6.3 模拟及数字信号传输 76
6.4 WSN 与交通设施检测技术 78
6.5 CAN 总线传输技术 82
6.6 DSRC 技术 85
复习思考题 90

第7章 交通信息应用技术 92
7.1 信息发布内容与服务对象 92
7.2 现代交通信息应用方法 94
复习思考题 99

第8章 交通信息其他技术及方法 100
8.1 浮动车技术 100
8.2 分布式数据库（DDBS）技术 106
复习思考题 112

第9章 交通信息平台构建技术 113
9.1 大数据 113
9.2 云计算平台 115
9.3 数据挖掘技术 120
9.4 数据仓库 126
9.5 数据集市 130
9.6 GIS 系统 134
9.7 专家支持系统 137
复习思考题 140

第10章 交通信息工程应用 142
10.1 交通监控系统 142
10.2 联网售票系统 147
10.3 GIS-GPS 应用 151
10.4 城市交通流诱导系统 157
10.5 交通安全与信息化 159
10.6 道路交通环境保护信息化 161
10.7 不停车收费系统（ETC 系统） 163
10.8 桥梁监测系统 165
10.9 城市交通一卡通系统 167
复习思考题 169

第11章 交通信号控制概述 170
11.1 交通信号机控制概述 170
11.2 单点交通信号控制 174
11.3 干线交通信号联动控制 183

11.4 区域交通信号联动控制 …………………………………………………… 187
11.5 快速路交通控制 ………………………………………………………… 192
复习思考题 ………………………………………………………………… 196
第12章 道路交通仿真软件简介 ……………………………………………… 197
12.1 仿真理论 ………………………………………………………………… 198
12.2 交通仿真应用 …………………………………………………………… 203
复习思考题 ………………………………………………………………… 212
参考文献 ………………………………………………………………………… 213

第 1 章
绪论

1.1 交通信息与时代进步

简略地说,信息是事物运动状态和特征的反映。信息具有重要的地位,如果说世界上只有物质和能量而缺少信息,是不能称之为人类社会的,并且随着社会的发展,人类社会对信息的依赖性也会随之增强。信息与物质、能量都有一定的关系,但又具有一些很独特的性质,比如信息不会像某些物质一样随着使用而逐渐消耗,并且可以被大量复制。此外,信息还有一个特性,虽然信息能反映事物的特征,但是它可以在时空上离开它所反映的事物而独立存在,并且可以传播。

社会的发展是从低级到高级。社会起始依赖于各种物质资源,社会进一步发展进入工业化阶段,需要更多的资源。当人类社会进入跨国工业化阶段以后,对科技的依赖达到了一个新的程度,从而对信息的要求也大量增加。所以各类物质、资源都是社会的基础设施,而社会的运转又促使社会的基础设施发生变化。依赖于信息科学技术,人类生产由粗放型向集约型转变,导致生产率、效益跃变;人类与环境更加协调;社会劳动就业方面白领超过蓝领。同时,"硅"超过了"铁",也就是信息科学技术超过了传统科学技术。图 1-1 所示是人类社会按劳动生产工具与生产资料划分的 4 个时代。

比如交通领域关注对象发生的变化如图 1-2、图 1-3 所示。

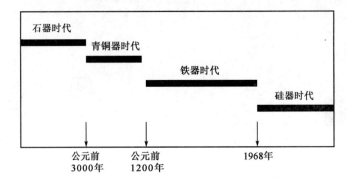

图 1-1　人类社会按劳动生产工具与生产资料划分的 4 个时代

图 1-2　传统道路交通的发展

图 1-3　交通信息化后发生的变化

随着人口的增长与分工协作的出现,交通逐渐从最初的短距离、小范围的出行发展到跨地区甚至是更大范围的出行。随着社会活动的增加,交通工具也得到了革新,相应的道路也得到发展,同时人口也不断地发展,城市化进程不断进行,逐渐出现了交通需求超过了交通供给的现象,表现为车辆在道路上的拥挤,出行人群在出行中消耗的时间增加。为了解决这种交通需求与供给的矛盾,人们采取的措施从最初的扩建道路,逐渐过渡到了改进交通管理方式,挖掘道路车辆通行容量。事实证明,引入信息技术、控制技术、人工智能等学科之后,交通管理水平也得到了提高,管理手段也多样化,使交通信息技术这门交叉学科得以产生与应用。

1.2　交通发展带来的挑战

交通问题产生主要是由于城市发展无法满足经济社会的持续快速发展,主要体现为供给不足,造成出行拥堵、效率低下。

从西方发达国家的交通发展历史来看,道路交通发展经历了以下阶段:

第一阶段,大力增加公路通车里程。在这个阶段,随着制造业、电气技术的发展,汽车行业得到快速发展,急需大量修缮或者修筑能够符合现代汽车行车要求的道路,分工协作带来的区域效应也同样对道路的通行里程有较大需求,反过来,道路的发展促进了汽车行业的发展。

第二阶段,提高公路等级。伴随着经济的发展,汽车等运输工具质量的提高,出行者对道路等在满足基本通行功能的基础上有了更多更高的需求,诸如通行量、出行时间、出行舒适性等。

第三阶段,综合运用各种运输方式。在这个时期,单独的出行方式在时间或舒适度上显得有所欠缺,此时,出行者会采用几种出行方式相结合的方式完成出行,这样无疑对公路、铁路、水运或航空等出行方式上的关注不同,比如飞机最快但出行价格最高,对于时间要求比较高的人群比较适合,而作为对时间要求不高的出行人群,如旅游者会选择其他的一种出行方式或者几种相结合的出行方式。

第四阶段,从可持续发展的角度优化各交通运输方式。可持续发展就是对交通系统之外的其他因素进行综合考虑的系统工程。

通过以上阶段划分,可以看出交通发展中的问题可以借鉴国外经验,并不断创新应对解决方案,交通信息化解决方案呼之欲出。

1.3 交通信息概述

1.3.1 交通信息产生

交通运输领域内流通着各种可用的信息,统称为交通信息。这些信息按其不同特征、来源分,可有多重不同的信息分类。对这些信息产生的了解将有利于交通的发展,甚至是有着支持作用。所以,需要对交通信息的产生进行细致的研究,其中包括交通信息的来源、特征和分类方法。

交通信息包括:静态信息与动态信息。静态信息,主要是指不随时间变化的道路相关数据,如道路的电子地图信息、检测器及各种交通管理、控制设备的安装和配置信息等。动态信息,主要是指随时间变化的交通数据,如道路上的车流量、平均速度、拥堵状态、事故处理状态等,这些信息源于各种路面检测器、埋地磁感线圈、各种传感器、视频检测、信标车辆、人工报告等。

交通信息的来源众多,最为主要的交通信息源来自三个方面,即道路、车辆和人,这些信息被称为直接的交通信息。还有一些间接的交通信息,比如地形、地质、气象信息等自然因素,以及其他的政治、经济、人文、历史等人类社会因素。

交通信息根据信息来源有如下分类:

1) 道路信息

道路是构成交通运输的基础设施。道路信息包括道路等级、路面状况、车道宽度、车道数量、车道转弯半径、道路坡度、设置立交的类型、出入匝道/路口等。道路相关信息主要来源于道路的设计部门或管理维护机构。

2) 车辆信息

车辆是交通运输的载体,是物体在空间上从一个地方转移到另外一个地方的承载体。在智能交通系统(Intelligent Transport System,ITS)中包括客车、货物及特种车辆,但是主体是大小不同的车辆。来自车辆的交通信息包括车型、车辆生产国或厂家、出产年份、行驶距离、车重、车内设备配置、检修记录等。车辆信息既有来自生产厂家的,也有来自用户或车辆检测部门的。

3) 人员信息

人员是交通的主体,交通运输的主要目的之一就是把人员快速、安全地运送到目的地。人员信息中重要的信息之一就是驾驶员的信息,包括驾驶员的一些特征信息,诸如性别、年龄、教育程度、国籍、驾龄、熟练程度、出行目的、健康状况及心理状况等。

4) 环境信息

环境信息包括两部分,一是自然环境信息,二是社会环境信息。自然环境信息是指与交通相关的自然环境信息,如地形地貌、地质状况、自然灾害、季节气候、风雨雷电、气温、路面结冰、能见度等,可以通过各类资料查询获取。社会信息包括各地区的交通政策和经济发展水平、社会治安情况、军事价值等,可从政府部门获悉。

1.3.2　交通信息化的必要性

从目前的交通发展状况来看,交通信息方面主要存在以下几个问题:

(1) 道路密度大、路口多的趋势明显,数据量急速提高。

(2) 道路的网络化程度提高。

(3) 停车与计费方式不能适应车辆数量的增加。

(4) 计费方式效率较低,容易造成交通瓶颈,形成二次拥堵。

(5) 在逐渐增长的道路交通基础设施建设后,资源利用水平较低,管理者迫切需要提高管理效率。

(6) 在交通管理部门提高效率过程中有更多的信息内、外界交换不畅,难以达成信息共享。

形成一个完善的交通信息化体系,就需要交通基础设施建设、交通政策与交通信息化有机地结合在一起。道路交通信息化程度需要提高主要因为以下几个需求:

(1) 保障交通运输系统的畅通、高效,要求加强对交通基础设施和运载装备的运行监测,提高其运营管理水平和运行效率。

(2) 推进综合运输体系建设和发展现代物流,要求实现多种运输方式信息的共享和协调。

(3) 构建绿色交通,要求利用信息技术优化运输组织模式,减少资源和能源消耗。

(4) 完善安全监管和应急处置体系,要求提升交通应急处置的监测预警、信息传递和决策支持水平。

(5) 满足出行人群安全便捷出行,要求为公众提供优质的出行信息服务。

(6) 提高决策的前瞻性和科学性,要求准确把握交通运输经济运行状况,深化行业综合运行分析。

【复习思考题】

1-1　简述交通信息根据来源的分类。

1-2　道路交通的信息化程度需要提高的原因是什么?

1-3　简述交通信息化的必要性。

第 2 章
交通信息工程概述

科技进步使得信息技术与交通管理等技术相互结合,具有相互促进的作用。交通信息工程是信息技术将人、车、路和环境等紧密联系、协调、统一而建立起的大范围内、全方位发挥作用的实时、准确、高效的交通系统工程。随着人类社会的发展,交通信息系统的作用逐渐显现出来,并且系统在服务使用的过程中逐渐地改进,从而更为复杂和完善。其中智能交通系统(Intelligent Transportation Systems,ITS)被认为是一个跨学科、信息化、系统化的综合研究体系。

2.1 智能交通系统(ITS)概述

2.1.1 各国 ITS 应用

世界上 ITS 的研究、应用主要集中在发达国家,目前还处于开发试验阶段,其功能和规模仍在不断地发展。传统的 ITS 包括交通管理系统、交通信息系统、公交信息系统、车辆管理系统、泊车系统、车辆控制系统六大子系统。其核心基础在于控制,借助信息技术、通信技术等完成完整的控制体系。以下介绍 ITS 在美国、欧洲、日本、中国的发展与应用情况。

1) 美国 ITS 的应用

(1) 先进的交通管理系统(Advanced Traffic Management Systems,ATMS)

先进的交通管理系统主要是指先进的检测、控制和信息处理系统。该类系统向交通管理部门和驾驶员提供道路交通流进行适时疏导、空盒子和对突发事件的应急反应功能,包括城市集成交通控制系统、高速公路管理系统、应急管理系统、公共交通优先系统、不停车自动收费系统、交通公害减轻系统和需求管理系统等。

该系统在道路、车辆和监控中心之间建立起通信联系。监控中心接收到各种交通信息(如车辆检测、车辆识别、交通需求、告警和求助信号)并经过处理后,通过调整交通信号,向驾驶员和管理人员提供交通实时变化信息和最优路径的诱导,从而使交通流处于最优状态。

(2)先进的旅行者信息系统(Advanced Traveler Information Systems,ATIS)

先进的旅行者信息系统主要是对交通出行者提供及时的信息服务。在出行前,该系统通过办公室的计算机终端、咨询电话、咨询广播系统等,向出行者提供当前的交通和道路状况以及服务信息,帮助出行者选择出行方式、出行时间和出行路线。在出行途中,该系统通过车载信息单元或路边动态信息显示板,向出行者提供道路条件、交通状况、车辆运行情况、交通服务的实时信息,通过路径诱导系统对车辆定位和导航,使汽车始终行驶在最佳路线上,使出行者以最佳的出行方式和路线到达目的地。

(3)先进的公共运输系统(Advanced Public Transportation Systems,APTS)

先进的公共运输系统采用各种智能技术促进公共运输业的发展,包括公共车辆定位系统、客运量自动检测系统、行驶信息服务系统、自动调度系统和电子车票系统等。

该系统利用全球卫星定位系统(Global Positioning System,GPS)和移动通信网络对公共车辆进行监控和调度,采用 IC 卡进行客运量检测和公交出行收费,通过个人计算机、闭路电视等向公众就出行时间和方式、路径及车次选择等提供咨询,在公交车辆上和公交车站通过电子站牌向候车者提供车辆的实时运行信息,改进服务,增强公共交通的吸引力。

(4)商用车辆运营(Commercial Vehicle Operation,CVO)

商用车辆运营是为运输企业(主要是经营大型货运卡车和远程客运汽车的企业)提高盈利而开发的智能型运营管理技术,目的在于提高商业车辆的运营效率和安全性。该技术通过卫星、路边信号标杆等装置,以及车辆自动定位、车辆自动识别、车辆自动分类和动态称重等设备,实现电子通关,辅助企业的车辆调度中心对运营车辆进行调度管理。

(5)先进的车辆控制系统(Advanced Vehicle Control Systems,AVCS)

先进的车辆控制系统包括事故规避系统和检测调控系统等,主要指智能汽车的研制。智能汽车具有道路障碍自动识别、自动报警、自动转向、自动制动、自动保持安全车距、测速和巡航控制功能。安装在车身各部分的传感器、盲点检测器、微波雷达、激光雷达、摄像机等设施由计算机控制,在易发生危险的情况下,随时以声、光等能够被人接受的形式向驾驶员提供车体周围及其车体本身的必要信息。车内计算机中存储大量有关驾驶员个人和车辆各部分的信息参数,当检测到这些参数发生变化、超过某个安全边界值时,就会向驾驶员发出警报,并采取预定的相应措施,以防事故发生。

(6)自动公路系统(Automated Highway Systems,AHS)

自动公路系统是一种较高级别的智能车辆控制系统的集成,目前还处于试验阶段,主要试验是在圣地亚哥到洛杉矶之间的 12km 长的州际公路上进行的。总共有 92000 个磁块被嵌入公路表面,每辆车上都装有磁铁传感器和高敏感度的雷达装置,磁铁传感器用来检测车辆在公路上的位置,高敏感度的雷达装置用来检测车辆的车速和安全距离并使车辆避开障碍物。车辆在公路上行驶时不需要驾驶员输入控制信息,驾驶员可悠闲自在地坐在车上休息或做其他的事情。试验以车辆编队的形式进行,几辆车仅以一辆车长的间隙在公路上高速行进。另外,还有自动横向(方向控制)和纵向(加速/制动)操作、障碍物侦测、躲避和车辆插入车队的情况。自动公路系统是智能运输系统的一个长远目标,它创造了一个近乎没有事故的驾驶环境,能够显著提高汽车行驶的安全性。

(7) 先进的乡村运输系统(Advanced Rural Transportation Systems,ARTS)

先进的乡村运输系统是将 ITS 技术与方法应用到乡村和小城镇的运输环境中。和拥挤的城市环境相比,这个环境更加多样化,包括农田、山野、旅游区等地广人稀的地区,有许多不同的特点与需求。没有一种城市中适用的现成技术能完全适用于整个村镇地区,村镇地区所迫切需要的技术与城市的也不尽相同。例如,对于村镇地区来说,拥挤状态下的疏导对策显然不如障碍检测和视觉加强重要,从效益费用比的角度看自动驾驶也并不必要。因此,也可以说 ARTS 是其他 ITS 类别(ATMS、ATIS、APTS、CVO、AVCS 和 AHS)在村镇地区的选择性应用。

2) 欧洲 ITS 的应用

与包罗万象、内容覆盖全面的美国 ITS 体系框架相比,欧盟 ITS 体系框架在内容上选取典型系统进行详细分析,并非以"全"为目的。

在实际构建过程中,欧盟 ITS 体系框架的用户服务、逻辑框架构建方法与美国类似,主要区别体现在物理框架的构建中。欧盟物理框架的构建有两种方法:基于用户需求的方法(the user needs method)和基于系统概念的方法(the system concept method),当用户需求明确时采用前者,反之采用后者。两种方法的主要步骤是一致的,即针对用户服务,结合实际提出物理系统,一个系统可以完成一项或多项用户服务,由用户服务与逻辑功能元素的对应关系而确定出物理系统所包含的逻辑功能元素组成,对其功能进行分类,原则上是按照功能实现地点进行,给出子系统,针对子系统中不同功能域的功能元素进一步细分,得到系统模块,同时也得到了框架流。由此方法得到的物理框架并非一个完整地覆盖了 ITS 领域的系统组合,而是针对某项用户服务的系统组成。但欧盟 ITS 体系框架亦是从用户服务出发,针对系统模块进行组合得到具体可实施的系统。

1985 年,欧洲从电子信息技术在交通领域的应用开始介入 ITS 的研究,欧共体的专家经过研究得出:"远程信息通信技术与住处处理技术的综合体,将成为 21 世纪的主要经济增长点",并制定了"最有效最安全的欧洲交通计划"。

PROMETHUS 计划最早由奔驰汽车公司提出,后联合其他 10 家汽车公司,确定了 4 个基础研究开发领域和 3 个应用研究领域。其中,4 个基础研究开发领域,包括车载人工智能处理器、实时模式识别、各种传感器和处理装置、数字通信技术和系统综合运用方法及评价模型开发。3 个应用研究领域,包括通过人工对话防止机动车相撞、偏离车道检测、障碍物检测和驾驶辅助系统,车之间通信提供行车支援信息开发,作为建立路径诱导系统基础的车、路间通信系统等。PROMETHUS 计划于 1994 年完成后,于 1995 年开始新的研究计划,研究对象包括全交通方式。

与 PROMETHEUS 计划同时,还制定了以道路基础设施的研究开发为主体的 DRIVE 计划。DRIVE 计划共安排了 72 项内容,包括分类别的研究工具的开发、建模和评价、安全、人的行为、交通控制、远距离通信和数据库、出行规划、多功能路边设备的开发、通信标准、设施的经济与财政问题等。在 1995 年取得一定成果之后,进而完成了 DRIVE-II 研究计划。其后又展开了 DRIVE-Ⅲ 的研究，直到现在。

3）日本 ITS 的应用

1998年5月29日，日本内阁会议做出决议，在日本道路建设五年规划中，将 ITS 作为推进道路建设的一个重要举措正式纳入规划之中。根据同年8月7日制定的关于推进智能交通系统（ITS）的整体设想，由日本警视厅、通产省、运输省、邮政省等（部、委）出面，委托大学和民间团体联合攻关，积极推进 ITS 的研制开发工作。

日本 ITS 研究的一个显著特点是政府有关部门共同参与、密切合作，以保证在技术发展过程中没有遗漏。1993年7月，日本车辆、道路与交通智能协会正式成立。从而与智能运输系统有关的5个省，即建设省、通产省、邮政省、运输省和警视厅之间建立了加强合作的机制。1995年8月，在详细分析 ITS 用户服务范围的基础上，上述5个省有关部门提出了日本"公路交通、车辆领域的信息化实施方针"，其目的在于在 ITS 的统一规划下推进其工作。

日本在积极推进道路交通信息通信系统、ETC（Electronic Toll Collection，电子收费系统）等系统的研制开发中，于1998年8月7日策划制定了智能交通系统（ITS）的整体设想。

但是，在推行个别子系统实用化过程中，考虑到诸多个别系统的复杂性，明确了共享情报构成要素等问题，在保证系统综合化和各系统之间的互换性的同时，还必须确保系统今后的扩张性。鉴于上述情况，日本与研究该 ITS 有关的五个政府机构确定在10年内完成此项工作，并最终制定了智能交通系统的整体设想。关于智能交通整体设想，美国早已制定完成，并根据全美系统构想，开始实施该系统标准化计划。根据1998年6月制定的 TEA-21 法案，美国大力推进 ITS 的全面研制开发工作。欧洲诸发达国家目前业已进入该系统的研制开发实施阶段。目前，日本已完成了符合本国国情和特点的智能交通系统整体框架的前期制定工作，并据此计划，注重该系统的综合效率以及和各国标准化走势的和谐。

道路交通情报通信系统是以车载地图引导交通的情报通信系统为开始起步研制开发的，发展到今天，依靠无线电信标的车路通信系统和调频文字显示，实时提供给驾驶员交通信息的第二代 VICSC 道路交通信息通信系统车载器。日本于1996年4月正式为用户提供了 VICS（Vehicle Information and Communication System）服务系统。如今，已在全日本高速公路以及东京等9个都府县广泛使用。从日本该系统普及情况可知，截至1998年7月末，使用该系统的车辆已达320万辆之多。和美国以及欧洲相比，其普及率绝对领先，而且大有进一步增加的发展势头。

在智能交通系统的研制开发中，道路交通信息通信系统的发展最快，也最引人注目，它就是多用途的车辆跟踪定位系统（GPS）。把路车情报系统作为通信机器情报末端加以广泛使用的最先进产品，就是前述的道路交通信息通信系统（VICS）。从1997年起，由于车载电话的普及，新闻、气象以及食宿等信息服务成为可能，进而由于电子通信技术的发展，最终实现了家庭信息服务。这些道路交通情报通信服务系统，分为与情报中心的直通式和插入通信网络的网络式两种类型。此外，还有一种和专用情报中心联机的同时又与网连接的双向情报通信方式。随着车载电话服务系统的进一步发展，今后将实现通过通信卫星对路上行驶车辆提供道路交通信息的服务。

依靠无线电通信等高新电子技术进行收费处理，即可实现不停车自动收费的全部操作。该系统的使用，不仅能够缓解停车收费造成的车辆堵塞，而且可实现无现金化，方便了驾驶员，减少了运行成本和现金流失。该系统就是 ETC，即不停车自动收费系统，这种系统已从1999

年开始在日本东叶公路等首都圈主要收费站使用。人工收费站的处理能力,每小时平均230辆,而使用 ETC 系统,每小时可达到1000辆,大约提高工作效率4倍。从而极大地缓解和改善了高速公路收费站附近的交通堵塞现象。ETC 系统,由路旁无线电天线等基础构件、车载器以及 IC 卡等设备构成。当然和道路交通情报通信系统一样,上述设备和技术均有待向综合化、多用途化方向发展。通过和 VICS 以及道路情报通信网络的结合以及末端的设立和一体化,再通过和加油站、停车场、信用卡等其他结算系统的连接,将会进一步提高对道路各种行驶车辆信用户服务的便利性和高效化。

以 AHS(道路交通车辆运行支援系统,又称高速公路辅助行车系统)为例,该系统是通过对道路与行驶车辆之间的协调,向驾驶员提供危险警告、行驶路线以及协助驾驶等情报信息,以最终实现自动驾驶的一个极为先进的新系统。目前,在日本名阪国道和阪神高速公路等设置了突发事故探测系统。该系统在事故多发路段上配备多个电视监控器,通过画面自动检测和监控有无事故发生。然后通过路旁情报板,向后方车辆提供前方发生事故等情报信息,以防发生追尾事故。

自动巡查监控系统(Adaptive Cruise Control,ACC)也是已经实用化了的一个相关新技术。该系统是通过激光雷达来掌握前方行驶车辆位置,调节行车速度,以实现保持适当车距的一个控制系统。目前,日本全国已装设了该系统的车辆约为4600辆。此外,采用传感器来检测车辆运行轨迹、车体侧倾以及行驶车辆驾驶员疲劳瞌睡等情况,再通过具有用声音或监控器发出警告信号的运行检测机能,让驾驶员制动或减速,选用最合适的变速挡位,实现用安全速度行驶的协调控制,将会使 ACC 系统相关技术得到进一步发展和普及。为了使 AHC 道路交通支援系统具有完全实现路车一体化功能,日本运输者和日本通产省联合立项,开发研制先进安全汽车(Advanced Safety Vehicle,ASV)和高性能汽车交通系统等汽车设计和制造新技术,并于2000年开始实施此项开发计划。

2.1.2 ITS 在我国的发展

我国开展 ITS 的开发研究始于20世纪80年代后期,早期主要是由公安部、交通部、建设部等所属研究所、院校在引进、消化国外一些智能交通技术产品的基础上,进行开发研究适合我国国情的智能交通技术系统。例如,我国的城市交通控制系统、高速公路监控系统、电子收费系统等,通过了国家"七五""八五"和"九五"重点科技攻关和示范工程应用,已经较为成熟,目前在国内一些大中城市和高速公路上得到了一定程度的应用,但在先进性和系统性方面与国外同类技术和产品相比,还有一些差距。

1) 我国 ITS 的研究现状

1995年以后,我国关于 ITS 的研究、试验、国际交流活动日益频繁,许多院校、企业相继进入这个领域,除交通运输部公路科学研究院和公安部交通管理科学研究所长期在从事 ITS 相关技术研究开发外,清华大学、东南大学、同济大学、中兴通讯、中国普天、东软集团等相继建立了 ITS 研发机构,国家有关部门也将 ITS 列入"九五""十五"科技发展计划和2010年长期规划中,并在近期的"十三五"中也列为主要体现。我国 ITS 的研究应用主要体现在:

(1) 城市交通信号控制系统(Urban Traffic Control System,UTCS)

交通信号控制系统的目标主要是实现区域内交通信号自适应控制。它依靠事先建立的交通算法及模型,对实时检测到的交通数据进行分析,从而对信号周期、信号相位等配时参数进行优化,及时调整绿信配时方案以使整个控制区域内行车延误时间、停车次数等最少。自2000年开始,在全国实施城市交通"畅通工程"的两年时间内,就有近百个城市建立了以交通信号控制系统为主的交通指挥系统,但交通信号控制系统相当一部分是引进国外的系统,如SCOOT(北京、大连等城市使用)、SCATS(上海、广州等五城市使用)、京三系统(深圳等五城市使用)、西班牙系统(南宁、武汉、长春等城市使用)、意大利系统(太原等城市使用)、美国系统(济南等城市使用),以及韩国系统等。这些系统皆是建立在以机动车为主的道路交通条件基础上的控制系统,既不适应于我国的混合道路交通情况,无法适应于连续流与间断流的协调控制、公共汽车交通优先控制,也无法适应我国城市发展ITS的需要。"七五""八五"期间,国家组织公安部交通管理科学研究所、同济大学等单位共同开发研究的"城市交通实时自适应控制系统",是我国第一个大规模开发完成的交通控制系统,一定程度上考虑了混合交通的特点,在全国近20个城市得到了推广应用,但总体上仍不能适应当代乃至未来面向ITS发展的需要。在此前后,也有一些研究部门不断地进行相关的研究,如中国科学院沈阳自动化研究所也开发研究了相应的控制系统理论。

(2)高速公路监控系统(Freeway Surveillance and Control System)

即通过高速公路信息采集系统获取高速公路的运行信息并进行分析、判断、决断、决策,对高速公路采取恰当的控制措施,减少偶发事件的影响,使得交通流平稳、安全、通畅地运行,以获取高速公路最佳的运行效益。目前,我国大部分高速公路皆建有监控系统,主要设备大多是引进的,其功能单一,往往只监不控,无法有效地调节或改善交通状况。

(3)电子收费系统(Electronic Toll Collection,ETC)

我国高速公路是收费道路,一般使用开放式并自动收费系统,由人工或仪器判断车型,人工收费、数据统计、汇总及管理均由计算机自动处理完成,高速公路间是非联网收费。此外,我国有些城市的桥梁、隧道开始实施不停车收费,如重庆市等。截至2015年9月,全国高速公路联网收费覆盖达到了29个省份,全国累计建成ETC专用车道1.2万余条、5万余条人工刷卡(MTC)车道,ETC用户约2171.5万。

(4)路径导行系统(Electronic Route Guidance System,ERGS)

路径导行系统是试图实时采集和处理交通流信息及其相关数据,通过CDPD、专用通信线、光缆等有(无)线通信手段进行远程传输,实现诱导功能,对出行者发布路网结构图、实时交通拥挤、速度限定、预测时间、交通管制及宣传等综合信息,实现交通流的有序流动。目前,我国一些厂家正在研究开发车载式系统,但由于后台缺乏交通信息系统和交通地理信息系统GIS-T的核心内容,这类系统还仅处在试验阶段。

(5)公共交通运营与管理

公共交通仅是指公共汽车交通,在国内许多城市公交线路发展很快,投入运营车辆多,但仍普遍面临不准时、换乘不方便、亏损严重等问题。北京、上海、广州等特大城市在改革公共交通运营体制的同时,都试图引入公交电子调度系统(车辆定位调度、电子站牌系统等),但目前还没有信服的使用效果来证明该系统的有效性。

(6)交通安全与紧急管理

突发事故的及时检测、诊断与分析,并采取快速的救援管理措施,对于减少事故损失、缓解交通阻塞是极其重要的。目前,我国大部分城市的公安交通管理部门已建成了基于紧急电话(110、122)的突发事故接处警系统,对于快速调度警力、快速处警是十分有效的,但还无法获取第一时间的交通事故实时信息,且未能提供系统性救援支持。因此,目前我国城市交通安全与紧急救援管理还处于初级阶段,拥有的紧急救援设备主要是事故辅助照明、事故勘察、事故清障抢险设备等,它们大都缺乏系统性、先进性。另一方面,高速公路交通紧急救援管理也仅是在一些道路上初步形成,如沪宁高速公路上海段和首都机场高速公路的紧急救援管理系统等。

(7)交通信息化建设

交通信息化的基本含义是指运用各种现代化高新技术,将各类交通信息从采集、处理到提供服务加以系统化,共享其资源,为最佳营运与管理交通、发展智能交通系统和新产业,发展经济,推动城市进步奠定基础。近年来,我国政府一直高度重视并积极推动信息化工程建设,尤其是交通管理部门,在交通管理信息化工作上投入了大量人力财力,信息化水平取得了重大进展,实现了进口车核查信息系统的全国联网,建立了统一格式标准的机动车信息管理系统、道路交通违章信息管理等系统,正在实现全国联网、信息共享,这些都为智能交通系统建设奠定了坚实的信息基础。然而,我国交通信息化的整体现状不容乐观,以广州市的情况为例,虽然建设有不同类别和规模的交通信息系统设施,但这些信息系统资源都无法共享,甚至是一个主管部门内部的系统资源都无法做到这一点,信息化水平较低,交通参与者与交通管理者之间、系统与系统之间仍无法做到信息的互相传递与共享。这一切都从不同程度上制约了智能交通系统的发展进程。

2)我国智能交通系统(ITS)体系框架

ITS体系框架是指系统所包含各个子系统为实现用户服务功能、满足用户需求所应具备的功能,以及各个子系统之间的相互关系和集成方式。ITS体系框架决定了系统如何构成,需要确定功能模块以及模块之间的通信协议和接口,它的设计必须包含实现用户服务功能的全部子系统的设计。通过集成若干个ITS子系统的功能可以实现一个或多个用户服务功能。我国在"九五"期间,通过公安部、交通部、建设部、教育部等部委下辖研究所、院校、企业的联合攻关,研究制定了我国的ITS体系框架。

我国ITS体系框架主要由以下几个方面组成:用户主体、服务主体、用户服务、系统功能、逻辑框架、物理框架、ITS标准和经济技术评价。如表2-1所示明确了ITS体系框架各组成部分与服务的关系。

我国ITS体系框架各组成部分与服务的关系　　　　表2-1

组成部分名称	作　　用
用户主体	明确谁将是被服务的对象,明确了服务中的一方
服务主体	明确谁将是提供服务,明确服务中的另一方,这与用户主体和特定的用户服务组成了系统基本的运行方式
用户服务	明确系统能提供什么样的服务
系统功能	将服务转化成系统特定的目标
逻辑框架	服务的组织化
物理框架	明确服务怎样具体提供

3)我国智能交通系统共用信息平台结构

我国智能交通系统可初步划分为共用信息平台、交通管理系统、物流管理系统、公共交通管理系统及公路交通管理系统五大部分。其中共用信息平台为核心。只有建立了ITS共用信息平台,ITS各子系统才可以在此基础上进行系统集成,实现交通等信息的交换与共享,为各相关部门制定运行控制方案和科学决策提供依据。同时,ITS共用信息平台还可以利用数据集成的优势,以共用信息平台为基础,面向社会公众提供全方位、多方式的交通信息服务,为其出行提供极大的便利。

ITS共用信息平台由以下几个支撑子平台、系统或模块组成,并完成相关功能:

(1)交通信息传输子平台

交通信息(数据)的采集、传输、发布及子系统间连接,交通信息(数据)的传送与交换均依赖于通信网络来完成。它是实现智能交通系统共用信息平台的物理基础,因为交通数字地图信息等,数据量大,实时性强,故此应建立高效率的专用的交通通信网络子平台。

(2)交通信息发布子平台

交通共用信息平台的信息服务承载子平台。承载共用信息平台(交通信息服务系统)与外界的物理(逻辑)连接,数据传输、信息发布等通信服务功能,它作为共用信息数据库的基础数据信息应用服务体现,为最终用户的使用和增值业务服务商提供基本平台信息。

(3)交通地理信息子平台

交通地理信息系统(GIS-T)是GIS技术在交通领域的延伸,主要实现GIS的数据获取、数据管理、数据应用功能,将广义的GIS处理、加工成交通专用的交通地理信息,送入ITS共用信息平台数据库,以支持ITS共用信息平台,并通过共用信息平台支撑整个ITS。

(4)共用信息数据管理子平台

这是ITS共用信息平台的核心子平台,它负责对ITS共用信息的管理、存储、维护。主要完成对平台网络管理、应用请示服务管理、决策支持管理、权限管理、信息发布管理、数据库维护管理等,实现对相关子系统信息在平台内集成与共享的数据流向的设定与管理,因共用信息平台数据涵盖交通的各个领域,存在地理和归属上的不一致,故数据管理子平台具有分布式数据库或数据仓库的特征。

(5)数据采集/融合子平台

通过数据采集/融合子平台,ITS共用信息平台对来自于ITS各个系统的异构数据和信息进行标准化处理及转换,使ITS共用信息平台与ITS子系统之间的数据交换依据参照系及接口规范对数据进行分类及标准化处理,使平台按标准的数据接口进行互联。采用各种信息融合技术手段对采集到的数据和信息进行深层次分析与高效的加工,提炼出各种层面的综合信息,以备各个相关系统提取利用(如决策、发布等)。

(6)定位/导航服务子平台

利用GPS/GIS实时路况信息,使共用信息平台能够为车载装置等提供实时准确的定位/导航信息。

(7)ITS网管系统

作为一个独立的物理实体来建立ITS网管中心。网管中心的功能包括配置管理、故障管理、性能管理、安全管理四部分,实现对ITS共用信息平台以及ITS系统中各种设备的监控和操作维护管理功能。

(8)交通决策支持模块

ITS共用信息平台拥有大量的有用信息,建立交通决策支持模块十分有利于发挥信息的增值服务作用,为交通规划及指挥调度提供科学合理的建议和辅助决策。交通决策支持应建立在分布式交通管理专家知识库体系基础上,采用人工智能推理模型依据存储的交通专家知识,对交通运行参数、交通突发事件等进行实时处理,进行在线状态分析,导出最优分析结论。

4)我国智能交通系统的重点研究领域

智能交通系统的研究与发展以交通管理、运营智能化、系统集成和人—车—路协调整合为切入点,依托部门及地方的资源点攻克交通智能控制、集成信息服务、专用短程通信、标准规范和智能车路等关键技术难点,探索适合我国国情的智能交通系统发展模式和技术体系,为我国智能交通系统的开发、应用及产业化奠定基础,促进我国通过高新技术改造传统产业,以信息化带动工业化的进程。

2.2 交通信息技术概述

交通信息技术作为 ITS 技术的主要内容,是必须要学习的主要内容之一。交通信息技术主要由对交通信息的采集、处理、传输、控制、发布等一系列过程组成,从学科来说,涉及的有计算机、交通、电子、信息、网络等诸多学科,可见学科交叉众多。

2.2.1 交通信息采集

交通信息采集是一个重要的步骤,为后续的交通管理、控制、预测、诱导、指挥或规划提供有效信息源与数据基础。

从类型上划分,可分为静态交通信息和动态交通信息。静态信息包括交通空间信息和属性信息。动态信息是反映网络交通流状态特征以及交通需求空间分布特征的数据。相应的就有动态信息采集和静态信息采集方式。静态信息包括基础道路网络数据、交通附属设施数据以及交通属性信息等,采集方式有以下途径:从已有的地理数据空中处理、转换得到;不足信息通过数字化、智能化采集、遥感、数字测量、全球定位系统或地理信息系统获取补充;动态信息的采集有直接获取和间接获取两种采集方式。直接获取就是通过传感器等设备获取需要的交通信息,传感器设备目前主要有磁感线圈、超声波采集器、速度传感器、图像采集器、高度传感器、加速度传感器等。间接获取采集方式有人工方式、数据网络方式等。可以看出,采用传感器方式的信息获取方式能够较为方便地在一定布设条件下满足交通信息需求的相近、及时和准确等要求。

交通信息所反映的内容可大致归类为交通流、环境、设备状态三个主要功能类型。交通流信息采集时,通过安装在路边或道路上的能够检测交通参数的检测设备采集;环境干扰参数通过路边环境信息采集设备采集;设备状态参数信息运营由监控获得,或者采用人工输入的方式。交通采集信息分类见表 2-2。

交通采集信息分类 表 2-2

名称	数据	图像	语音
交通流信息	存在车辆、交通量、速度、车型、车头时距、排队长度等	交通事件起因、位置等	交通事故处理说明、救援内容
环境	气温、气压、湿度、风向、能见度等	雨雪雾、烟雾等	—
设备	隧道、道路桥梁状态、附属机械设备状态等	—	—

根据检测器原理的不同,主要有超声波、微波检测器、电磁线圈检测器和视频检测器等。从检测器采集到的数据形式分类,有视频检测器和非视频检测器。

2.2.2 交通信息传输

信息传输方式采用数字与模拟两种数据通信形式。数字通信是依据通信协议,利用数据传输技术在两个功能单元之间传递数据信息的技术,它可以实现计算机与计算机、计算机与终端、终端与终端之间的数据信息传递。模拟通信是指在信道中所传递的信息是模拟量,相应的电信号是模拟波形。随着时代的发展,信息传输业务不再是简单的报话业务,而且更多的是数据业务,甚至包括声音、图像和数据为一体的综合业务,这些需求对模拟信息传输技术来说已经难以胜任,甚至无法实现,只有依靠数字通信传输技术解决。

1)模拟信息传输

(1)以模拟信号传输的传统电话系统,采用分级交换;长途干线采用频分复用的传输方式,即所谓的载波电话。

(2)数字数据在模拟信道中进行数字传输,必须先将数字信号转换为模拟信号。

2)数字信息传输

数字通信与模拟通信相比较,具有很多的优点:第一,用数字信号传递信息易于再生,防止干扰的积累,受干扰的数字信号很容易地恢复出数字信号;第二,数字信号便于连接各种数据终端,特别是计算机终端;第三,数字信号易于加密,可靠性好;第四,数字信息易于实现信息传输业务综合化,有利于组网传输;第五,数字信息的电子器件易于高度集成化,有利于通信设备的小型化和增加灵活性;第六,数字信息易于加工处理,有利于扩大信息传输容量和提高传输质量。

3)模拟信号数字化

通过调制把模拟信号转变为数字信号进行传输,这样有利于信号的完整程度,有利于安全措施的实施,这个过程也被称为模数变换。在接收信号端,采用解调把信号转换为标准的数字信号,再还原为模拟信号,达到信息传递的目的。

4)有线信息传输

有线信息传输主要是采用一些双绞线、同轴线缆、光纤之类的有线介质方式进行信息传输的方法。有线信息传输方式的传输速率在某种程度上要远大于无线信息的传输方式,所以在数据量大且冗余度较高的信号传输中一般采用有线信息的传输方式。

5)无线信息传输

在交通信息化工程中,无线信息传输是主要的信息传输方式之一。无线信息传输在移动通信系统中发挥着核心的作用。交通信息化中的无线传输技术几乎应用到了全部的无线技术,无线信息传输技术的发展是交通信息化中数据通信的重要支持基础。无线信息传输主要依靠无线电波的辐射和接收进行电波传播,在无线信息传输中还依赖一些其他的专门技术,诸如多址技术、扩频技术等。

2.2.3 交通信息处理

交通信息具有随机性和空间性,因此对它的研究和分析必须建立在大量数据的统计基础上,应用各类统计分析方案来探索其规律性。此外,交通信息种类多样,处理方法也不一样。

目前主要采用的技术包括多媒体数据压缩处理技术、交通信息融合技术、交通流,以及行程时间预测技术、模式识别等技术。

1)多媒体数据压缩处理

多媒体技术是可对多种载体(媒体)上的信息和多种存储上的信息进行处理的技术。多媒体技术的特点主要表现在综合性和交互性。多媒体技术与有线和无线通信网络、广播和闭路电视网络、计算机网络等通信系统相结合,形成多媒体信息传输系统。交通信息属于多媒体信息范畴,多媒体技术与多媒体通信技术在 ITS 中大量应用,并起到重要的支持作用。

图像、视频、音频等都是多媒体信息,这些信息的处理都存在一个存储空间的占用与存储方法,如何处理好数据的存储控制与存储方法之间的关系是很重要的问题。这是因为压缩率越高,需要耗费的系统资源越多,压缩算法越复杂,恢复到媒体信息的原始状态需要的时间就越多。

2)交通信息融合

交通信息融合又称为交通数据融合,是通过中心数据处理器把来自多个或不同种类传感器的数据进行综合处理的过程。多传感器数据融合系统把多种传入数据进行综合处理,使这些交通数据在一定准则下加以自动分析、综合,完成所需的决策和评估,使产生的输出信息比各个部分分别处理产生的信息总和要更具有应用价值。

交通数据融合处理的方法有很多,如卡尔曼滤波技术、贝叶斯估计、人工神经网络、综合统计分析等方法。

3)模式识别技术

模式识别是把一种研究对象,根据其某些特征进行识别并分类。计算机模式识别是利用计算机等装置对物体、图像、图形、语音、字形等信息进行自动识别。模式识别中有图像识别、语音识别、指纹识别等技术,这些技术在交通信息的应用上比较广泛,比如字符识别中的车牌识别技术、车型识别技术等。

2.2.4 交通信息控制

交通信息控制主要包含道路交通控制、城市高速交通控制及轨道交通运行控制。道路交通控制中交叉口的内容不容忽视,而控制手段有效方法之一就是交通信号的控制,因此,信号灯控制是道路交叉口最普遍的交通管理形式。城市高速公路交通控制的主要内容是匝道控制及主线控制。轨道交通运行控制内容庞杂,但大致可分为运行组织、基础设施、计算机连锁、自动列车运行控制系统、列车运行自动监控、自动化驼峰等主要内容。

1)道路交通控制

城市道路交通中存在大量的交叉口,这些交叉口成为交通流汇集和分流的主要位置,为了使交通流安全地进入与驶离平面交叉口,必须采用某种控制手段或方法合理地分配通行权,使得发生冲突的交通流在时间上和空间上分离或减少,从而保证车辆和行人的安全通行。单个道路交叉口的交通信号控制是最为基本的交通控制形式,也是线控和面控系统的基础,其控制目标是通过合理的信号配时,消除或减少各向交通流的冲突点,同时使车辆和行人的总延误时间最小。但路口的交通信号控制主要分为定时控制、感应控制、实时自适应控制等。其中定时控制与感应控制是基本的交通控制方法。

2)城市高速交通控制

城市高速交通控制主要由信息采集子系统、监控中心及信息提供子系统三大部分组成。

信息采集子系统包括车辆检测器、气象检测器、紧急电话及巡逻车。信息提供子系统包括交通标志、交通标线、交通信号灯、可变情报板、可变限速标志牌。道路运营信息可分为道路信息、气象信息、安全行车信息及其他信息。高速交通控制主要分为匝道控制和主线控制。

匝道控制的两种形式是入口匝道控制和出口匝道控制。入口匝道控制是以道路本身的容量为依据,控制匝道进入的交通流量,保持主线交通流始终处于畅通状态。出口匝道控制方法是以缓解出口匝道衔接的平面交叉的交通阻塞和防止出口排队过长而导致高速干道上交通阻塞为目的的控制方法。

3) 城市轨道交通运行控制

(1) 城市轨道交通的分类

城市中使用的车辆在固定导轨上运行并主要用于城市客运的交通系统称为城市轨道交通。城市轨道交通主要分为:有轨电车(Railway);地下铁道(Metro)或称为快速轨道交通(Rapid Rail Transit,RRT);轻轨交通(Light Rail Transit);独轨交通(Monorail System);自动化导向交通(Automated Guideway);磁浮交通系统(Maglev System);缆索轨道交通(Cable Railway)。

有轨电车是指电力驱动的车辆在敷设于市区街道中的轨道上行驶的轨道交通系统。它的特点是与其他交通方式混合行驶,通常是单节车辆或2节车辆,运送能力为2000~5000人/h,其运行速度为15~20km/h。

地铁,也称快轨交通,又称重型轨道交通,是一种载客量大、快速准点、舒适安全的轨道交通系统,市区内大部分在地下隧道中行驶,车站设在地下,根据实际情况,可以有高架区段和地面区段,但必须是全封闭的。它的特点是:以电力为牵引动力;有专用车道,均与其他交通隔离;车站都是沿线设置,车站的站台高度与车厢地板面相当,乘客可以直接跨入车厢;由多节载客量大的车辆组成列车运行,最多为6~8节;运行能力为3万~6万人/h,运送速度一般为32~40km/h。

轻轨交通是一种中容量的轨道交通系统,介于有轨电车与地铁之间,其覆盖面较大,灵活性也较大。其具有的特征是:以电力为索引动力;整条线路可以包括地面、高架或地下区段,但地下区段仅限于必要的地方;车站沿线设置,站台高度可以与车厢地板相当,也可以是较低的站台,或在地面上直接上下车;可以有专用道,也可以在地面与其他交通形式混合行驶;由多节车辆组成列车运行,一般不超过4节;车辆可以有链接的结构;运送能力一般为5000~30000人/h,运行速度为25~35km/h。

独轨交通是一种全线高架的轨道交通系统,其基础结构是架空的T形或I形轨导梁,同时起承载、导向和稳定作用,占用空间小。车辆由若干节车厢组成,在轨道梁上部行驶的称为跨座式独轨交通,在轨道梁下部行驶的称为悬挂式独轨交通。独轨交通的运送能力为5000~20000人/h,运送速度为30~40km/h。

自动化导向交通,是一种无人驾驶、全自动运行的轨道交通,在专门制作的混凝土通道内行驶,其导向轨布置在走向轨道的两侧或中部,通常是高架的,完全与其他交通隔离。其车辆的载客量较小,可以单节,也可以组成列车。运行能力为4000~16000人/h,运送速度为30~35km/h。

磁浮交通系统是一种利用电磁力作用使车轮浮在轨道上行驶的客运交通系统,其驱动方式是车轮与轨道之间产生的电磁牵引力使车辆前进。最高速度可达500km/h。目前应用不多。

缆索轨道交通是一种由钢索索引车辆在轨道上行驶的交通系统,车辆本身不带有动力,钢索设在两条钢轨之间,低于地面,其索引动力装置一般设在线路中心位置的固定地点。适用于坡度较大的道路系统。

(2)城市轨道交通控制

轨道交通作为一种非常重要的公共交通工具,其核心部分是运行控制。同样,轨道交通也要求在行车安全的前提下,提高行车效率,达到高效服务的目的。

城市轨道交通信号系统通常由列车自动控制系统(Automatic Train Control,ATC)组成。ATC系统包括三个子系统:列车自动监控系统(Automatic Train Supervision,ATS);列车自动防护子系统(Automatic Train Protection,ATP);列车自动运行系统(Automatic Train Operation,ATO)。三个子系统通过信息交换网络构成闭环系统,实现地面控制与车上控制结合、现地控制与中央控制结合,构成一个以安全设备为基础,集行车指挥、运行调整以及列车驾驶自动化等功能为一体的列车自动控制系统。

2.2.5 交通信息条件下的管理

道路交通管理是对在道路范围内的人、车、路、环境四者的统一管理,即道路交通管理职能部门运用各种手段,对以道路为基础条件而移动的人流和车流,进行合理的限制和科学的组织疏导,以处理好人、车、路、环境之间在运动中产生的矛盾,保障交通安全、有序、畅通的组织活动。在现代信息条件下,为了更好地对道路交通进行管理则需要信息技术的引入与支持,如数据库技术、人工智能技术及专家系统的支持等。

1)数据库技术

数据库技术在信息服务系统中占有重要的地位,是信息处理、管理系统的重要组成部分和管理工具。随着数据库技术的发展,数据库处理方式在基础数据库方面出现了大量的技术革新,如出现了分布式数据库、并行数据库、知识库、数据仓库、多媒体数据库等。

面对巨大数据量的城市交通,从采集到的人、车、路、环境等信息到信息的处理与发布,都离不开数据库的应用,并且随着数据量持续不断的提高,数据库的作用越来越重要,如分布式数据库处理技术对空间上分布在不同位置的城市交通数据进行有效的管理与应用;数据仓库的应用对城市交通中出现的各类、各层次数据进行有效的应对管理。

2)人工智能与专家系统

人工智能和专家系统是高级的信息管理所应用到的技术,它充分利用各类数据库提供的原始数据信息,依靠人工智能及专家知识库等学习和训练后进行推理和判断。人工智能技术的应用诸如车牌识别、路径寻优等;专家系统主要应用在交通控制方面,比如城市交通的诱导、城市交通的控制决策制定和选定等。

2.2.6 交通地理信息系统

交通地理信息系统(Geography Information System-Transportation,GIS-T)是GIS系统在交通领域中的应用。地理信息系统的飞速发展,越来越多的应用领域同GIS技术建立了紧密的联系,由于交通信息系统具有精度要求高、规则复杂、动态化、离散化等特点,原有应用的信息技术已经不能完全满足交通应用的需求。借助于GIS的强大功能,可以实现交通信息化的时代要求,交通领域中GIS的应用也越来越受到研究者和开发者的重视。

GIS-T 是存储、管理、综合分析、处理空间信息和交通信息的计算机软、硬件系统,是 GIS 技术在交通领域的延伸,是 GIS 与多种交通信息分析和处理技术的集成。GIS-T 具有强大的交通信息服务和管理功能,它可以应用在交通管理各个环节,在交通工程领域采用 GIS 技术和方法研究交通规划、交通建设和交通管理及其相关的问题,具有其他传统方法无可比拟的优点。

2.2.7　GPS 在交通信息中的应用

GPS 技术在智能运输系统中有着广泛的应用前景。智能运输系统的目的就是应用先进的技术使得交通运输安全高效,达到缓解环境交通拥挤、提高交通安全、减轻环境污染、提高行车总体效率的目的,实质就是通过提高人、车、路之间的信息通信达到道路网络的高效利用。为了达到车辆之间、车路之间的有效通信,需要获取车辆的实时位置信息,并应用在智能化的运输系统中,为车辆的寻址提供技术支持,如车辆导航系统和车辆运营管理系统的实施等,而其中的核心就是 GPS 导航系统,这种技术替代了传统的估计车辆大致位置的方式,提高了定位精度,达到了定位的快速、准确、实时的目的。由于 GPS 导航技术能够为车辆的实时寻址提供一种经济可靠的技术支持,故而在 ITS 系统中作为核心技术之一得到广泛应用。

此外,GPS 技术不但具有导航功能,而且还具有实时数据的跟踪功能,比如车辆运营管理中应用的 GPS 行驶记录仪。此项功能是包含了 GPS 的定位数据与各种驾驶数据的记录功能,还能够把 GPS 定位数据及时发送到管理中心,并在车载的记录仪中记录一些特定的车辆数据。在此基础之上,管理中心可以发送各类信息给驾驶员,比如诱导信息、超速警告信息等,达到营运车辆驾驶管理的目的,提高运输效率,保证安全运输。目前此类系统多用于长途客运、出租车、特种车辆、危险品运输车辆等。

【复习思考题】

2-1　请简述 ITS。

2-2　试述交通信息中 ITS 包含的过程。

2-3　什么是交通信息工程?

2-4　交通信息技术主要包括哪些内容?

第3章
交通管理信息系统技术

交通管理信息系统是管理信息系统的一个重要分支,是在管理信息系统融入了交通行业管理的专业内容。交通管理信息系统涉及交通监控、交通控制、交通诱导等交通管理的方方面面,不仅能够提高管理水平,还能够提高交通服务的效率。通常交通管理都可以采用管理信息系统的方式实现,达到提高管理水平的目的。

3.1 管理信息系统概念

3.1.1 管理信息系统定义

研究者们从不同的角度对管理信息系统有其各自的理解,从计算机系统实现、支持决策和人机系统的角度出发,有不同的阐述。

(1)管理信息系统是一个由人、计算机等组成,能进行信息收集、传递、储存、加工、维护和使用的系统。

(2)管理信息系统是一个能向管理者提供帮助的基于计算机的人机系统,也是一个社会技术系统。

(3)管理信息系统突破原有的界限,成为企业内部业务流程和外部商务流程集成的平台,成为跨组织的信息交流平台。

所以,管理信息系统被定义为一个以人为主导,利用计算机硬件、软件、网络通信设备及其他办公设备,进行信息的收集、传输、加工、存储、更新、拓展和维护的系统。

通常一个完整的管理信息系统包括应用系统、通信与网络系统、计算机系统、数据库系统及用户,如图3-1所示。

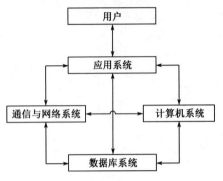

图3-1 管理信息系统一般结构

3.1.2 管理信息系统的功能结构

管理信息系统的功能结构包括信息收集、信息存储、问题处理、对话和信息输出、信息管理机构。

1)信息收集

管理信息的收集包括原始数据的收集、信息的分类、编码及向信息存储系统与问题处理系统传送信息等过程。

2)信息存储

信息存储系统是管理信息系统的信息基础。从逻辑上看,管理信息系统的信息存储子系统可以分成三大部分,即数据库系统、模型库系统及知识库系统。

3)问题处理

问题处理是针对各级各类管理问题的需要,进行信息查询、检索、分析、计算、综合、提炼、优化、预测、评价等工作。因此,问题处理系统是管理信息系统的核心,是管理信息系统支持管理决策成败的关键所在。同时,管理信息系统也是一个辅助决策系统,对于决策人员有重要的作用,但是毕竟不能完全替代人的功能。

4)对话和信息输出

信息输出对于任何信息系统来说都是基本功能。管理信息输出是管理者实施决策,驾驭整个企业的业务活动的主要手段之一。

管理信息系统是一个人机系统,管理信息系统应具有较强的人机交互功能,管理信息系统发展的一个重要趋向是计算机信息处理工作直接面向最终用户。

5)信息管理机构

信息管理机构是信息系统管理者的组织机构,负责制定和实施管理信息系统工作的各项规章、制度、标准、规范,对整个系统的运行进行检查、监督,对各部分的工作进行协调,对管理信息系统的开发、扩充进行规划、计划,并组织实施,对信息的软、硬件系统组织日常维护、修理与更新。

3.1.3 管理信息系统开发阶段划分

一个管理信息系统开发过程是一个复杂的系统问题,需要有步骤、科学系统地发展,管理信息系统的开发才能成功,否则将会遭遇失败。这个失败的原因很多,包括主观认识问题,同样也有客观条件问题。如对开发任务的复杂性认识不足、领导不够重视、组织混乱、开发方式选择不当、需求边界不明确、开发人员与专业人员沟通不畅等因素。通常开发阶段划分为:规划阶段、分析阶段、设计阶段、实施阶段及维护与评价阶段。

1) 规划阶段

系统规划阶段的任务是:在对原系统进行初步调查的基础上提出开发新系统的要求,根据需要和可能,给出新系统的总体方案,并对这些方案进行可行性分析,产生系统开发计划和可行性研究报告两份文档。

2) 分析阶段

系统分析阶段的任务是根据系统开发计划所确定的范围,对现行系统进行详细调查,描述现行系统的业务流程,指出现行系统的局限性和不足之处,确定新系统的基本目标和逻辑模型,这个阶段又称为逻辑设计阶段。

系统分析阶段的工作成果体现在"系统分析说明书"中,这是系统建设的必备文件。它是提交给用户的文档,也是下一阶段的工作依据,因此,系统分析说明书要通俗易懂,用户通过它可以了解新系统的功能,判断是否所需的系统。系统分析说明书一旦评审通过,就是系统设计的依据,也是系统最终验收的依据。

3) 设计阶段

系统分析阶段回答了新系统"做什么"的问题,而系统设计阶段的任务就是回答"怎么做"的问题,即根据系统分析说明书中规定的功能要求,考虑实际条件,具体设计实现逻辑模型的技术方案,也即设计新系统的物理模型,所以这个阶段又称为物理设计阶段。它又分为总体设计和详细设计两个阶段,产生的技术文档是"系统设计说明书"。

4) 实施阶段

系统实施阶段的任务包括计算机等硬件设备的购置、安装及调试,应用程序的编制和调试,人员培训,数据文件转换,系统调试与转换等。系统实施是按实施计划分阶段完成的,每个阶段应写出"实施进度报告"。系统测试之后写出"系统测试报告"。

5) 维护与评价

系统投入运行后,需要经常进行维护,记录系统运行情况,根据一定的程序对系统进行必要的修改,评价系统的工作质量和经济效益。

3.2 交通管理信息系统

3.2.1 交通管理信息系统功能需求

由于功能不同,交通管理信息系统所对应的需求就有所区别。通常作为交通管理信息系统都具备管理信息系统相似的结构和基本功能,区别在于应对的需求不同。如高速公路监控系统、城市交通监控、出租汽车管理信息系统、公共交通管理信息系统、违章执法管理信息系统、危险品车辆在途管理信息平台等。

3.2.2 交通管理信息系统的基本构成

交通管理信息系统与管理信息系统的基本构成内容相似,如图 3-2 所示是一个交通诱导信息系统的构架。

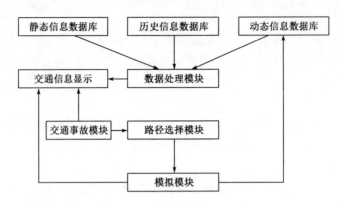

图 3-2　交通诱导信息系统结构构架

交通诱导信息系统是一种面向交通诱导的交通管理信息系统,在系统的功能上是在管理信息系统之上有了进一步的发展,且面向交通诱导相关的用户。

在硬件配置方面,交通管理信息系统也继承了管理信息系统的内容,硬件构成如图 3-3 所示。当系统安全等级要求较高时,则需要更多的冗余支持系统的正常运行,如双线互联网接入、双路由接入、双核心交换机、核心数据库双机热备等。当系统要求较多时,服务器功能就需要增加。

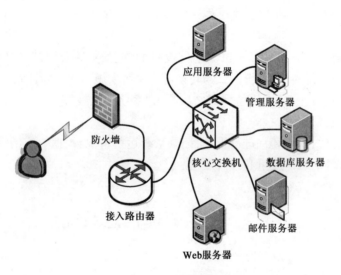

图 3-3　管理信息系统网络拓扑图

3.2.3　数据库技术

数据库是数据管理的产物,是长期存储在计算机内、有组织的、可共享的数据集合。数据管理是数据库的核心任务,内容包括对数据的分类、组织、编码、储存、检索和维护。随着计算机硬件和软件的发展,数据库技术也不断地发展。从数据管理的角度看,数据库技术到目前共经历了人工管理阶段、文件系统阶段及数据库系统阶段。

1)数据库技术发展

数据库技术是 20 世纪 60 年代兴起的一门信息管理自动化的新兴学科,是计算机科学中的一个重要分支。随着计算机应用的不断发展,在计算机应用领域中,数据处理越来越占主导地位,数据库技术的应用也越来越广泛。

2)数据库系统组成

(1)数据库(Database,DB)

数据库是指长期存储在计算机内的、有组织、可共享的数据的集合。数据库中的数据按一定的数学模型组织、描述和存储,具有较小的冗余,较高的数据独立性和易扩展性,并可为各种用户共享。

(2)硬件

硬件是指构成计算机系统的各种物理设备,包括存储所需的外部设备。硬件的配置满足整个数据库系统的需要。

(3)软件

软件包括操作系统、数据库管理系统及应用程序。数据库管理系统(Database Management System,DBMS)是数据库系统的核心软件,是在操作系统的支持下工作,解决如何科学地组织和存储数据、如何高效地获取和维护数据的系统软件。其主要功能包括:数据定义功能、数据操纵功能、数据库的运行管理和数据库的建立与维护。

(4)人员

数据库系统涉及的人员主要有四类。第一类为系统分析员和数据库设计人员:系统分析员负责应用系统的需求分析和规范说明,他们和用户及数据库管理员一起确定系统的硬件配置,并参与数据库系统的概要设计。数据库设计人员负责数据库中数据的确定、数据库各级模式的设计。第二类为应用程序员,负责编写使用数据库的应用程序。这些应用程序可对数据进行检索、建立、删除或修改。第三类为最终用户,他们利用系统的接口或查询语言访问数据库。第四类用户是数据库管理员(Data Base Administrator,DBA),负责数据库的总体信息控制。DBA的具体职责包括:具体数据库中的信息内容和结构,决定数据库的存储结构和存取策略,定义数据库的安全性要求和完整性约束条件,监控数据库的使用和运行,负责数据库的性能改进、数据库的重组和重构,以提高系统的性能。

(5)方法

方法是便于使用和管理系统的各种技术说明书和使用说明书。

3)数据库的特点

(1)数据共享

数据共享包含所有用户可同时存取数据库中的数据,也包括用户可以用各种方式通过接口使用数据库,并提供数据共享。

(2)减少数据的冗余度

同文件系统相比,由于数据库实现了数据共享,从而避免了用户各自建立应用文件。减少了大量重复数据,减少了数据冗余,维护了数据的一致性。

(3)数据独立性

数据的独立性包括数据库中数据库的逻辑结构和应用程序相互独立,也包括数据物理结构的变化不影响数据的逻辑结构。

(4)集中控制

文件管理方式中,数据处于一种分散的状态,不同的用户或同一用户在不同处理中,其文件之间毫无关系。利用数据库可对数据进行集中控制和管理,并通过数据模型表示各种数据的组织以及数据间的联系。

(5)数据一致性和可维护性

主要包括：①安全性控制：以防止数据丢失、错误更新和越权使用；②完整性控制：保证数据的正确性、有效性和相容性；③并发控制：使在同一时间周期内，允许对数据实现多路存取，又能防止用户之间的不正常交互作用；④故障的发现和恢复：由数据库管理系统提供一套方法，可及时发现故障和修复故障，从而防止数据被破坏。数据库系统能尽快恢复数据库系统运行时出现的故障，可能是物理上或是逻辑上的错误。比如对系统的误操作造成的数据错误等。

3.2.4 数据库应用系统体系结构

数据库应用体系结构分为三种：C/S(Client/Server)、B/S(Brower/Server)及基于组件的分布式计算结构。

C/S结构应用是"胖"客户端结构应用，这种结构的应用在客户端完成用户的界面及业务处理逻辑客户端的应用直接方位数据库。

B/S结构应用是"瘦"客户端应用，这种结构的应用在客户端只有应用界面，所有的业务处理逻辑都在服务器端完成。

从平衡负载、减少网络传输、充分利用客户端资源等多个角度进行平衡，适当给客户端"增肥"，在客户端插接部分组件、安排部分业务员处理逻辑，这种结构介于"胖"和"瘦"之间。

【复习思考题】

3-1 简述管理信息系统。

3-2 交通管理信息系统的基本构成有哪些？

3-3 简述分布式数据库。

第 4 章
交通信息采集

交通信息来源很多,主要由交通三元素产生的信息作为直接信息来源:道路、车辆及人。此外,还有间接的信息源,诸如地形、地质、气象等构成的自然环境信息源;政治、经济、人文、历史等构成的社会环境信息源。

4.1 交通信息分类

为了对交通信息来源有所认识,需要对信息进行划分。故而交通信息归纳主要包括几个部分:道路信息、车辆信息、人群信息、自然信息与社会环境信息。

1)道路信息

作为交通基础设施,道路是完成交通的基本条件。在道路上产生的交通信息包括道路状况、车道宽度、车道数量、车道转弯半径、道路等级、隧道长度、桥梁长度等,这些数据是一些既定信息,所有来源主要是设计勘察和维护管理部门。

2)车辆信息

车辆在交通系统中是运输的载体,是大范围交通运输空间位移的主要工具,包括各类货车、客车及特种车辆。车辆信息包括车型、出厂日期、生产国别、生产厂家、行驶距离、车重、轴距、轮距、车内设备,这些信息主要来自生产厂家及车辆用户。

3）人群信息

人在交通系统中处于主体地位，所有的交通行为都是人发起，并为人服务的。包括乘客、驾驶员及行人等。同样，人也在交通信息种占有主体地位，在交通系统中驾驶员信息占有较为重要的位置，主要包括年龄、性别、国籍、教育程度、职业、驾驶年限、出行目的、健康状态、心理等。这些信息都直接来源于参与出行的各类人群。

4）自然信息

自然信息在交通中处于一个制约作用，极端的自然环境将会对交通有重要的影响，比如雪天、雨天、地容地貌、地质、气温、风、路面、能见度等，这些因素显著程度都对道路交通有着不同程度的影响。

5）社会信息

交通系统属于社会系统的一部分，所有的交通活动都和人类社会活动是分不开的，社会分工更加精细、明确，导致生产所得商品之间的交换更为复杂，社会关系范围不断扩大，致使人类获得出行的范围不断增大，诸如出行目的、出行习惯、出行路线、出行成本及出行工具选择等带来更多的信息，这些信息将包含有大量的社会信息。

4.2 信息采集技术

自计算机技术应用到交通工程应用中后，交通量检测器技术得到迅速发展，特别是近20年来出现了大量的新型交通量检测器，这一方面是因为以计算机为核心的交通控制系统对车辆检测的要求越来越高，另一方面是因为信息技术的长足发展也为交通量检测器的进步创造了条件。

交通量检测器的种类很多，主要有环形线圈检测器、超声波检测器、磁感应式检测器、光辐射式检测器、雷达检测器、视频检测器等。目前应用较多的是环形线圈检测器，超声波检测器和视频检测器。

4.2.1 磁感采集技术

利用磁场的变化形成的可获取的感知信号对交通流数据进行采集，利用这种技术进行操作的有环形线圈检测及改进的地磁检测两种方法。

1）环形线圈检测

环形线圈检测器出现于20世纪60年代，是目前交通控制中应用最广泛的交通量检测器。该检测器是一种基于电磁感应原理的车辆检测器，它的传感器是一个埋设在路面下、通过一定交变电流的环形线圈。当车辆通过线圈或停在线圈上时，会引起线圈回路电感量的变化，检测器检测出该变化就可以检测出车辆的存在，如图4-1所示。

(1) 环形线圈

环形线圈由几匝电缆线缠绕组成，根据不同的需要，可以改变线圈的形状和尺寸。对车辆检测起直接作用的是环形线圈回路的总电感。总电感主要包括环形线圈的自感和线圈与车辆之间的互感。由电磁场理论指导，任何载流导线都在其周围产生磁场，对于长度为 l、匝数为 N 的螺线管型线圈，线圈内磁场强度均匀。其自感量 L 为：

$$L = \frac{\mu_\tau \mu_0 N^2 A}{l} \tag{4-1}$$

式中：μ_τ——介质的相对磁导率，空气取 $\mu_\tau = 1$；

μ_0——空气磁导率，$\mu_0 = 4\pi \times 10^{-7} \mathrm{hm}^{-1}$；

N——线圈匝数；

A——线圈的环绕面积。由于环形线圈不能完全等同于上述螺线管，因此可参考下列公式估算电感量：

$$L = \frac{1}{(2\pi f_0)^2 C} \tag{4-2}$$

式中：f_0——震荡电路频率值；

C——电容值。

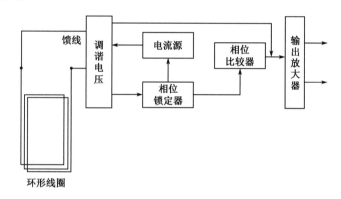

图 4-1　环形线圈检测器功能框图

环形线圈自感的大小取决于线圈的周长、环绕面积、匝数即周边的介质状况。当车辆进入线圈时，改变了环形线圈周围的介质情况，导磁车体使磁导率增加，从而使自感量增加。此外，环形线圈被加上了交变电流，其周围已建立起交变电场，当导体磁性的车体进入环形线圈时，车体内就会产生涡流，涡流出现时环形线圈的电感量减小。环形线圈检测器的工作频率被设定在 20kHz≤f≤180kHz 范围内，此时，涡流的去磁作用占主导地位。因此，当车辆进入环形线圈时，其电感量将减小。

（2）调谐回路

环形线圈作为一个感应元件，通过一个变压器连接到被恒流电源支持的调谐回路上，该调谐回路为一个 LC 谐振电路，选择合适的电容 C，使调节回路有一个固有的振荡频率：

$$f = \frac{1}{2\pi \sqrt{LC}} \tag{4-3}$$

此时，调谐回路中的电流和电压相同。当车辆进入环形线圈时，其总的电感量 L 将减小，调谐回路中的频率增加，电流和电压不再相同，由相位比较器比较是否有车辆通过。

（3）检测电路

检测电路主要完成信号检测与输出的功能。该电路包括相位锁定器、相位比较器、输出电路等。一般来说，环形线圈检测器还包括微处理器，具有更强的信号处理功能，因而可以获得更高的检测精度。相位比较器的一个输入信号为相位锁定器的输出信号，其频率为调谐回路的固有振荡频率；另一个输入信号跟踪车辆通过线圈时谐振回路的频率变化，从而使输出信号反映频率随时间变化的电信号。当车辆开始进入线圈一边时,检测器被触发产生信号输出,而当车辆完全驶离线圈另一边时,信号低于阈值,输出电平为0。车辆有效长度约等于车辆长度与线圈长度之和,如图4-2所示为检测器等效电路。

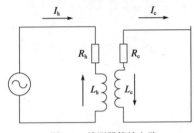

图4-2 检测器等效电路

(4)环形线圈检测器的特点

环形线圈感应式检测器设备自应用于交通信号控制系统以来,世界范围内大多数城市的交通信号控制或信息采集系统中都采用这种检测技术。我国目前主要以环形线圈感应式检测器设备为主要检测手段。这是因为环形线圈感应式检测器设备具有性能稳定可靠、灵敏度高、数据准确、对周围环境调节要求不苛刻等优点。

2)地磁检测

目前,环形线圈感应式检测器设备主要应用于交通流数据信息采集系统、交通信号控制系统、交通诱导及停车管理系统,根据应用的环境不同,相应的产品种类也不同。

检测交通流目前采用类似环形线圈检测器方法的还有地磁检测技术,与上述的区别主要是将检测线圈改进为集成度较高的信息采集成品,其特点为体积小、安装维修方便。此外,检测器通过加装无线模块的方式,向外界发送检测结果。

(1)交通流量计算

用环形线圈检测器检测交通流量时,应尽量做到每车道设置一个线圈。用一个线圈横跨多个车道的方法容易漏检,如果几辆车并排通过线圈时,只能计算检测到一辆车。通过对环形线圈输出信号进行整理,环形线圈检测器的输出可以是方波或者脉冲方式,方便对车辆的检测。这里,需要让微处理器对输出信号的上升沿或下降沿进行技术处理,则采用两种方式均可用来检测交通流量。设定检测期的技术周期为T,N_i为观测期内第i车道检测器的计数值,则i车道在该周期内的交通流量为:

$$q_i = \frac{N_i}{T} \tag{4-4}$$

但是,按照这种方式计算出的交通流量,还需要进一步调整,因为它无法区分车辆大小。一种简单的方法是进行交通调查后,确定交通流汇总的各种车辆的平均分布状况,然后用一个折算系数把检测到的交通流量换算称为标准的小客车当量(pcu)。

(2)车速计算

车速,也称行车速度,为了准确测量车速,通常要在车流方向上埋设两个性能相同的环形线圈,线圈的同边间距s为3~5m,如图4-3所示。

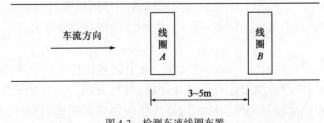

图4-3 检测车速线圈布置

由控制器给出一个时间脉冲,如 $p(\text{ms})$。当车辆进入线圈 A 时,脉冲计数开始;当车辆进入线圈 B 时,脉冲计数结束,于是得到车辆通过距离 s,所需要的脉冲数位 n,则车辆速度为 v。这里 v 的单位为 m/s。

$$v = 1000 \frac{s}{pn} \tag{4-5}$$

设在某一观测器内,共有 N 辆车通过监测点,且每辆车的速度分别为 $v_1, v_2, \cdots, v_N$,则该时间段内的交通流的时间平均速度为 v_t。

$$v_t = \frac{1}{N} \sum_{i=1}^{N} v_i \tag{4-6}$$

空间平均速度是指在某一时间内通过一路段的所有车辆的速度平均值。设路段长度为 Δ,在一个观测期内共有 N 辆车通过该路段,则 N 辆车通过该路段的平均行驶时间为 $\bar{t}$。

$$\bar{t} = \frac{1}{N} \sum_{i=1}^{N} \frac{\Delta}{v_i} \tag{4-7}$$

此时,该观测期内的空间平均速度为:

$$v_s = \frac{\Delta}{\bar{t}} = \frac{N}{\sum_{i=1}^{N} \frac{1}{v_i}} \tag{4-8}$$

即空间平均速度等于所有通过车辆速度的调和平均值。

(3)占有率计算

占有率的统计也叫车辆占有率,是一路段内车辆占用的道路长度总和与路段长度之比,如式(4-9)所示:

$$O = \frac{100 f l}{t v} \tag{4-9}$$

式中:f——车流量(pcu/h);
O——道路占有率;
l——时间 t 内所有车辆的车身长度;
v——时间 t 内的平均速度。

由于难以测量,通常用时间占有率代替。用环形线圈检测器测量占有率要将检测器设置为方波的工作形式。如图 4-4 所示,设在某个观测期 T 内,共有 N 辆车通过线圈,测得 i 车道车辆 j 通过环形线圈的方波宽度为 t_{ji},则该时间段内,车道 i 上车辆的时间占有率为:

$$\sigma_i = \sum_{j=1}^{N} \frac{t_{ji}}{T} \times 100\% \tag{4-10}$$

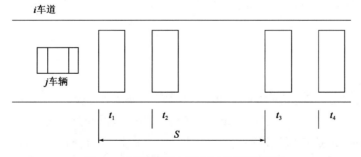

图 4-4 观测期车辆 T 时间内经过环形线圈

(4)交通密度计算

当车流均匀、车种单一时,可以认为某一点位置、某时刻,单位时间内交通量等于交通密度与车辆的速度平均值,如式(4-11)所示:

$$q = \rho v \tag{4-11}$$

式中:q——交通量;

ρ——交通密度;

v——车辆平均速度。

这样,测出交通流量和车流的空间平均速度则可得到观测期 T 内的交通密度:

$$\rho_i = \frac{\frac{N}{T}}{v_s} = \left(\frac{N}{T}\right)\frac{\sum_{i=1}^{N}\frac{1}{v_i}}{N} = \frac{1}{T}\sum_{i=1}^{N}\frac{1}{v_i} \tag{4-12}$$

式中:v_i——第 i 辆车的速度。

4.2.2 波频车辆检测器

波频车辆检测器(多为悬挂式检测系统)是以微波、超声波和红外线等对车辆发射电磁波产生感应的检测器,其主要利用了其不同特性进行信息的采集及传输(各类波频应用及特点见表4-1),其中超声波与微波车辆检测器(RTMS)较为常见。它是一种价格低、性能优越的交通检测器,可广泛应用于城市道路和高速公路的交通信息检测。

各类波频段分配表 表4-1

频段	称呼	应用范围	特点
10～200kHz	甚长频、长波	广播、航空、信号导航、定点通信、海上移动通信和广播	(1)传播距离长; (2)电离层扰动的影响小; (3)适宜水下和地下通信
200～3000kHz	中波	广播、无线电导航、海上移动通信、地对空通信	靠地波传播
3～30MHz	短波	定点通信、航海和航空移动通信、广播业务、热带广播业务、车辆移动电台、业余无线电业务、工业/科学/医疗业务	通信不稳定,需要更换数个频率维持全日通信
30～1000MHz	甚高频(米波)和特高频(分米波)	广播业务、航空移动通信、定点通信、空间通信、航空导航、无线电及天文学	可以使用小尺寸天线
1000～10000MHz	厘米波波段	定点及移动通信、导航、雷达、气象、无线电天文学、空间通信、业余无线电和工业/科学/医疗业务	大气噪声低,大气吸收比较大;此外,该频段使用散射方法传播
10000～40000MHz	毫米波波段	无线电中继通信、空间通信、雷达、导航、无线电天文学等	除激光技术外,未得到有效利用,需要研究和发展

1)雷达测速仪

雷达波段(Radar Frequency Band)指雷达发射电波的频率范围。其度量单位是赫兹(Hz)或周/秒(C/s)。大多数雷达工作在超短波及微波波段,其频率范围为 30～300000MHz,相应波长为 1mm～10m,包括甚高频(VHF)、特高频(UHF)、超高频(SHF)、极高频(EHF)四个波段。如表4-2 为 30～300000MHz 之间电波频率特征对比。

频率在 30～300000MHz 间电波特征对比　　　　　　　　　　　表 4-2

名称	甚低频	低频	中频	高频	甚高频	超高频	特高频	极高频
符号	VLF	LF	MF	HF	VHF	UHF	SHF	EHF
频率	3～30kHz	30～300kHz	0.3～3MHz	3～30MHz	30～300MHz	0.3～3GHz	3～30GHz	30～300GHz
波段	超长波	长波	中波	短波	米波	分米波	厘米波	毫米波
波长	100～10km	10～1km	1km～100m	100～10m	10～1m	1～0.1m	10～1cm	10～1mm
传播特性	空间波为主	地波为主	地波与天波	天波与地波	空间波	空间波	空间波	空间波

2) 超声波检测器

超声波检测器是通过接收由超声波探头发出并经过车辆反射的超声波来检测车辆。超声波检测器的工作原理可分为两种:传播时间差法和多普勒法。

(1) 传播时间差法

超声波检测器的探头向路面发射超声波然后接受其反射波,当有车辆通过时,超声波会经车辆反射提前返回,如果能检测出超声波与地面反射的反射波,就表明车辆存在或通过。若超声波探头距地面高度 H,车辆高度为 h,波速为 v,自探头发出的超声波从路面和车辆返回的时间分别为 t 和 t',则:

$$t = \frac{2H}{v} \tag{4-13}$$

$$t' = \frac{2(H-h)}{v} \tag{4-14}$$

由此可见时间 t' 与车辆高度 h 相对应。这个特点即用来判别车辆存在,也可用于估测车高。调整启动脉冲的启动时间和宽度,能够限制输出信号发生的时间 t' 的范围,可以得出被检测的车辆对应的车高范围。

(2) 多普勒法

超声波探头向空间发射超声波同时接收信号,如果有移动物体,那么接收到的反射波信号就会呈现多普勒效应,多普勒雷达的基本工作原理见图 4-5。利用此方法可检测正在驶进或正在远离的车辆,而不能检测处于检测范围内的静止车辆。

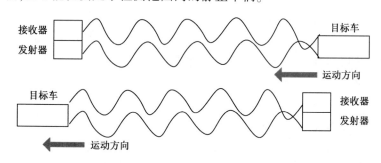

图 4-5　多普勒雷达的基本工作原理

超声波检测器发射脉冲波的频率一般为 20～50kHz,波束的立体角常取 20°～30°。

由于超声波检测器采用悬挂式安装,这与路面埋设式检测器(如环形线圈)相比有许多优点。首先,不需要破坏路面,也不受路面变形的影响;其次,是使用寿命长、可移动、检测方便,不足之处是容易受环境影响,风力在 6 级以上时,超声波产生漂移而无法正常检测;探头下方通过的人或物也会产生反射波,造成误检。

即当接收器与目标车辆接近时,接收器接收到的频率大于发射器发射的波源频率;当两者远离时,接收器接收到的频率小于发射器发射的波源频率;当接收与发射两者频率相同时,可认为接收器与目标车辆相对静止。

3)雷达测速仪

雷达测速器是根据多普勒效应的远离对行驶中的车辆进行测速的装置。多普勒效应定义为如果无线电波所碰到的物体是固定不动的,那么反射回来的无线电波,其频率也不会改变;当物体朝着无线电发射的方向前进时,反射回来的无线电波会被压缩,因此该电波频率会随之增加;反之,物体朝着远离无线电波的方向移动,其反射回来的无限电波的频率就会随之减少。

雷达测速仪应用测速原理,是把雷达波发射向移动物体,根据反射回来的目标速度成比例的雷达信号,有测速仪内部的线圈将该信号处理后,得到一个频率的变化,通过数字信号处理技术处理后,得到目标速度。根据多普勒效应,当发射的波遇到运动物体返回,发射波与返回波有下面关系:

$$f_0' = f_0 + \frac{2vf_0}{c} \tag{4-15}$$

式中:f_0'——反射信号频率;

f_0——波源产生的发射波频率;

c——电磁波在空间的传播速度;

v——运动物体的径向速度分量。

物体的移动速度 v 为:

$$v = \frac{c(f_0' - f_0)}{2f_0} \tag{4-16}$$

式中:$f_0' - f_0$——多普勒频移。

多普勒频移的测量方法可以采用一段时间 T 为基准时基,测量在基准时基 T 内通过的多普勒信号的脉冲个数 N。

即:

$$f_0' - f_0 = \frac{N}{T} \tag{4-17}$$

通过多普勒频移测量,获得物体移动速度公式:

$$v = \frac{cN}{2f_0 T} \tag{4-18}$$

4.2.3 视频采集检测技术

视频采集检测系统主要由视频、计算机及现代通信等技术,实现对交通动态信息的采集。视频采集系统中的信息采集主要部件之一是视频部分,被称为视频采集检测器。视频采集检测器主要由摄像机和图像识别单元(含计算机)组成,其工作原理是:由CCD摄像机连续摄得两帧图像(数字图像),对其全部或部分区域进行比较,如有差异则说明检测区有运动物体,从而检测出通过的车辆。视频检测采集检测器的关键是快速的图像识别算法,一般采用带有SDP的图像卡和高性能的计算机作为硬件平台,在此基础上开发车辆检测算法。

1) 视频采集检测系统的发展

视频采集检测系统的发展和网络系统、视频采集等技术是分不开的,特别是网络信息传输技术的发展影响着信息采集系统的覆盖范围。在时间上,到目前为止,视频采集检测系统经历了三个阶段的发展:第一代的全模拟视频监控系统(CCTV);第二代的半数字化视频监控系统(DVR);第三代的全数字化视频监控系统(NVS)。

(1)全模拟视频监控系统

系统视频信号采用同轴电缆线传输方式,其中图像信息以模拟方式进行传输,信息存储采用模拟方式(如磁带等)。这种系统存在一定的缺点:传输距离有限,通常只有几百米范围;模拟信号受干扰程度大,稳定性不高;模拟信息量巨大,存储费时费力且存储成本较高。该系统构成如图4-6所示。

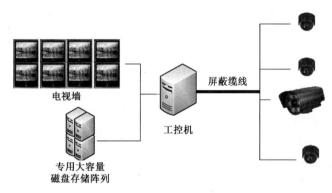

图4-6 全模拟视频系统

(2)半数字化视频监控系统

从传输方式来说依旧采用模拟方式,依靠电缆作为传输介质。其数据主要以本地存储为主,没有网络传输功能或较弱。图像显示为模拟视频或无损压缩视频,较清晰,图像存储为数字化存储,管理手段极大丰富,但存储格式有众多的不同,从显示上来说图像采用有损压缩,清晰度较差,多采用 MJPEG、MPEG-1、MPEG-2 压缩方式。主要存在以下的缺点:受传输介质电缆的限制,监控范围局限于几百米范围;数字化程度不够,远程观看、管理、资料交流功能有限;可扩展性受限,稳定性欠缺。

(3)全数字化视频监控系统

视频采集采用的是先进的 Mpeg4/H.264 压缩方式,超低码流,高保真画质。设备内置了 OS 系统和标准的网络协议栈,提供 Web 浏览服务。采用了嵌入式的系统设计,集中组网,分级管理的模式,系统安全可靠。

从数据传输的方面来说,完全采用了数字化的网络传输方式,全数字化视频系统全数字化视频服务系统见图4-7。完全突破了地域空间限制,极大地丰富监控手段,真正随时、随地、随意监控;存储方式丰富,可以前端设备存储,也可以中心统一存储,存储方式达到多样化。此外,存储容量扩展容易,真正实现了海量存储,中心平台可以添加多个存储服务器站点,极大地丰富了存储的内容。

从数字化方面来说,图像存储不再是简单的数字化图像信息,而是对可听、可控、集中管理等都进行了数字化的管理,组网更加灵活,可更大规模地进行视频采集与监控。

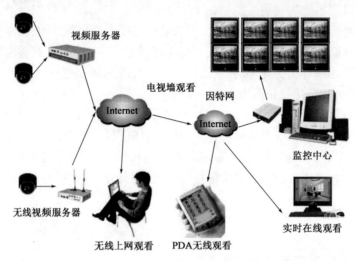

图 4-7　全数字化视频系统

2) 视频采集检测系统构成

视频采集检测技术以视频图像为分析对象,通过对设定区域的图像进行分析,可以得到交通信息。

视频采集技术对视频交通图像数据处理机特征提取全部是实时进行,视频检测系统流程框图如图 4-8 所示,视频交通信息采集系统的摄像机对车辆进行拍摄,将拍摄到的图像进行存储并数字化,对图像进行初步处理,去掉多余信息;接着对图像进行分区;对各个分区图像进行处理,提取特征信息根据特征信息进行车辆分类;根据相邻图片计算车速;最后在拍摄区域内跟踪所识别出的车辆。视频交通信息采集技术中交通图像处理通常有几种算法:

一种是将摄像机拍摄的区域分成若干小区域,视频交通信息采集系统对各小区域进行图像处理,小区域可以与车道垂直、平行、斜交。由于视频交通信息采集系统的一个摄像机的检测区域可以多车道监测,所以一个视频交通信息采集系统可以代替许多环形线圈或其他检测器,实施对更大区域进行车辆检测。

另一种算法是连续跟踪在摄像机拍摄区域内行驶的车辆,通过对车辆的多次图像信息采集,确定车辆图像不变,对车辆图像进行记录并计算其速度和车辆排队长度。

图 4-8　视频检测系统流程框图

4.3　RFID 技术与交通检测

识别是一个集定义、过程与结果于一体的概念。随着技术的进步和发展,面临的识别问题越来越复杂,完成识别和采集信息的代价越来越大,某些场合的识别为提高效率,准确及快速识别,借助一些设备和技术才能完成,这就用到了自动识别的一些技术。

自动识别系统是一个以信息处理为主的技术系统,输入端是被识别信息,输出端是已识别的信息。现代识别技术有诸如条形码技术、射频识别、图像识别及各种生物识别技术等。

4.3.1　RFID 概述

射频识别(Radio Frequency Identification,RFID)通常也被称为射频电子标签。RFID 是一种非接触式的自动识别技术,它通过射频信号自动识别目标对象并获取相关数据,识别工作无须人工干预,可在各种恶劣环境中进行。RFID 技术可识别高速运动物体并可同时识别多个标签,操作快捷方便。

RFID 是一种简单的无线系统,有两个基本器件,该系统用于控制、检测和跟踪物体。系统由一个询问器(或阅读器)和很多应答器(或标签)组成。这项技术利用无线射频方式在阅读器和射频卡之间进行非接触双向传输数据,以达到目标识别和数据交换的目的。

RFID 按应用频率的不同分为低频(LF)、高频(HF)、超高频(UHF)、微波(MW),相对应的代表性频率分别为:低频 135kHz 以下、高频 13.56MHz、超高频 860~960MHz、微波 2.4G 和 5.8G。

射频识别系统的作用距离是指系统的有效识别距离。影响读写器识别电子标签有效距离的因素很多,主要包括:读写器的发射功率、系统的工作频率及电子标签的封装形式等。

不同的无线传输系统发射的频率是影响传输距离关系较大的因素之一。当其他条件相同时,低频系统的识别距离最近,其次是中高频系统,微波系统的识别距离最远。读写器的频率发生变化,系统的工作频率就会随之改变。

射频识别系统的有效识别距离与读写器的射频发射功率成正比。发射功率越大,识别距离也就越远。但是电磁波产生的辐射超过一定的范围时,就会对环境和人体产生有害的影响。因此,在电磁功率方面必须遵循一定的功率标准。

RFID 的封装形式也是影响系统识别距离的原因之一。电子标签的天线越大,即电子标签穿过读写器的作用区域内所获取的磁通量越大,存储的能量也越大。

应用项目所需要的作用距离取决于多种因素,主要为以下三种:第一种,电子标签的定位精度;第二种,实际应用中多个电子标签之间的最小距离;第三种,在读写器的工作区域内,电子标签的移动速度。

通常在 RFID 应用中,选择恰当的天线,即可适应长距离读写的需要。例如传送带式天线就是设计安装在滚轴之间的传送带上,也有安装在托盘或产品的底部,以确保载体直接从天线上通过。

RFID 按照能源的供给方式分为无源 RFID、有源 RFID 以及半有源 RFID。无源 RFID 读写距离近,价格低;有源 RFID 可以提供更远的读写距离,但是需要电池供电,成本要更高一些,适用于远距离读写的应用场合。

4.3.2　RFID 的组成

RFID 标签俗称电子标签,也称应答器(Tag,Transponder,Responder)。RFID 标签由标签芯片和标签天线或线圈组成,利用电感耦合或电磁反向散射耦合原理实现与读写器之间的通信。RFID 标签中存储一个唯一编码,通常为 64bits、96bits,甚至更高,其存储地址空间多于常见条形码所能提供的空间,因此可以实现包含个体信息的多位物品编码。当被动式 RFID 标签进入读写器的作用区域,就可以根据电感耦合原理(近场作用范围内)或电磁反向散射耦合原理

(远场作用范围内），在标签天线两端产生感应电势差，并在标签芯片通路中形成微弱电流，如果这个电流强度超过一个阈值，就将激活 RFID 标签芯片电路工作，从而对标签芯片中的存储器进行读/写操作，微控制器还可以进一步加入诸如密码或防碰撞算法等复杂功能。而主动式更多的是通过自身的电源代替复杂的被动式的供电方式。RFID 标签芯片的内部结构主要包括射频前端、模拟前端、数字基带处理单元及 EEPROM 存储单元四部分。

读写器也称阅读器、询问器（Reader, Interrogator），是对 RFID 标签进行读/写操作的设备，主要包括射频模块和数字信号处理单元两部分。读写器是 RFID 系统中最重要的基础设施。一方面，RFID 标签返回的电磁信号通过天线进入读写器的射频模块中转换为数字信号，再经过读写器的数字信号处理单元对其进行必要的加工整形，最后从中解调出返回的信息，完成对 RFID 标签的识别或读/写操作；另一方面，上层中间件及应用软件与读写器进行交互，实现操作指令的执行和数据汇总上传。在上传数据时，读写器会对 RFID 标签事件进行去重过滤或简单的条件过滤，将其加工为读写器事件后再上传，以减少与中间件及应用软件之间数据交换的流量，因此在很多读写器中还集成了微处理器和嵌入式系统，实现一部分中间件的功能，如信号状态控制、奇偶位错误校验与修正等。未来的读写器呈现出智能化、小型化和集成化趋势，还将具备更加强大的前端控制功能，例如直接与工业现场的其他设备进行交互，甚至是作为控制器进行在线调度。在物联网中，读写器将成为同时具有通信、控制和计算（Communication, Control, Computing）功能的核心设备。

天线（Antenna）是 RFID 标签和读写器之间实现射频信号空间传播和建立无线通信连接的设备。RFID 系统中包括两类天线：一类是 RFID 标签上的天线，由于它已经和 RFID 标签集成为一体，因此不再单独讨论；另一类是读写器天线，它既可以内置于读写器中，也可以通过同轴电缆与读写器的射频输出端口相连。目前的天线产品多采用收发分离技术来实现发射和接收功能的集成。天线在 RFID 系统中的重要性往往被人们所忽视，在实际应用中，天线设计参数是影响 RFID 系统识别范围的主要因素。高性能的天线不仅要求具有良好的阻抗匹配特性，还需要根据应用环境的特点对方向特性、极化特性和频率特性等进行专门设计。

中间件（Middleware）是一种面向消息的、可以接收应用软件端发出的请求、对指定的一个或者多个读写器发起操作并接收、处理后向应用软件返回结果数据的特殊化软件。中间件在 RFID 应用中除了可以屏蔽底层硬件带来的多种业务场景、硬件接口、适用标准造成的可靠性和稳定性问题，还可以为上层应用软件提供多层、分布式、异构的信息环境下业务信息和管理信息的协同。中间件的内存数据库还可以根据一个或多个读写器的读写器事件进行过滤、聚合和计算，抽象出对应用软件有意义的业务逻辑信息构成业务事件，以满足来自多个客户端的检索、发布/订阅和控制请求。

应用软件（Application Software）是直接面向 RFID 应用最终用户的人机交互界面，协助使用者完成对读写器的指令操作以及对中间件的逻辑设置，逐级将 RFID 原子事件转化为使用者可以理解的业务事件，并使用可视化界面进行展示。由于应用软件需要根据不同应用领域的不同企业进行专门制定，因此很难具有通用性。从应用评价标准来说，使用者在应用软件端的用户体验是判断一个 RFID 应用案例成功与否的决定性因素之一。

4.3.3 RFID 系统工作原理

RFID 技术的基本工作原理并不复杂：标签进入磁场后，接收解读器发出的射频信号，凭借感应电流所获得的能量发送出存储在芯片中的产品信息(无源标签或被动标签),或者主动发送某一频率的信号(有源标签或主动标签);解读器读取信息并解码后,送至中央信息系统进行有关数据处理。

一套完整的 RFID 系统,由阅读器(Reader)、电子标签(Tag,即所谓的应答器)及应用软件系统三部分组成,其工作原理是阅读器发射一特定频率的无线电波能量给应答器,用以驱动应答器电路将内部的数据送出,此时阅读器便依序接收解读数据,发送给应用程序做相应的处理,参见图 4-9。

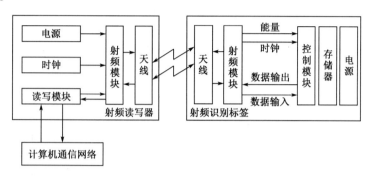

图 4-9 RFID 的系统组成

以 RFID 卡片阅读器及电子标签之间的通信及能量感应方式来看,大致上可以分成感应耦合和反向散射耦合两种,一般低频的 RFID 大都采用第一种方式,而较高频大多采用第二种方式。

阅读器根据使用的结构和技术的不同可以是读或读/写装置,是 RFID 系统信息控制和处理中心。阅读器通常由耦合模块、收发模块、控制模块和接口单元组成。阅读器和应答器之间一般采用半双工通信方式进行信息交换,同时阅读器通过耦合给无源应答器提供能量和时序。在实际应用中,可进一步通过 Ethernet 或 WLAN 等实现对物体识别信息的采集、处理及远程传送等管理功能。应答器是 RFID 系统的信息载体,目前应答器大多是由耦合原件(线圈、微带天线等)和微芯片组成无源单元。

目前主要应用在不停车收费、智能公交 IC 卡、门禁系统以及物流管理等主要场所,通过逐渐的了解与认识,可以知道 RFID 技术将有更为广阔的应用前景,它们的工作原理相似。如图 4-10 所示为电子标签数据工作原理。

图 4-10 电子标签数据工作原理

4.3.4 RFID 系统的应用范围

根据 RFID 系统完成的功能不同,可以粗略地把 RFID 系统应用分成四种类型,即 EAS 系统、便携式数据采集系统、网络系统、定位系统。

1) EAS 技术

EAS(Electronic Article Surveillance)是一种设置在需要控制物品出入口的 RFID 技术。这种技术的典型应用场合是商店、图书馆、数据中心等地方,当未被授权的人从这些地方非法取走物品时，EAS 系统会发出警告。应用 EAS 技术，物品不用再锁在玻璃橱柜里，可以让顾客自由地观看、检查商品，这在自选日益流行的今天有着非常重要的现实意义。典型的 EAS 系统一般由三部分组成，即附着在商品上的电子标签、电子传感器及电子标签灭活装置，以便授权商品能正常出入，以便出口监视。

2）便携式数据采集系统

便携式数据采集系统是使用带有 RFID 读写器的手持式数据采集器采集 RFID 标签上的数据的系统。这种系统具有比较大的灵活性，适用于不宜安装固定式 RFID 系统的应用环境。手持式读写器（数据输入终端）可以在读取数据的同时，通过无线电波数据传输方式（RFDC）实时地向主计算机系统传输数据，也可以暂时将数据存储在读写器中，再集中批次向主计算机系统传输数据。

3）定位系统

定位系统用于自动化加工系统中的定位以及对车辆、轮船等进行运行定位支持。读写器放置在移动的车辆、轮船上或者自动化流水线中移动的物料、半成品、成品上，信号发射机嵌入到操作环境的地表下面。信号发射机上存储有位置识别信息，读写器一般通过无线的方式或者有线的方式连接到主信息管理系统。

4）物流控制系统

在物流控制系统中，固定布置的 RFID 读写器分散布置在给定的区域，并且读写器直接与数据管理信息系统相连，信号发射机是移动的，一般安装在移动的物体、人体上面。当物体、人流经读写器时，读写器会自动扫描标签上的信息并把数据信息输入数据管理信息系统存储、分析、处理，达到控制物流的目的。

总之，一套完整的 RFID 系统解决方案包括标签设计及制作工艺、天线设计、系统中间件研发、系统可靠性研究、读卡器设计和示范应用演示六个部分。可以广泛应用于工业自动化、商业自动化、交通运输控制管理和身份认证等多个领域，而在仓储物流管理、生产过程制造管理、智能交通、网络家电控制等方面更是引起了众多厂商的关注。

【复习思考题】

4-1 请对交通信息的分类进行阐述。
4-2 试对环形线圈的车辆检测技术进行论述。如何采用这种方法测定行进中的车速？
4-3 试说明超声波检测器的工作原理。
4-4 视频采集检测技术主要经历了哪些阶段？对优缺点进行对比。
4-5 电子警察的工作原理是什么？

第 5 章
交通信息处理

数据融合的概念虽始于20世纪70年代初期,但真正的技术进步和发展乃是80年代的事,尤其是近几年来引起了世界范围内的普遍关注,美、英、日、德、意等发达国家不但在所部署的一些重大研究项目上取得了突破性进展,而且已陆续开发出一些实用性系统投入实际应用和运行。我国"八五"规划已把数据融合技术列为发展计算机技术的关键技术之一,并部署了一些重点研究项目,尽可能给予了适当的经费投入。但这毕竟是刚刚起步,我们所面临的挑战和困难是十分严峻的,当然也有机遇并存。这就需要认真研究,针对我国的国情和军情,采取相应的对策措施,以期取得事半功倍的效果。

数据融合技术是指利用计算机对按时序获得的若干观测信息,在一定准则下加以自动分析和综合,以完成所需的决策和评估任务而进行的信息处理技术。

在交通信息系统中大量的数据来自传感器,采集到的信息并不一致,一般情况下,一种传感器只能采集到事物某一部分的信息,融合多传感器可以获得对事物较为全面的认识,或更多相关信息的过程,这些是本章的学习内容。

5.1 数 据 融 合

数据融合是对现代交通具有重要意义的一门新型学科。本节介绍了多传感器数据融合的定义、原理、方法、层次和结构,提出了交通数据融合系统体系结构和功能体系结构,对多传感器数据融合系统技术进行了较为全面的探讨。

在多传感器系统中,信息表现形式多样,信息数量巨大,同时要求信息处理迅速及时,人脑的信息综合处理能力已经无法胜任。因此,一个新兴的学科——多传感器数据融合便迅速发展起来。

数据融合是近30年来兴起的新技术,到目前为止,对于它仍然有着多种不同的定义。目前被普遍接受的有关数据融合的定义,是1991年由美国三军政府组织——实验室理事联合会JDL(Joint Directors of Laboratories)从军事应用的角度将数据融合定义为这样一个过程:把来自许多传感器和信息员的数据进行联合(Association)、相关(Correlation)、组合(Combination)和估值的处理,以达到精确的位置估计(Position Estimation)与身份估计(Identity Estimation),以及对战场情况和威胁及其重要程度进行实时的完整评价。1994年由澳大利亚DSTO(Defense Science and Technology Organization)加以扩展,这个组织将数据融合定义为一种多层次、多方面的处理过程,包括对多源数据进行检测、相关、组合和估计,从而提高状态和特性估计的精度,以及对战场态势和威胁及其重要程度进行适时的完整评价。可以看出,数据融合技术是伴随着军事上的应用逐渐发展,目前逐渐被大范围地应用在民用领域。

国内关于数据融合技术的研究则起步相对较晚。20世纪80年代初,人们开始从事多目标跟踪技术研究,到了80年代末才开始出现有关多传感器数据融合技术研究的报道。当时,人们对它的含义有着不同的理解,主要的提法有:数据合成、数据汇编、数据汇集、数据总和、数据融合等。20世纪90年代初,对这一领域的研究在国内才逐渐形成高潮。在政府、国防和各种基金部门的资助下,国内一批高校和研究所开始广泛从事这一技术的研究工作,出现了大批理论研究成果,同时,还出版了几部数据融合领域的学术专著和译著。到了20世纪90年代中期,数据融合技术在国内已发展成为多方关注的共性关键技术,出现了许多热门研究方向,许多学者致力于机动目标跟踪、分布监测融合、多传感器跟踪与定位、分布数据融合、目标识别与决策数据融合、态势评估与威胁估计等领域的理论及应用研究,相继出现了一批多目标跟踪系统和有初步综合能力的多传感器数据融合系统。

当前,数据融合的主流定义是一种多层次、多方面的处理过程,这个过程是对多源数据进行检测、关联、估计和合并,以达到精确的状态估计和身份估计,以及完整及时的态势评估和威胁估计。从定义中可以看出,数据融合存在三个重要的内容:①数据融合是多信息源、多层次的处理过程,每个层次代表信息的不同抽象程度;②数据融合过程包括数据的检测、关联、估计与合并;③数据融合的输出包括低层次上的状态身份估计和高层次上的总体决策态势的评估。

5.1.1 数据融合基本目的和原理

数据融合的基本目的就是通过融合得到比单独的输入数据更多的信息,即由多个传感器的共同作用,使系统的有效性得以增强。

多传感器数据融合实际上是对人脑综合处理复杂问题的一种功能模拟,其基本原理就像人脑综合处理信息的过程一样,充分利用多个传感器资源,通过对各种传感器及其观测信息的合理支配与使用,将各种传感器在空间和时间上的互补与冗余信息依据某种优化准则组合起来,产生对观测环境的一致性解释和描述。

数据融合的实质就是一种多源信息的综合技术,通过对来自不同传感器的数据进行分析和综合,可以获得被测对象及其性质的最佳一致估计。

5.1.2 数据融合的意义

数据融合的主要作用可以归纳为以下四个要点:

(1)提高信息的准确性和全面性。与一个传感器相比,多传感器数据融合处理可以获得有关周围环境更准确、更全面的信息。

(2)降低信息的不确定性。一组相似的传感器采集的信息存在明显的互补性,这种互补性经过适当处理后,可以使单一传感器的不确定性和测量范围的局限性得到补偿。

(3)提高系统的可靠性。某个或者某几个相关的传感器失效系统仍能够正常运行。

(4)增加了系统的实时性。

5.1.3 数据融合模式

数据融合模式可分为:像素级融合、特征级融合、决策级融合等,如图 5-1 所示。像素级和特征级融合处理直接交通信息,是对交通状态的局部描述。像素级融合是单一的数据形式,如果是采用传感器,则为同样的数据输出形式的传感器。特征级融合可以是多个种类传感器的融合。决策级融合属于高层次的处理,这部分的处理数据是其他两层的处理结果,输出是抽象结果,如对交通状态整体性能评价及各类系统运行预测等。

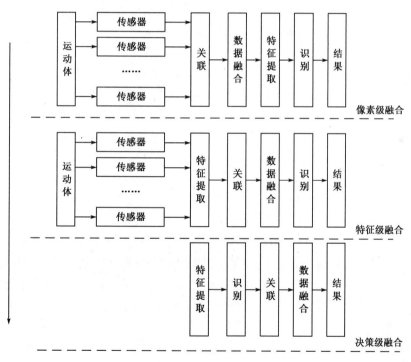

图 5-1 数据融合结构图

1)像素级融合

像素级融合(也称数据级融合)是直接在采集到的原始数据层上进行的融合,在各种传感器的原始测报未经预处理之前就进行数据的综合与分析。像素级融合一般采用集中式融合体系进行融合处理过程。这是低层次的融合,如成像传感器通过对包含某一像素的模糊图像进行图像处理来确认目标属性的过程就属于像素级融合。

2) 特征级融合

特征级融合属于中间层次的融合,它先对来自传感器的原始信息进行特征提取(特征可以是目标的边缘、方向、速度等),然后对特征信息进行综合分析和处理。特征级融合的优点在于实现了可观的信息压缩,有利于实时处理,并且由于所提取的特征直接与决策分析有关,因而融合结果能最大限度地给出决策分析所需要的特征信息。特征级融合一般采用分布式或集中式的融合体系。特征级融合可分为两大类:一类是目标状态融合;另一类是目标特性融合。

3) 决策级融合

决策级融合通过不同类型的传感器观测同一个目标,每个传感器在本地完成基本处理,其中包括预处理、特征抽取、识别或判决,以建立对所观察目标的初步结论,然后通过关联处理进行决策级融合判决,最终获得联合推断结果。

5.1.4 数据融合方法

数据融合作为一种数据综合和处理技术,实际上是许多传统学科和新技术的集成与应用,其中涉及的知识包括通信、模式识别、决策论、不确定性理论、信号处理、估计理论、最优化技术、计算机科学、人工智能、神经网络等,特别是神经网络和人工智能等新概念、新技术在多传感器数据融合中将起到越来越重要的作用。多传感器数据融合技术的核心问题是选择合适的融合算法,由于信息的多样性和复杂性,对数据融合方法的基本要求是具有鲁棒性和并行处理能力。

具体的数据融合的方法很多,常用的方法大体上可分成三大类:基于数理统计理论的融合算法、基于信息论的融合算法、基于认识模型的融合算法。

1) 基于统计理论的融合方法

基于统计理论的融合方法有:经典推理法、贝叶斯估计法及 D-S(Dempster-Shafer)证据理论法。

经典推理法在早期的数据融合中得到了广泛的应用,由于其完全依赖数学理论,则形式简单、易操作,缺点是必须要求先验知识和计算先验概率密度分布函数,同时一次仅能估计两个假设,特别是用于多变量统计时计算更加复杂。

贝叶斯推理技术比经典推理法有了较大的进步,它可以处理多个假设问题。贝叶斯估计法传感器信息依据概率原则进行组合,测量不确定性以条件概率表示,当传感器组的观测坐标一致时,可以直接对传感器的数据进行融合。但大多数情况下,传感器测量数据要以间接方式采用贝叶斯估计进行数据融合。其定义先验似然函数比较困难,缺乏很好的表述及分配总体不确定性的能力等。

D-S 证据推理是贝叶斯推理的重要推广扩充,其主要有三个基本要点:基本概率赋值函数、信任函数和似然函数。它用置信区间代替概率,用集合表示事件,用 D-S 组合规则代替贝叶斯公式来更新置信函数。其自上而下的推理结构分为目标合成、推断及更新三级。D-S 理论优点是解决了一般水平的不确定性分配问题,能够很好地表示"不确定性""不知道"等认知学上的重要概念,因此具有很大的应用前景。

2) 基于信息论的融合方法

基于信息论的融合方法包括模板法、聚类分析法及人工神经网络等,这些方法的共同点是将自然分组和目标类型相联系。

模板法通过对观测数据与先验模板匹配处理,来确定观测数据是否支持已有模板所表征的假设。其根据具体的时域、频域或小波域的数据或图像与预先存储的目标特征或预测的目标模型作比较,通过计算预测数据和实测数据的关联,若两者的相关系数超过一个预先设定的阈值,则认为两者存在匹配关系。模板法由于计算量大,在非实时环境中有很好的效果,而在实时环境中可能无法满足要求。

聚类分析法根据预先指定的相似标准把观测分为一些自然组或聚集,再把自然组与目标预测类型相关,需要定义一个相似性函数或关联度量,以提供一个表示任何两个特征向量之间"接近"程度或不相似程度的值。其缺点是本身的启发性使得数据排列方式、相似性参数的选择、聚类算法的选择等都对聚类有影响。

人工神经网络具有很强的容错性以及自学习、自组织及自适应能力,能够模拟复杂的非线性映射。神经网络的这些特性和强大的非线性处理能力,恰好满足了多传感器数据融合技术处理的要求。神经网络根据当前系统所接收的样本相似性确定分类标准,这种确定方法主要表现在网络的权值分布上,同时,可以采用神经网络特定的学习算法来获取知识,得到不确定性推理机制。利用神经网络的信号处理能力和自动推理功能,即实现了多传感器数据融合。当输入数据中混有噪声时,人工神经网络的优点更加突出。

3) 基于认识模型的融合方法

基于认识模型的融合方法试图模仿人类辨别实体的过程,其中有模糊集合理论、逻辑模板法及专家系统等。

模糊集合理论应用广义的集合论来确定指定集合所具有的隶属关系。模糊集合理论对模糊集及其元素提供了一个集合变换代数算法(如并集、逻辑域等)。它是建立在一组可变的模糊"IF-THEN"规则基础上的。这些规则的来源既可以是专家的信息,也可以是通过输入一输出数据对的映射得到。"IF-THEN"规则的模糊概念是以隶属函数来表达的,通过使某些指标函数取得最优值,以获得最佳辨识效果。该方法的难点在于如何构造合理有效的隶属函数和指标函数。

逻辑模板法是基于逻辑的识别技术的总称,其主要将通过模糊逻辑推理方法应用在系统匹配模型中,主要用于时间探测或态势估计所进行的多传感器数据融合的应用中。

专家系统试图模拟专家对专业进行决策和推理的能力,其知识库包含事实、经验规则及启发性信息,使用观测数据,再根据知识库进行推理。专家系统或知识库系统适于实现较高水平的推理。由于专家系统方法依赖于知识的表示,因此其先验知识库是否有效建立决定了专家系统应用的成败。

数据融合的算法非常多,除了以上常见的数据融合方法外,还有基本的加权平均法、卡尔曼滤波法、品质因数法。随着科学技术的飞速发展,一些智能方法如粗集理论、小波分析理论和支持向量机等也不断地出现,必将在多传感器数据融合中起到越来越重要的作用。

数据融合技术通过组合获得比单传感器数据更准确的信息,即通过各个传感器之间的协调和性能互补来提高整个多传感器系统的性能。

5.1.5 多传感器的融合结构

多传感器数据融合的结构模型主要有四种形式:集中式、分布式、混合式及分级式。

集中式结构中所有传感器将原始信息传输到融合中心,由中央处理设施统一处理。集中式融合的最大优点是信息损失最小,但数据互联较困难,并且它只有当接收到来自所有传感器信息后,才对信息进行融合,所以,通信负担重,融合速度慢,系统的生存能力也较差。

分布式结构的特点是:每个传感器的信息进入融合以前,先由它自己的数据处理器进行处理。融合中心依据各局部检测器的决策,并考虑各传感器的置信度,然后在一定准则下进行分析综合,作出最后的决策。在分布式多传感器数据融合系统中,每个节点都有自己的处理单元,不必维护较大的集中数据库,都可以对系统作出自己的决策,融合速度快,通信负担轻,不会因为某个传感器的失效而影响整个系统正常工作。所以,它具有较高的可靠性和容错性,但由于信息压缩导致信息丢失,因而会影响融合精度。

混合式结构同时传输探测信息和经过局部节点处理后的信息,它保留了上述两类结构的优点,但在通信和计算上要付出昂贵的代价。

分级式结构又分为有反馈结构和无反馈结构。在分级融合中,信息从低层到高层逐层参与处理,高层节点接收低层节点的融合结果,在有反馈时,高层信息也参与低层节点的融合处理。分级融合结构各传感器之间是一种层间有限联系,其计算和通信负担介于集中式结构和分布式结构之间。

5.1.6 数据融合技术的优点

由多元信息融的特点可以看出应用数据融合技术主要有以下几个优点:

(1)可以提高信息的可信度。

由于多传感器数据融合技术拓展了时空分辨力,其利用多种传感器能够更加准确地获得环境目标的某一特征或一组相关特征,降低了目标位置估计和属性估计的不确定性,使整个系统所获得的综合信息具有更高的精度及可靠性。

(2)改进了系统探测性能。

由于多传感器数据融合技术对目标的多种测量的有效融合,在相同的时间内能获得更多的信息,特别是在测量运动速度快的目标时,提高了系统探测的有效性,弥补了手段缺乏所引起的不足。

(3)提供稳定的工作性能。

多传感器数据融合技术利用系统固有的冗余度,减少了关于目标或事件的假设集合,对同一目标或事件的多次同一传感器在不同的时序上或多个同一时刻不同传感器独立测量进行有效综合分析和处理,可以提高系统检测的有效性和生存能力。

(4)提高了系统容错能力。

由于多个传感器所采集的信息会存在冗余性,当系统中有一个甚至几个传感器出现故障时,尽管某些信息容量减少了,但仍可由其他传感器获得有关信息,使系统继续运行,故经过数据融合处理无疑会使系统在利用这些信息时具有很好的容错性能。

(5)实现信息的智能化处理。

多传感器数据融合技术为多信息源复杂系统的智能控制与决策奠定了基础。可以使信息处理更方便、快捷和智能化,数据融合技术进行更复杂信号的检测处理,提高系统检测的准确性。

随着多传感器数据融合技术的发展,应用的领域也在不断扩大,多传感器融合技术已成功地应用于众多的研究领域。多传感器数据融合作为一种可消除系统的不确定因素、提供准确的观测结果和综合信息的智能化数据处理技术,已在军事、工业监控、智能检测、机器人、图像分析、目标检测与跟踪、自动目标识别等领域获得普遍关注和广泛应用。数据融合必将成为未来复杂工业系统智能检测与故障诊断的重要技术。另外,如何将基于模糊逻辑、神经网络、遗传算法、粗糙集理论、支持向量机、小波变换等智能方法有机结合起来,实现对当前算法的改进,也是未来的数据融合重要的发展趋势。

5.1.7 交通数据融合处理技术

数据融合技术在交通工程方面的应用正在逐步深入,下面对融合方法在交通方面的应用做出方法说明。

1)基于卡尔曼滤波的交通数据融合方法

卡尔曼滤波用于融合动态的低层次冗余多元数据,该方法用于测量模型的统计特征性递推决定统计意义下最优融合数据估计。如果该系统具有线性的动力学模型,且系统噪声和传感器噪声是高斯白噪声分布模型,那么,卡尔曼滤波为融合数据提供唯一的统计意义下的最佳估计,卡尔曼滤波的递推特性使系统数据处理不需要大量的数据存储和计算。由于卡尔曼滤波采用了较灵活及适应性较广的状态空间模型的系统分析法以及递推算法,从而便于在计算机上实现,大大减少了计算机存储量和计算时间,因而得到了广泛的应用。基于卡尔曼滤波的上述特点,可以利用其建立模型进行多传感器交通数据融合。

卡尔曼滤波不仅可用于信号的滤波和估计,而且还可用于模型参数的估计。

对于多传感器的交通数据融合,焦点主要集中在滤波器结构的变化上,在结构构成中有一级结构和二级结构,包括并行滤波、顺序滤波、联合滤波等,如图5-2~图5-4所示。它们的主要特点就是利用了不同层次上的多个滤波器,适用于多机处理。

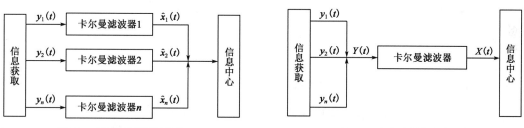

图5-2 卡尔曼并行滤波结构　　　　图5-3 卡尔曼集中滤波结构

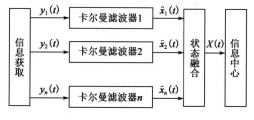

图5-4 卡尔曼联合滤波结构

假设待估随机信号的数学模型是一个由白噪声序列$\{w(t)\}$驱动的一阶自递归过程,在此假设下设计滤波器,并选取该断面的基础交通参数(如流量、速度、占有率等)作为状态变量进行数据的融合处理。下面对卡尔曼集中滤波融合结构进行详细分析:

在集中卡尔曼滤波器设计中,其状态方程为:
$$X(t) = AX(t-1) + w(t-1) \tag{5-1}$$

式中:A——观测系数矩阵;
$X(t)$——t时刻的信号矢量,$X(t) = [x_1(t) x_2(t) \cdots x_n(t)]^T$,$x_i(t)$代表各个不同的状态参数;
$w(t-1)$——过程噪声或动态噪声矩阵。

量测方程为:
$$Y(t) = CX(t) + v(t) \tag{5-2}$$

式中:C——量测系数矩阵;
$Y(t)$——t时刻对$X(t)$测量所得到的信号测量值矢量,$Y(t) = [y_1(t) y_2(t) \cdots y_n(t)]^T$;
$v(t)$——量测过程噪声矩阵。

之后,估计器在t时刻对信号$X(t)$的估计误差向量为$e(t)$,则有:

$$e(t) = X(t) - \hat{X}(t) = \begin{bmatrix} x_1(t) & \cdots & \hat{x}_1(t) \\ \vdots & \ddots & \vdots \\ x_n(t) & \cdots & \hat{x}_n(t) \end{bmatrix} = \begin{bmatrix} e_1(t) \\ \vdots \\ e_n(t) \end{bmatrix} \tag{5-3}$$

误差向量的协方差矩阵为$P(t)$,则:

$$\begin{aligned} P(t) &= E[e(t)e^T(t)] \\ &= \begin{bmatrix} E[e_1(t)]^2 & \cdots & E[e_1(t)]e_n(t) \\ \vdots & \ddots & \vdots \\ E[e_n(t)]e_1(t) & \cdots & E[e_n(t)]^2 \end{bmatrix} \\ &= \begin{bmatrix} P_{1,1}(t) & \cdots & P_{1,n}(t) \\ \vdots & \ddots & \vdots \\ P_{n,1}(t) & \cdots & P_{n,n}(t) \end{bmatrix} \end{aligned} \tag{5-4}$$

基于滤波均方误差的最优,由以上各式可以推理得到:

$$\hat{X}(t) = A\hat{X}(t-1) + K(t-1)[Y(t) - CA\hat{X}(t-1)] \tag{5-5}$$

$$K(t) = P_1(t)C^T[CP_1(t)C^T + R(t)]^{-1} \tag{5-6}$$

$$P_1(t) = AP(t-1)A^T + Q(t-1) \tag{5-7}$$

$$P(t) = P_1(t) - K(t)CP_1(t) \tag{5-8}$$

式中:$\hat{X}(t)$——系统对t时刻信号矢量的滤波估计值;
$Q(t-1)$——滤波器的系统协方差矩阵;
$R(t)$——局部卡尔曼滤波器系统的观测协方差矩阵;
$K(t)$——增益矩阵。

以对同一断面3个同步检测器检测到的交通流量的融合为例,建立集中滤波融合模型。

其中,状态方程为:
$$X(t) = AX(t-1) + w(t-1) \tag{5-9}$$

量测方程为：

$$Y(t) = CX(t) + v(t) \tag{5-10}$$

式中：$Y(t)$——t 时刻检测位置 3 个检测器同步检测到的流量值，$Y(t) = [y_1(t) \quad y_2(t) \quad y_3(t)]^T$；

C——量测系数矩阵，$C = [C_1 \quad C_2 \quad C_3]^T$；

$v(t)$——量测过程噪声矩阵，$v(t) = [v_1(t) \quad v_2(t) \quad v_3(t)]^T$。

基于向量卡尔曼预测的递推算法，可以得到如下方程的解：

$$\hat{X}(t) = A\hat{X}(t-1) + K(t)[Y(t) - AC\hat{X}(t-1)] \tag{5-11}$$

$$K(t) = P_1(t)C^T[CP_1(t)C^T + R(t)]^{-1} \tag{5-12}$$

$$P_1(t) = A^2 P(t-1) + Q(t-1) \tag{5-13}$$

$$P(t) = P_1(t) - K(t)CP_1(t) \tag{5-14}$$

式中：

$$R(t) = \begin{bmatrix} r_{11} & 0 & 0 \\ 0 & r_{22} & 0 \\ 0 & 0 & r_{33} \end{bmatrix}$$

2）基于卡尔曼滤波理论的实时行程时间预测

行程时间预测是交通流诱导系统研究的一项重要内容。在分析各种行程时间预测方法的基础上，本书利用卡尔曼滤波理论建立了行程时间预测模型，利用实测的交通流量预测几个时段后的路段行程时间，进而预测路径行程时间。

行程时间预测模型：

设 $T(\tau + k)$ 为所要预测的 τ 时刻以后的 k 个时间段的路段行程时间，它与路段两端各入口和出口的交通流量有关。设 $V(\tau)$ 是 τ 时刻各出入口的交通流量，$V(\tau - 1)$ 是 τ 时刻前一个时段的各出入口的交通流量向量，考虑到一些较长的路段，本模型考虑三个时段的交通流量（即 $\tau, \tau-1, \tau-2$ 时段的交通流量）对行程时间的影响，其预测模型为：

$$T(\tau + k) = H_0 V(\tau) + H_1 V(\tau - 1) + H_2 V(\tau - 2) + w(\tau)$$

式中，$H_0 、 H_1 、 H_2$ 为参数矩阵；$H_i = [c_1^i(\tau) \quad c_2^i(\tau) \quad \cdots \quad c_n^i(\tau)]$，$c$ 是状态变量；$V(\tau) = [v_1(\tau) \quad v_2(\tau) \quad \cdots \quad v_n(\tau)]^T$ 为交通流量向量，n 为路段上入口和出口处所考虑的检测器的总数，$w(\tau)$ 为观测噪声，假定为零均值的白色噪声，其协方差矩阵为 $R(\tau)$。

设：

$$A = [V^T(\tau), V^T(\tau - 1), \cdots, V^T(\tau - 2)]$$

$$X(\tau) = [H_0, H_1, H_2]^T$$

$$y(\tau) = T(\tau + k)$$

可得：

$$X(\tau) = B(\tau)X(\tau-1) + u(\tau-1) \tag{5-15}$$
$$y(\tau) = A(\tau)X(\tau) + w(\tau) \tag{5-16}$$

式中:$y(\tau)$——观察向量;

$X(\tau)$——状态向量;

$A(\tau)$——观察矩阵;

$B(\tau)$——状态转移矩阵;

$u(\tau-1)$——模型噪声,假定为零均值的白色噪声,它的协方差矩阵为$Q(\tau-1)$。

卡尔曼滤波是基于观察数据 $Y(\tau) = \{y(1) \quad y(2) \quad \cdots \quad y(\tau)\}$,求系统状态 $X(j)(j>\tau)$ 的最优预报估值$\overline{X}(j|\tau)$。

引入与观察过程$y(\tau)$等价的新过程。利用映射理论和矩阵极小值原理可推导出卡尔曼滤波方程组为:

$$\overline{X}(\tau) = \overline{X}(\tau|\tau-1) + K(\tau)[y(\tau) - A(\tau)\overline{X}(\tau|\tau-1)]$$

$$\overline{X}(\tau|\tau-1) = B(\tau)\overline{X}(\tau-1)$$

$$K(\tau) = P(\tau|\tau-1)A^{T}(\tau)[A(\tau)P(\tau|\tau-1)A^{T}(\tau) + R(\tau)]^{-1}$$

$$P(\tau|\tau-1) = B(\tau-1)P(\tau-1)B^{T}(\tau-1) + Q(\tau-1)$$

$$P(\tau) = [I - K(\tau)A(\tau)]P(\tau|\tau-1)$$

$$P(0|0) = P_0$$

在计算过程中,$\overline{X}(\tau_0)$由下式得出:

$$\overline{X}(\tau_0) = \overline{X}(\tau_0|\tau_0-1) + K(\tau_0)[y(\tau_0) - A(\tau_0)\overline{X}(\tau_0|\tau_0-1)] \tag{5-17}$$

若以上格式中$R(\tau)$、$O(\tau)$、P_0没有先验数据,则可设为对角阵,$\overline{X}(\tau_0|\tau_0-1)$设为零向量。

为了使得计算结果更为精确,对交通流量和形成时间的原始数据可作平滑处理,也可采用两周相对应的两天中的交通流量差值和行程时间差值作为交通流量和行程时间的原始数值,即:

$$V(\tau) = V(d,\tau) - V(d-1,\tau)$$
$$t(\tau) = T(d,\tau) - T(d-1,\tau)$$

$V(d-1,\tau)$,$T(d-1,\tau)$为前一周时刻τ的交通流量和行程时间,当得到预测的行程时间$t(\tau+k)$后,则实际的预测值为:

$$\overline{T}(d,\tau+k) = t(\tau+k) + T(d-1,\tau+k) \tag{5-18}$$

5.2 信息条件下的模式识别

模式识别(Pattern Recognition)是在某些一定量度或观测基础上把待识模式划分到各自的模式类中去。模式识别学科形成于20世纪50~60年代,与众多学科有联系,尤其与人工智能和图像处理关系密切。模式(Pattern)就是存在于时间、空间中可观察的事物,具有时间或空间分布的信息。识别(Recognition)是对各种事物或现象的分析、描述、判断和识别。

计算机模式识别就是用计算机实现人对物体、图像、图形、语音与字形等信息进行的分析、描述、判断、识别,也就是模式识别。模式识别本质上就是模拟人的某些生物感知功能来获得事物的判定。如人的视觉可由计算机与光学感知系统来模拟,人的听觉可由计算机与声音传感器等系统来模拟获得,人的嗅觉和触觉可由计算机与一些复杂的组合传感器来模拟,甚至更为复杂的感知行为。

一个典型的模式识别系统一般由数据获取、预处理、特征提取与选择、分类决策及分类器设计五部分组成,见图 5-5。分类器设计在训练过程中完成,利用样本进行训练,确定分类器的具体参数。而分类决策在识别过程中起作用,对待识别的样本进行分类决策。

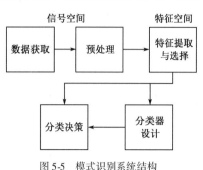

图 5-5 模式识别系统结构

5.2.1 模式识别方法和应用范围

模式识别的方法很多,比如模板匹配法、统计方法、神经网络方法、结构方法(也叫句法方法)。模式识别主要有用两种基本方法,即统计模式识别方法和结构模式识别方法,但是根据不同的场合也有其他识别方式应用。

经过多年的研究和发展,模式识别技术广泛应用于人工智能、机器人仿真、医学、刑侦、高能物理、考古、武器、航天等多个领域和学科,在这些应用中有语音识别、语音传译、人脸识别、指纹识别、手写字体识别、故障检测、武器制导等具体的应用内容。

模式识别在交通中主要应用在车牌识别、车型识别中;是智能交通中不可缺少的重要内容,在电子收费以及交通监控等系统中大量应用。

5.2.2 车牌识别技术

车牌照是全世界唯一对车辆身份识别的标记。尽管牌照的字符、颜色、格式内容和制作材料会多种多样,但车牌照仍是全球范围内最为精确和特定的识别标记。在智能交通中,车牌识别占用重要的作用,这是因为无论是道路收费、稽查,还是车辆路面监控范围内的追踪,都能够起到唯一识别的作用。采用计算机视觉技术识别车牌的流程通常包括车辆图像采集、车牌定位、字符分割、光学字符识别、输出识别结果五个步骤。车辆图像的采集方式决定了车牌识别的技术路线。目前国际 ITS 通行的两条主流技术路线是自然光和红外光图像采集识别。自然光和红外光不会对人体产生不良的心理影响,也不会对环境产生新的电子污染,属于绿色环保技术。

自然光路线是指白天利用自然光线,夜间采用辅助照明光源,用彩色摄像机采集车辆真彩色图像,用彩色图像分析处理方法识别车牌。自然光真彩色识别技术路线,与人眼感光习惯一致,并且真彩色图像能够反映车辆及其周围环境真实的图像信息,不仅可以用来识别车牌照,而且可以用来识别车牌照颜色、车流量、车型、车颜色等车辆特征。用一个摄像机采集的图像,同时实现所有前端基本视频信息采集、识别和人工辅助图像取证判别,可以前瞻性地为未来的智能交通系统工程预留接口。

红外光路线是指利用车牌反光和红外光的光学特性,用红外摄像机采集车辆灰度图像,由于红外特性,车辆图像上几乎只能看见车牌,然后用黑白图像处理方法识别车牌。950nm 的红外照明装置可抓拍到很好的反光车牌照图像。因为红外光是不可见光,它不会对驾驶员产生视觉影响。另外,红外照明装置提供的是不变的光,不论是在一天中最明亮的时候,还是在一天中最暗的时候,所抓拍的图像都是一样的。唯一的例外是在白天,有时会看到一些牌照周围的细节,这是因为晴朗天气时太阳光的外光波的影响。采用红外灯的缺点就是所捕获的车牌照图像不是彩色的,不能获取整车图像,并且严重依赖车牌反光材料。

1) 硬件构成

一个车牌识别系统的基本硬件配置由摄像机、主控机、采集卡、照明装置等组成。而软件是由一个具有车牌识别功能的图像分析和处理软件,以及一个满足具体应用需求的后台管理软件组成。

车牌识别系统存在两种产品形式。一种是软硬件一体,或者用硬件实现识别功能模块,形成一个全硬件的车牌识别器,如 DSP。另一种是开放式的软、硬件体系,即硬件采用标准工业产品,软件作为嵌入式软件。两种产品形式各有优缺点。开放式体系的优点是由于硬件采用标准工业产品,运行维护容易掌握,配件采购可以从任何一家产商获得,不用因为产商倒闭或供货不足而出现产品永久失效或采购困难。

2) 触发方式

车牌识别系统有两种触发方式,一种是外设触发,另一种是视频触发。

外设触发工作方式是指采用线圈、红外或其他检测器检测车辆通过信号,车牌识别系统接收到车辆触发信号后,采集车辆图像,自动识别车牌,并进行后续处理。

视频触发方式是指车牌识别系统采用动态运动目标序列图像分析处理技术,实时检测车道上车辆移动状况,发现车辆通过时捕捉车辆图像、识别车牌,并进行后续处理。

3) 车牌识别过程

典型的车牌识别过程由图像采集、预处理、二值化、车牌定位、字符分割和字符识别等过程组成,如图 5-6 所示。

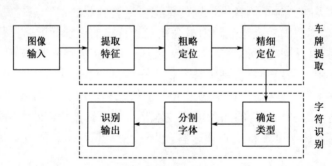

图 5-6 车牌识别系统

采用计算机视觉技术识别车牌的流程通常有车辆图像采集、车牌定位、字符分隔、字符识别及输出识别结果五个步骤,处理流程如图 5-7 所示。

图 5-7 车牌识别流程图

车辆检测通常采用车辆传感器,如埋地感应线圈、红外线等。图像采集由 CCD 彩色摄像机和图像采集卡组成,为了提高系统对天气、环境、光线等的自适应性,摄像机一般采用自动对焦、自动光圈的一体化机等。

车牌识别的工作流程:第一步,当车辆通过关卡,经过车体位置传感器的敏感区域时,传感器发送一个信号给图像采集控制系统部分;第二步,采集控制系统现有控制采集卡采集一幅汽车图像送至图像预处理模块,然后再由预处理模块对输入图像进行处理后送入计算机;第三步,通过计算机软件功能模块从输入图像中找到拍照的位置,对拍照做字符切分;第四步,车牌识别对提取的车牌图像进行必要的预处理、分割出单个字符,提取字符的特征并识别出字符,最后对识别出的车牌字符进行语法检查,确认车牌字符的合法性;第五步,应用系统调用这个结果建立数据库后,就可以根据具体需要编制各种不同类型的管理程序,从而达到支持管理的目的。

(1)图像预处理

对动态采集到的图像进行滤波、边界增强等处理,以克服图像干扰,改善识别效果。为准确识别车牌中的字符,在识别前一般要对提取的车牌图像进行一些预处理,主要包括归一化、二值化等处理。

①归一化。

归一化的目的就是把提取的车牌图像中的字符调整到与标准模板中的字符特征一致,以便进行识别。它通常分为倾斜度校正和大小归一化。倾斜度校正的关键是求得车牌的倾斜角度。由于车牌一般均存在边框,因此,通过求解车牌边界直线的斜率即可得到车牌的倾斜角度。常用的方法是 Hough 变换,在一定的倾角 $(-A,A)$ 范围内,设定一组直线方程 $y = px + q$,其中,p 为斜率,q 为截距。将车牌图像中的每一个像素点经 Hough 变换到参数空间,根据参数空间累加数据的值,求出图像中所有的直线,对这些直线的长度、连续性进行分析,即可求得车牌上下边界的直线方程,可确定车牌的倾斜度并进行校正。

大小归一化常用的方法有两种:一种是将字符的外边框按比例线性放大或缩小到标准字符尺寸,在车牌字符中,字符的宽度是不确定的,如字符"1"和"0",但字符的高度相同,因此,可根据字符的高度来进行大小归一化;另一种是根据水平和垂直两个方向的字符像素的分布进行大小归一化。基本方法是先计算字符的质心 G_i 和 G_j。

$$G_i = \frac{\sum_{i=A}^{B}\sum_{j=L}^{R} ic(i,j)}{\sum_{i=A}^{B}\sum_{j=L}^{R} c(i,j)} \tag{5-19}$$

$$G_j = \frac{\sum_{i=A}^{B}\sum_{j=L}^{R} jc(i,j)}{\sum_{i=A}^{B}\sum_{j=L}^{R} c(i,j)} \tag{5-20}$$

式中:$c(i,j) = 1$——该像素为字符;

$c(i,j) = 0$——该像素为背景;

A、B、L、R——字符的上下左右边界。

计算水平和垂直方向的散度 σ_i 和 σ_j。

$$\sigma_i^2 = \sum_{i=A}^{B} \frac{\sum_{j=L}^{R} c(i,j)(i-G_i)^2}{\sum_{i=A}^{B} \sum_{j=L}^{R} c(i,j)} \tag{5-21}$$

$$\sigma_j^2 = \sum_{j=A}^{B} \frac{\sum_{j=L}^{R} c(i,j)(j-G_j)^2}{\sum_{i=A}^{B} \sum_{j=L}^{R} c(i,j)} \tag{5-22}$$

最后，按照比例将字符线性放大或者缩小至标准的散度。

②二值化。

二值化是求得合适的阈值，将背景与字符分开，达到区分的目的。求解阈值的方法很多，迭代法较为常见，故此以迭代法为例。基本思想是计算图像灰度直方图，选取图像灰度范围的中值作为初始阈值T_0（设有L级灰度），然后按公式进行迭代，迭代公式如式(5-23)所示：

$$T_{i+1} = \frac{1}{2}\left\{ \frac{\sum_{i=0}^{T_i} h_l l}{\sum_{i=0}^{T_s} h_l} + \frac{\sum_{t=T+I}^{L-I} h_l l}{\sum_{t=T+J}^{L-J} h_l} \right\} \tag{5-23}$$

式中：h_l——灰度为l值的像素个数。

在这个迭代进行到$T_{i+1} = T_i$时结束，取结果T_i，分割阈值T_0。

当车牌颜色含有其他颜色时，其灰度图像上仅表示黑与白色。因此，需要对此类车牌的颜色进行转换，即取反，如黄牌与白牌的取反为蓝色与黑色，然后再进行灰度化。灰度化采用的加权系数法，同时滤除蓝色，获得统一的车牌图像，即黑底白字。红、绿、蓝（R, G, B）中过滤蓝色后得到灰度值，计算公式为：

$$Y(x,y) = 0.299R + 0.587G + 0.114B \tag{5-24}$$

对已经灰度化的车牌图像$Y(x,y)$，二值化可定义为：

$$g(x,y) = \begin{cases} 1, f(x,y) > T \\ 0, f(x,y) \leq T \end{cases} \tag{5-25}$$

车牌图像的二值化效果好坏直接影响后续处理工作，图片可以看成有前景字符与背景组成的，关键点就在于把各类的车牌多样化为一个统一灰度结果，便于二值化的统一输出。

(2) 车牌分割

完成车牌区域的定位后，将车牌区域分割成单个字符，然后进行识别。字符分割一般采用垂直投影法。由于字符在垂直方向上的投影必然在字符间或字符内的间隙处取得局部最小值的附近，并且这个位置应满足车牌的字符书写格式、字符、尺寸限制及一些其他条件。利用垂直投影法对复杂环境下的汽车图像中的字符分割有较好的效果。

(3) 字符识别

车牌识别系统的识别率与车牌质量和拍摄质量密切相关。车牌质量会受到各种因素的影响，如生锈、污损、油漆剥落、字体褪色、车牌被遮挡、车牌倾斜、高亮反光、多车牌、假车牌等；实际拍摄过程也会受到环境亮度、拍摄方式、车辆速度等因素的影响。这些影响因素不同程度上降低了车牌识别的识别率，也正是车牌识别系统的困难和挑战所在。为了提高识别率，除了不断地完善识别算法外,还应该想办法克服各种光照条件,使采集到的图像最利于识别。

字符识别方法目前主要有基于模板匹配算法和基于人工神经网络算法。基于模板匹配算法首先将分割后的字符二值化并将其尺寸大小缩放为字符数据库中模板的大小,然后与所有的模板进行匹配,选择最佳匹配作为结果。基于人工神经网络的算法有两种:一种是先对字符进行特征提取,然后用所获得特征来训练神经网络分配器;另一种方法是直接把图像输入网络,由网络自动实现特征提取直至识别出结果。

4) 车牌识别系统评价指标

从技术上评价一个车牌识别系统,在系统能够稳定可靠的运行前提下主要有识别率、识别速度和后台管理系统三个指标需要考虑。

(1) 识别率

一个车牌识别系统是否实用,最重要的指标是识别率。国际交通技术作过专门的识别率指标论述,要求是 24h 全天候全牌正确识别率为 85%~95%。利用视觉的车牌识别系统在实际应用中已经达到了全牌正确识别率 90% 以上。

为了测试一个车牌识别系统识别率,需要将该系统安装在一个实际应用环境中,全天候运行 24h 以上,采集至少 1000 辆自然车流通行时的车牌照进行识别,并且需要将车辆牌照图像和识别结果存储下来,便于调取查看。然后,还需要得到实际通过的车辆图像以及正确的人工识别结果。之后便可以统计出自然交通流量、可识别车牌照、可识别全牌正确率三个识别率。

自然交通流量的识别率 = 全牌正确识别总数/实际通过的车辆总数。可识别车牌照的百分率 = 人工正确读取的车牌照总数/实际通过的车辆总数。可识别全牌正确识别率 = 全牌正确识别的车牌照总数/人工读取的车牌照总数。这三个指标决定了车牌识别系统的识别率,如可信度、误识率等都是车牌识别过程中的中间结果。

(2) 识别速度

识别速度决定了一个车牌识别系统是否能够满足实时实际应用的要求。一个识别率很高的系统,如果需要几秒钟,甚至几分钟才能识别出结果,那么这个系统就会因为满足不了实际应用中的实时要求而毫无实用意义。如在高速公路收费中,车牌识别应用的作用之一是减少通行时间,速度是这一类应用里减少通行时间、避免车道堵车的有力保障。国际交通技术提出的识别速度是 1s 以内,越快越好。

(3) 后台管理体系

一个车牌识别系统的后台管理体系,决定了这个车牌识别系统是否好用。必须清楚地认识到重要的一点是识别率达到 100% 是不可能的,因为车牌照污损、模糊、遮挡,或者天气也许很糟(如下雪、冰雹、大雾等)。后台管理体系的功能应该包括存储、对比查询、联网运行、多任务并发。识别结果和车辆图像数据的可靠存储,当多功能的系统操作使得网络出差错时能保护图像数据不会丢失,同时便于事后人工排查;有效的自动比对和查询技术,被识别的车牌照号码要同数据库中成千上万的车牌号码自动比对和提示报警,如果车牌照号码没有被正确读取时就要采用模糊查询技术才能得出相对"最佳"的比对结果;车牌识别系统对于联网运行,还需要提供实时通信、网络安全、远程维护、动态数据交互、数据库自动更新、硬件参数设置、系统故障诊断;利用视觉的后台管理体系,采用多任务并行处理机制将前端车牌自动识别与后端图像数据库管理融为一个整体,可靠保障图像数据和识别结果存储管理。

前端在进行实时车辆抓拍和车牌识别时,可以并行操作后台数据查询、统计、打印、存储与通信,互不影响。后台操作数据查询、统计、打印、存储与通信,也不影响前端实时车辆抓拍和车牌识别。视觉网络版的车牌识别系统软件,安装在系统客户端和服务端工作站,即可建成一个功能完善的机动车布防网络。操作人员在中心服务端工作站通过监控管理程序远程管理、维护各客户端工作站的系统,包括数据自动上传和下发、设置运行参数、查看系统运行状态和异常信息等。

5.2.3 车型识别技术

车型识别技术是一些交通设施、路段自动收费系统的重要组成部分,它对在特定地点和时间和地点的车辆进行车型的识别与分析,作为交通管理、收费、调度、统计的依据。车型的识别有助于对车辆进行分类管理,比如收费公路对车辆的收费,对于不同种类的车辆将存在不同的收费分类,小型车辆收费要远远少于大型货运车辆的收费。

1）埋地地感线圈对车型识别方法

线圈车辆识别过程是对车辆进行识别分类探测,然后摄取车辆的某些特征信息。这是因为车辆的有些信息是固定,产生的线圈变化也是近似的,这样可以用模式识别的方法对一些特征值进行辨别,从而识别出一些特有的信息,如图5-8、图5-9所示。

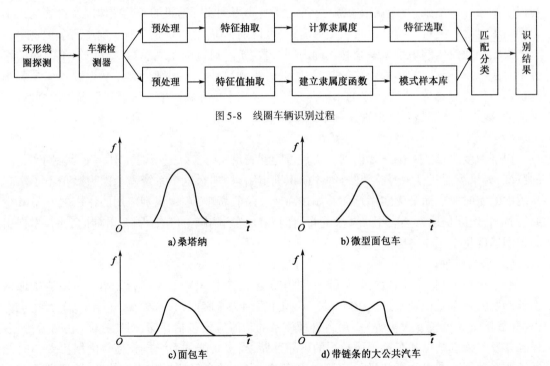

图5-8 线圈车辆识别过程

图5-9 四种车型的感应曲线

采用埋地地感线圈对车型识别存在的问题有,较慢车速通过时间可能与较长的车以快速通过的时间相等,甚至更长。解决问题的方法是需要更多的线圈检测器或者其他的识别方法首先判定车速,然后对车辆的通过时间进行计算。另外,成对地设置线圈检测器也不失为一个好的方法。如何对我国车辆种类繁多的状况进行合理分类,并通过埋地地感线圈识别车型的方法判定是一个待发展的研究课题。

2) 车型视频识别方法

车型视频识别方法与车牌识别的方法较为相似,原理如图 5-10 所示,下面介绍车型的视频识别方法。

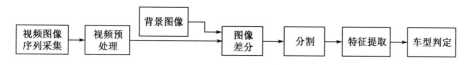

图 5-10　视频车型识别系统原理图

(1) 识别系统原理

如图 5-10 所示,当车辆驶入视频监控路段中,触发车辆采集器,控制摄像头和图像采集卡对运动车辆进行图像的摄取,包括背景图像和运动车辆图像。然后对获取的车辆图像进行图像恢复、图像分割、二值化、边缘提取等一些预处理,对图像的干扰和噪声进行滤除,得到车型的轮廓,再根据分类器的结构从处理后的图像中得到有效的特征参数,把这些参数输入分类器中进行识别。

(2) 图像处理

在图像处理的过程中,受到多种因素的影响,图像质量会有所退化,需要对图像进行恢复处理。由于汽车与摄像机之间存在相对运动,往往使得图像模糊,可采用以下快速算法去恢复模糊图像。

假设汽车图像为 $g(x,y)$,汽车在 x 方向上做匀速直线运动,总的位移量为 s,总运动时间为 T,则模糊后的图像任意点值为公式(5-26)计算所得,此为图像的模糊模型。

$$g(x,y) = \sum_{i=1}^{T-1} g\left(x - \frac{st}{T} \cdot y\right) \cdot \Delta t \tag{5-26}$$

图像的恢复公式为:

$$g(x,y) \approx w - n\frac{f[(x-ns),y] - f(x-ns-1),y)}{\Delta x} + \sum_{k=0}^{n}\frac{f[(x-kx),y] - f[(x-ks-1),y]}{\Delta x} \tag{5-27}$$

式中:n——x/s 的整数部分;

w——一常数,当 k 很大时,接近 $g(\cdot)$ 的均值。

由于车辆经过收费站时一般会限速,摄像机曝光时间一定,汽车的位移量 s 很容易确定。

(3) 图像分割

图像分割的任务是把目标图像从背影图中标示出来,便于图像识别。采用边缘检测的方法将图像从背景中分离出来,它要经过边缘增强和相减运算来完成。

边缘增强采用运算速度快的梯度法对两幅图像分别进行,算法如下:

设图像函数为 $g(x,y)$,它的梯度是一个向量,定义 $\mathbf{G}[g(x,y)] = \begin{bmatrix} 5g \\ 5x \end{bmatrix} \begin{bmatrix} 5g \\ 5y \end{bmatrix}^{\mathrm{T}}$ 为 (x,y) 点处的梯度,其方向是函数 $g(x,y)$ 在这点变化率最大的方向,其长度等于函数 $g(x,y)$ 的最大变化率,见式(5-28):

$$|\mathbf{G}[g(x,y)]| = \sqrt{\left(\frac{5g}{5x}\right)^2 + \left(\frac{5g}{5y}\right)^2} \tag{5-28}$$

对数字图像,用差分算法来近似微分。从梯度公式可以看出,图像函数的值与相邻像素的灰度差值成正比,在图像灰度变化相对平缓的区域梯度值较小;在图像轮廓上,像素的灰度值存在徒然变化,梯度值很大;在等灰度地区,梯度值为零。这样,在以上梯度算法的基本上进行图像的增强。

再将车辆边缘图像与背景边缘图像做相减运算:

设 $g_1(x,y)$ 和 $g_2(x,y)$ 分别为车辆边缘图像和背景图像,$h(x,y)$ 为相减后的图像,0 代表暗点灰度值,见式(5-29):

$$h(x,y) = \begin{cases} g_1(x,y) - g_2(x,y) & , \quad g_1(x,y) > g_2(x,y) \\ 0 & , \quad g_1(x,y) \leq g_2(x,y) \end{cases} \tag{5-29}$$

通过相减运算,即可以获得边缘相减图像,从背景中分割出车辆,又可以克服由于摄像机位置轻微抖动和光线微弱变化所带来的影响。

(4)图像的二值化

为了将车辆边缘从边缘相减图像中提取出来,还要对图像进行二值化。在边缘相减图像中,边缘之占整个边缘相减图像的一小部分,在直方图中体现为两个峰值,即背景与边缘,这两个峰值在大小上区别很大,为此采用微分直方图进行二值化。

经过二值化后的车辆轮廓图像并不十分明确,存在一定的"杂点",这些"杂点"影响到对车辆的特征信息的提取,需要对图像进行简单的直线拟合操作,使得图像轮廓更加真实。再对车辆二值化图像做进一步的填充处理,这样就可以根据图像的信息进行车辆边缘提取。

(5)车型识别系统

通过对车辆图像进行预处理,可以获得车辆边缘图像,然后进行图像边缘数据分析,获得车辆形状和车型参数,与建立模型数据库进行比对,实现车型识别。

车型库的构建是车型识别的数据库,构建流程见图 5-11,存储了大量的车辆图像边缘轮廓形状与尺寸。与车辆检测数据进行比较,判定车辆的类型。参数提取模块可以获得车辆的高度、轴数、轴距及轮距等主要参数,边缘轮廓线加宽,便于数据能在允许的误差范围内快速准确地得到识别结果。

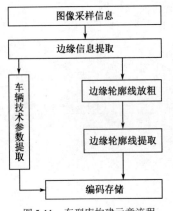

图 5-11 车型库构建示意流程

对车辆的分类,需要首先收集各种车辆的参数,然后输入计算机中的车辆车型数据库,利用计算机的检索功能对分类参数进行优选。根据常用车型采用的车型分类标准,按大型车、中型车、小型车和多轴车进行分类存储。

5.3 数据压缩技术概述

数据压缩,通俗地说,就是用最少的数码来表示原有信息。其作用是能较快地传输各种信号,如传真、Modem 通信等,在现有的通信干线并行开通更多的多媒体业务。如各种增值业务。压缩数据存储容量,如 CD-ROM、VCD 和 DVD 等。降低发信机功率,这对于多媒体移动通信系统尤为重要。由此看来,压缩对象可以是通信时间、传输带宽、存储空间,甚至发射能量。

作为交通信息系统的重要组成部分,数据压缩尤为重要。通过信息采集技术获得的数据需要提供给数据库或者数据处理子系统传输数据,但是传输过程中能够节省带宽或在有限的存储空间存放更多的数据资料,就需要对采集到的数据进行压缩。

数据压缩的依据。首先,数据中间常存在一些多余成分,即冗余度。如在一份计算机文件中,某些符号会重复出现、某些符号比其他符号出现得更频繁、某些字符总是在各数据块中可预见的位置上出现等,这些冗余部分便可在数据编码中除去或减少。冗余度压缩是一个可逆过程,因此叫作无失真压缩,或称保持型编码。其次,数据间尤其是相邻的数据之间,常存在着相关性。如图片中常常有色彩均匀的背景,电视信号的相邻两帧之间可能只有少量的变化影物是不同的,声音信号有时具有一定的规律性和周期性等。因此,有可能利用某些变换来尽可能地去掉这些相关性。但这种变换有时会带来不可恢复的损失和误差,因此叫作不可逆压缩,或称有失真编码、压缩等。此外,人们在欣赏音像节目时,由于耳、目对信号的时间变化和幅度变化的感受能力都有一定的极限,如人眼对影视节目有视觉暂留效应,人眼或人耳对低于某一极限的幅度变化已无法感知等,故可将信号中这部分感觉不出的分量压缩掉或"掩蔽掉",这种压缩方法同样是一种不可逆压缩。

对于数据压缩技术而言,最基本的要求就是要尽量降低数字化的码率,同时仍保持一定的信号质量。不难想象,数据压缩的方法应该是很多的,但本质上不外乎上述完全可逆的冗余度压缩和实际上不可逆的压缩两类。冗余度压缩常用于磁盘文件、数据通信和气象卫星云图等不能在压缩过程中有损失的应用中,压缩比通常只有几倍,远远不能满足数字视听应用的要求。

在实际的数字视听设备中,大多采用压缩比更高但实际有损的压缩技术。只要作为最终用户的人觉察不出或能够容忍这些失真,就允许对数字音像信号进一步压缩以换取更高的编码效率。压缩主要有特征抽取和量化两种方法,指纹的模式识别是前者的典型例子,后者则是一种更通用的压缩技术。

5.3.1 图像压缩技术

由于图像和视频本身的数据量非常大,给存储和传输带来了很多不便,所以图像压缩和视频压缩得到了非常广泛的应用。比如数码相机、USB 摄像头、可视电话、视频点播、视频会议系统、数字监控系统等,都使用到了图像或视频的压缩技术。

1)图像压缩基本原理

数据压缩的目的就是通过去除这些数据冗余来减少表示数据所需的比特数。由于图像数据量的庞大,在存储、传输、处理时非常困难,因此图像数据的压缩就显得非常重要。图像压缩通俗说就是去除多余数据,以数学的观点来看,这一过程实际上就是将二维像素阵列变换为一个在统计上无关联的数据集合。

图像数据之所以能被压缩,就是因为数据中存在着冗余。图像数据的冗余主要表现为图像中相邻像素间的相关性引起的空间冗余,图像序列中不同帧之间存在相关性引起的时间冗余或不同彩色平面或频谱带的相关性引起的频谱冗余。

信息时代带来了信息量的剧增,因此,无论传输或存储都需要对数据进行有效的压缩。在遥感技术中,各种航天探测器采用压缩编码技术,将获取的大量有用信息送回地面接收。

图像压缩是数据压缩技术在数字图像上的应用,它的目的是减少图像数据中的冗余信息从而用更加高效的格式存储和传输数据。

2) 常用的图像的压缩方法

(1) 行程长度编码

行程长度编码(Run-Length Encoding, RLE)是压缩一个文件最简单的方法之一。它的做法是把一系列的重复值(例如图像像素的灰度值)用一个单独的值再加上一个计数值来取代。比如有这样一个字母序列 aabbbccccccccddddddeee，它的行程长度编码就是 2a3b8c6d3e。这种方法实现起来很容易，而且对于具有长重复值的串的压缩编码很有效。例如对于有大面积的连续阴影或者颜色相同的图像，使用这种方法压缩效果很好。大多位图文件格式都用行程长度编码，例如 TIFF、PCX、GEM 等。

(2) LZW 编码

这是 Lempel、Ziv、Welch 三个发明人名字的缩写，其原理是将每一个字节的值都要与下一个字节的值配成一个字符对，并为每个字符对设定一个代码。当同样的一个字符对再度出现时，就用代号代替这一字符对，然后再以这个代号与下个字符配对。LZW 编码原理的一个重要特征是，代码不仅能取代一串同值的数据，也能够代替一串不同值的数据。在图像数据中若有某些不同值的数据经常重复出现，也能找到一个代号来取代这些数据串。在此方面，LZW 压缩原理是优于 RLE 的。

(3) 霍夫曼编码

霍夫曼编码(Huffman Encoding)是通过用不固定长度的编码代替原始数据来实现的。霍夫曼编码最初是为了对文本文件进行压缩而建立的，迄今已经有很多变体。它的基本思路是出现频率越高的值，其对应的编码长度越短；反之，出现频率越低的值，其对应的编码长度越长。霍夫曼编码很少能达到 8:1 的压缩比，此外它还有两个不足：第一，它必须精确地统计出原始文件中每个值的出现频率，如果没有这个精确统计，压缩的效果就会大打折扣，甚至达不到压缩的效果。霍夫曼编码通常要经过两遍操作，第一遍进行统计，第二遍产生编码，所以编码的过程是比较慢的。另外，由于各种长度的编码的译码过程也是比较复杂的，因此解压缩的过程也比较慢。第二，对于位的增删比较敏感。由于霍夫曼编码的所有位都是合在一起的而不考虑字节分位，因此增加一位或者减少一位数据都会使译码结果面目全非。

(4) 预测及内插编码

一般在图像中局部区域的像素是高度相关的，因此可以用先前的像素的有关灰度知识来对当前像素的灰度进行预计，这就是预测。而所谓内插，就是根据先前的和后来的像素的灰度知识来推断当前像素的灰度情况。如果预测和内插是正确的，则不必对每一个像素的灰度都进行压缩，而是把预测值与实际像素值之间的差值经过熵编码后发送到接收端。在接收端通过预测值加差值信号来重建原像素。

预测编码可以获得比较高的编码质量，并且实现起来比较简单，因而被广泛地应用于图像压缩编码系统。但是它的压缩比并不高，而且精确的预测有赖于图像特性的大量的先验知识，并且必须作大量的非线性运算，因此一般不单独使用，而是与其他方法结合起来使用。如在 JPEG 中，使用了预测编码技术对 DCT 直流系数进行编码。

(5) 矢量量化编码

矢量量化编码利用相邻图像数据间的高度相关性，将输入图像数据序列分组，每一组 m 个数据构成一个 m 维矢量，一起进行编码，即一次量化多个点。根据仙农率失真理论，对于无记忆信源,矢量量化编码总是优于标量量化编码。

编码前,先通过大量样本的训练或学习或自组织特征映射神经网络方法,得到一系列的标准图像模式,每一个图像模式就称为码字或码矢,这些码字或码矢合在一起称为码书,码书实际上就是数据库。输入图像块按照一定的方式形成一个输入矢量。编码时用这个输入矢量与码书中的所有码字计算距离,找到距离最近的码字,即找到最佳匹配图像块。输出其索引(地址)作为编码结果。解码过程与之相反,根据编码结果中的索引,从码书中找到索引对应的码字,构成解码结果。由此可知,矢量量化编码是有损编码。目前使用较多的矢量量化编码方案主要是随机型矢量量化,包括变换域矢量量化、有限状态矢量量化、地址矢量量化、波形增益矢量量化、分类矢量量化及预测矢量量化等。

(6)变换编码

变换编码就是将图像光强矩阵(时域信号)变换到系数空间(频域信号)上进行处理的方法。在空间上具有强相关的信号,反映在频域上是某些特定的区域内能量常常被集中在一起,或者是系数矩阵的分布具有某些规律。我们可以利用这些规律在频域上减少量化比特数,达到压缩的目的。由于正交变换的变换矩阵是可逆的且逆矩阵与转置矩阵相等,这就使解码运算是有解的且运算方便,因此运算矩阵总是选用正交变换来做。

常用的变换编码有 K-L 变换编码和 DCT 编码。K-L 变换编码在压缩比上优于 DCT 编码,但其运算量大且没有快速算法,因此实际应用中广泛采用 DCT 编码。

(7)模型法编码

预测编码、矢量量化编码以及变换编码都属于波形编码,其理论基础是信号理论和信息论;其出发点是将图像信号看作不规则的统计信号,从像素之间的相关性这一图像信号统计模型出发设计编码器。而模型编码则是利用计算机视觉和计算机图形学的知识对图像信号进行分析与合成。

模型编码将图像信号看作三维世界中的目标和景物投影到二维平面的产物,而对这一产物的评价是由人类视觉系统的特性决定的。模型编码的关键是对特定的图像建立模型,并根据这个模型确定图像中景物的特征参数,如运动参数、形状参数等。解码时则根据参数和已知模型用图像合成技术重建图像。由于编码的对象是特征参数,而不是原始图像,因此有可能实现比较大的压缩比。模型编码引入的误差主要是人眼视觉不太敏感的几何失真,因此重建图像非常自然和逼真。

此外,近些年来,分形编码和小波变换的技术也越来越多地应用在图像压缩的领域中,但是大多仍处于研究阶段,常见的图像压缩方法仍以前面介绍的为主。当然,在实际的应用中,多种图像压缩方法往往是结合起来使用的,如 JPEG 等。

3)常用的压缩格式

一个静态图像,未压缩的状态下,占用空间比未压缩状态要占用的空间要大得多。如一张 640×480 真彩(24 位)的图像需:$640 \times 480 \times 24 = 7372800 (bit) = 900kB$(这里 $1Byte = 8bit$),相当于约 46 万个汉字。如采用 JPEG 标准压缩的存储将根据情况,压缩率达到 5:1,甚至 24:1 的状态,这样将存储更多的内容。下面对常用的几种压缩标准作一个简要介绍。

(1)JPEG 标准

JPEG(Joint Photography Experts Group)是一个国际标准化组织 ISO 和国际电工委员会 IEC 两个组织机构联合组成的一个专家组,负责定制静态的数字图像数据压缩编码标准,这个专家组开发的算法称为 JPEG 算法,并且是国际通用标准,因此又称为 JPEG 标准。JPEG 是一个使用范围很广的静态图像数据压缩标准,用于弧度图像和彩色图像。

(2) RAW

RAW 是一种无损压缩格式,它的数据是没有经过相机处理的原文件,因此它的大小要比 TIFF 格式略小。所以,当上传到计算机之后,要用图像软件直接导入成 TIFF 格式才能处理。

(3) TIFF

TIFF(Tagged Image File Format)是一种非失真的压缩格式(最高 2~3 倍的压缩比)。这种压缩是文件本身的压缩,即把文件中某些重复的信息采用一种特殊的方式记录,文件可完全还原,能保持原有图像的颜色和层次,优点是图像质量好,兼容性比 RAW 格式高,但占用空间大。TIFF 是一种比较灵活的图像格式,该格式支持 256 色、24 位真彩色、32 位色、48 位色等多种色彩位,与此同时支持 RGB、CMYK 以及 YCBCR 等多种色彩模式,支持多平台等。

(4) GIF

GIF 分为静态 GIF 和动画 GIF 两种,是一种压缩位图格式,支持透明背景图像,适用于多种操作系统,"体型"很小,网上很多小动画都是 GIF 格式。其实 GIF 是将多幅图像保存为一个图像文件,从而形成动画,所以归根到底 GIF 仍然是图片文件格式。GIF 只能显示 256 色。和 JPEG 格式一样,这是一种在网络上非常流行的图形文件格式。

GIF 主要分为两个版本,即 GIF 89a 和 GIF 87a。GIF 87a 是在 1987 年制定的版本。GIF 89a 是 1989 年制定的版本,在这个版本中,为 GIF 文档扩充了图形控制区块、备注、说明、应用程序编程接口四个区块,并提供了对透明色和多帧动画的支持。

(5) FPX

FPX 是一个拥有多重解像度的图像格式,即图像被储存成一系列高低不同的解像度,而这种格式的好处是当图像被放大时仍可保持图像的质量。另外,修改 FPX 图像时只会处理被修改的部分,而不会把整个图像一并处理,从而减低处理器的负担,使图像处理时间减少。

5.3.2 视频压缩技术

视频压缩技术是计算机处理视频的前提。视频信号数字化后数据带宽很高,通常在 20MB/s 以上,因此计算机很难对之进行保存和处理。例如:以每秒 30 帧进行播放,所需数据量为:$7372800 \times 30 \approx 26.37(MB)$,一张 650MB(5200Mb)的光盘只能存储约 25s 的视频节目。

采用压缩技术以后通常数据带宽可以降到 1~10MB/s,这样就可以将视频信号保存在计算机中并作相应的处理。常用的算法是由 ISO 制定的,即 JPEG 和 MPEG 算法。JPEG 是静态图像压缩标准,适用于连续色调彩色或灰度图像,它包括两部分:一是基于 DPCM(空间线性预测)技术的无失真编码,二是基于 DCT(离散余弦变换)和哈夫曼编码的有失真算法。前者压缩比很小,主要应用的是后一种算法。在非线性编辑中最常用的是 MJPEG 算法,即 Motion JPEG。它是将视频信号 50 帧/s(PAL 制式)变为 25 帧/s,然后按照 25 帧/s 的速度使用 JPEG 算法对每一帧压缩。通常压缩倍数在 3.5~5 倍时可以达到 Betacam 的图像质量。MPEG 算法是适用于动态视频的压缩算法,它除了对单幅图像进行编码外,还利用图像序列中的相关原则,将冗余去掉,这样可大大提高视频的压缩比。MPEG-1 用于 VCD 节目中,MPEG-2 用于 VOD、DVD 节目中。

视频编码方案有很多,目前常见的音频视频编码有两类:

第一种类 MPEG 系列由 ISO(国际标准组织机构)下属的 MPEG(运动图像专家组)开发,视频编码方面主要是 MPEG-1(VCD 使用)、MPEG-2(DVD 使用)、MPEG-4(现在的 DVDRIP 使用的都是它的变种,如 DivX、XviD 等)、Mpeg4 AVC(现在正热门);音频编码方面主要是 MPEG Audio Layer 1/2、MPEG Audio Layer 3(大名鼎鼎的 mp3)、MPEG-2 AAC、MPEG-4 AAC 等。

第二种类 H.26X 系列由 ITU(国际电传视讯联盟)主导,侧重网络传输,包括 H.261、H.262、H.263、H.263+、H.263++、H.264。

5.3.3 音频压缩技术

音频压缩技术指的是对原始数字音频信号流(PCM 编码)运用适当的数字信号处理技术,在不损失有用信息量,或所引入损失可忽略的条件下,降低(压缩)其码率,也称为压缩编码。它必须具有相应的逆变换,称为解压缩或解码。音频信号在通过一个编解码系统后可能引入大量的噪声和一定的失真。

数字信号的优势是显而易见的,而它也有自身相应的缺点,即存储容量需求的增加及传输时信道容量要求的增加。以 CD 为例,以 44.1kHz 采样频率,量化为 16bit 双通道立体声,每秒数据量为:$44100 \times 16 \times 2 = 1411200(bit) \approx 172.3kB$,一张 650MB 的光盘能存放:$650 \times 1024/172.3 \approx 64(min)$,即一张 CD 唱盘的容量只有 1h 左右音频内容。在无损的条件下,对声音至少可进行 4:1 压缩,即只用 25% 的数字量保留所有的信息,而在视频领域压缩比甚至可以达到几百倍。因此,为利用有限的资源,压缩技术从一出现便受到广泛的重视。

对音频压缩技术的研究和应用由来已久,如 A 律、u 律编码就是简单的准瞬时压扩技术,并在 ISDN 话音传输中得到应用。对语音信号的研究开展得较早,也较为成熟,并已得到广泛应用,如自适应差分 PCM(ADPCM)、线性预测编码(LPC)等技术。在广播领域,准瞬时压扩音频复用(Near Instantaneous Companded Audio Multiplex,NICAM)等系统中都使用了音频压缩技术。

5.3.4 文本压缩

文本压缩是指用较少的位或字节来表示文本,这样将可以显著地减小计算机中存储文本的空间大小。最简单的压缩方法是连续长度压缩,即连续出现的某一符号(重复次数 >3)用该字符后跟一个重复次数来表示。该方法只适合于字符表很小的串,特别是对 0、1 串的压缩。

1) LZ 压缩算法

LZ 系列压缩算法是基于字典的压缩算法。假设需要压缩一篇英文文章,最容易想到的压缩算法是构造一本英文字典,这样,我们只需要保存每个单词在字典中出现的页码和位置就可以了。页码用两个字节,位置用一个字节,那么一个单词需要使用三个字节表示,而我们知道一般的英语单词长度都在三个字节以上。因此,我们实现了对这篇英文文章的压缩。当然,实际的通用压缩算法不能这么做,因为我们在解压时需要一本英文字典,而这部分信息是压缩程序不可预知的,同时也不能保存在压缩信息里面。LZ 系列的算法是一种动态创建字典的方法,压缩过程中动态创建字典并保存在压缩信息里面。

LZ77 是第一个 LZ 系列的算法,比如字符串 ABCABCDABC 中 ABC 重复出现了三次,压缩信息中只需要保存第一个 ABC,后面两个 ABC 只需要把第一个出现 ABC 的位置和长度存储下来就可以了。这样,保存后面两个 ABC 就只需要一个二元数组 <匹配串的相对位置,匹配

长度>。解压的时候,根据匹配串的相对位置,向前找到第一个 ABC 的位置,然后根据匹配的长度,直接把第一个 ABC 复制到当前解压缓冲区里面就可以了。

如表 5-1 字符串集合列表所示,{S}* 表示字符串 S 的所有子串的集合,例如,{ABC}* 是字符串 A、B、C、AB、BC、ABC 构成的集合。每一步执行时如果能够在压缩字典中找到匹配串,则输出匹配信息;否则,输出源信息。执行第 1 步时,压缩字典为空,输出字符'A',并将'A'加入压缩字典;执行第 2 步时,压缩字典为{A}*,输出字符'B',并将'B'加入压缩字典;依次类推。执行到第 4 步和第 6 步时发现字符 ABC 之前已经出现过,输出匹配的位置和长度。

字符串集合列表　　　　　　　表 5-1

步骤	当前输入缓冲	压缩字典	输出信息
1	ABCABCDABC	空	A
2	BCABCDABC	{A}*	B
3	CABCDABC	{AB}*	C
4	ABCDABC	{ABC}*	<0,3>
5	DABC	{ABCABC}*	D
6	ABC	{ABCABCD}*	<0,3>
7	空	{ABCABCDABC}*	空

2) Huffman 编码

Huffman(哈夫曼)编码是一种基于统计的无损压缩方法,依据的是变长编码理论,由 D. A. Hufman 于 1952 年提出。方法是目前压缩方法中应用最普遍的方法,是个人计算机中许多通用程序的基础。压缩、解压缩流程分别如图 5-12、图 5-13 所示。

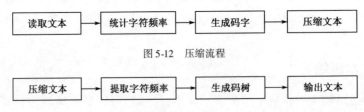

图 5-12　压缩流程

图 5-13　解压缩流程

Huffman 编码根据信源中每个符号发生的概率进行码字分配,出现概率最低的分配最长的码字,出现概率越高的符号,分配的码字越短,从而达到用尽可能少的码符号来表示源数据,达到压缩的效果。

首先构造一个结构体用于统计字符频率,然后把统计后的结果当作信源;接着用 Huffman 编码的方法对其编码,编码后对输入的英语文本进行编码的转换,即用 Huffman 编码的每一个字符的编码代替输入的英语文本每一字符,输入的英语文本就变成了 0、1 代码流,最后利用这 0、1 代码流每八位压缩成相对应的字符。

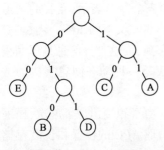

图 5-14　Huffman 编码树

如一段字符"ABCACCDAEAE",即 A、B、C、D、E 的频率(即权值)分别为 0.36、0.1、0.27、0.1、0.18,试构造 Huffman 编码。Huffman 编码树见图 5-14。

则编码:A:11;C:10;E:00;B:010;D:011。字符串"AB-

CACCDAEAE"便为"110101011101001111001100"（共 24 位）。

3）汉字文本压缩

（1）汉字文本特征分析

汉字文本与英文文本相比，有以下不同特性：英文文本仅由很少几个字符（如 10 个数字、标点符、26 个字母）组成。文本以单词为单位，单词之间以空格或标点符号分开，字符在机器内以单字节存放。但汉字文本有很多汉字，字、词、词组之间连续存放，汉字在文本中以双字节表示。由于汉字文本与英文文本之间的这些差异，连续压缩方法和统计压缩方法对汉字处理都不太适宜。而字典方法则对汉字文本特别适用。

（2）静态汉字词典方法

汉字文本的一大特点是由词组组成。将汉字的常用词组收集起来构成一词典，压缩者和解压缩者都根据这一词典进行压缩和恢复，就形成了静态汉字词典方法。本方法的核心是庞大的词典，其设计方法如下：给词典中每一词组分配一个代码。由于汉字在文本中表示需占两个字节，词典代码也用两个字节，且可使词典代码与汉字机内码以及一般英文字符的 ASCII 码区分开。具体处理是：汉字机内码每个字节都大于 A0H，而一般的英文字符的 ASCII 值都小于 80H，在 80H 与 A0H 之间有 32 个值没有用。因此，可这样设计代码：第一个字节值在 81H ~ A0H 之间，第二个字节为 0 ~ FFH。这样，可通过字节的值区别英文字符、汉字及汉字词组，且词典可含的词组数多达 32×256 = 8192（个），可基本上包含汉语中所有可能的词组。

GB 2312—80 包含了大部分常用的一、二级汉字。其编码范围高位是 A1H ~ FEH，低位也是 A1H ~ FEH，汉字从 B0A1H 开始，结束于 F7FEH，共收录了 7445 个图形字符，其中汉字 6763 个，中华人民共和国全国信息技术标准化技术委员会在 1995 年制定了 GBK（Chinese Internal Code Specification），总体编码范围为 8140H ~ FEFEH，首字节在 81 ~ FEH 之间，尾字节在 40H ~ FEH 之间，总计 23940 个码位，共收入 21886 个汉字和图形符号，其中汉字 21003 个（包括偏旁部首），图形符号 883 个。

（3）动态词典压缩方法

将 LZ 方法扩充到汉字文本，可得到动态（自适应）汉字词典压缩方法。如果文本内全是汉字，可以 LZ 方法作一些简单修改，产生比原 LZ 方法更好的压缩方法。修改主要有两点：一是扫描匹配时，每次以两字节为单位，提高匹配速度；二是后面词组（短语）向前的指示 <向前指针，字符个数 > 改为 <向前指针，汉字个数 >，可使所允许的最长短语增长一倍。

（4）动、静态结合词典压缩方法

将上述静态方法与动态方法结合起来，先用静态方法对文本压缩，而后用 LZ 法对压缩后的文本再压缩，这样可提高压缩效果并扩大词典方法的范围。

【复习思考题】

5-1 数据融合的主要作用有哪些？

5-2 试述数据融合模式分类。

5-3 数据融合技术的优点有哪些？

5-4 请阐述车牌识别系统的主要组成部分和识别过程。

5-5 试计算一张650M光盘可以存储多少幅640×480真彩16位图像？可以存储多少汉字？

5-6 试计算一张650M光盘可以存储的44.1kHz、8bit双声道音频的时长。

5-7 当前交通信息的主要处理方法有哪些内容？

5-8 阐述无损压缩及有损压缩的区别。

第6章
交通信息通信技术

交通运输行业采用的信息通信技术相对于其他行业的信息通信技术不具有特殊性,在一定程度上来说各类信息通信技术都可以在交通信息的传输中应用。故此,无论是无线(传输)技术还是有线的网络(传输)技术都是交通信息传输技术中需要学习和掌握的内容范围。这样,对无线、有线需要加以区分识别,在波段上如图6-1各类传输介质的电磁频谱所示,是信息传输中信息通信(传输)使用的各类波段位置。

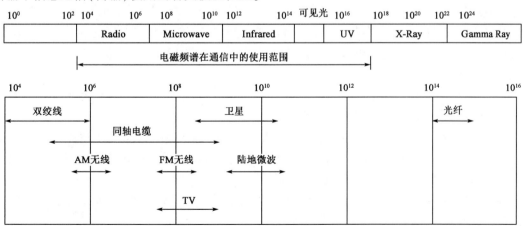

图6-1　各类传输介质的电磁频谱

从目前的业务角度来看,信息通信划分为三大类:电信网、计算机网及有线电视网。电信网包括公众电话网(PSTN)、公用分组交换数据网(PSPDN)、数字数据网(DDN)、窄带综合业务数字网(N-ISDN)及宽带综合业务数字网(B-ISDN)等;计算机网络包括诸如局域网(LAN)、城域网(MAN)、广域网(WAN)、因特网(Internet)以及上面几种的混合网络等。目前的通信网络包括信息接入、信息传输及信息交换三大部分。随着不同网络的功能增强,最终有望发展到综合业务各类网络的统一。

当前,交通信息通信按通信的媒介来分,可分为有线网络通信和无线网络通信。如果按工作方式来划分,则可以划分为模拟信息传输与数字信息传输。

6.1 有线网络技术

有线网络作为一种数据吞吐量较大的信息交换方式,暂时不能被取代,因此,在交通信息网络实施过程中存在大数据量交换时一般采用有线网络方式。在20世纪80年代中期,交通控制系统的传输媒介主要采用双绞线方式,甚至采用租用电信网的方式进行通信。20世纪80年代后期,引入了同轴电缆的方式进行有线方式的数据传输。

光纤传输技术的成熟、价格的降低使得这种传输方式成为交通信息系统中数据传输的主要有线传输媒介,但是要求架设网络技术要求较高,故此小范围的交通信息网络很少采用。下面对各类传输媒介的特征进行简要介绍。

6.1.1 屏蔽双绞线

根据屏蔽方式的不同,屏蔽双绞线又分为两类,即STP(Shielded Twisted-Pair)和FTP(Foil Twisted-Pair)。

STP是指每条线都有各自屏蔽层的屏蔽双绞线,而FTP则是采用整体屏蔽的屏蔽双绞线。需要注意的是,屏蔽只在整个电缆均有的屏蔽装置,并且两端正确接地的情况下才起作用。所以,要求整个系统全部是屏蔽器件,包括电缆、插座、水晶头和配线架等,同时建筑物需要有良好的地线系统。

屏蔽双绞线电缆的外层由铝箔包裹,以减小辐射,但并不能完全消除辐射。屏蔽双绞线价格相对较高,安装时要比非屏蔽双绞线电缆困难。类似于同轴电缆,它必须配有支持屏蔽功能的特殊联结器和相应的安装技术。但它有较高的传输速率,100m内可达到155Mbps,比相应的非屏蔽双绞线高。

类型名称中斜杠之前为总屏蔽层,斜杠之后为双绞线单独屏蔽层,S指丝网,F指铝箔,U指无屏蔽层,如表示方法:U/FTP。

线对屏蔽双绞线(U/FTP)的屏蔽层同样由铝箔和接地导线组成,所不同的是:铝箔层分别包裹4个线对,切断了每个线对之间电磁干扰途径。因此,它除了可以抵御外来的电磁干扰外,还可以对抗线对之间的电磁干扰(串扰)。

U/FTP线对屏蔽双绞线来自7类双绞线,目前主要用于6类屏蔽双绞线,也可以用于超5类屏蔽双绞线。

对于双绞线接口采用RJ45型网线插头,又称水晶头,共由8芯铜芯线缆制成,广泛应用于局域网和 ADSL 宽带上网用户的网络设备间网线(称作五类线、六类线或双绞线)的连接。在具体应用时,RJ45 型插头和网线有两种连接方法(线序),分别称作 T568A 线序和 T568B 线序。T586A 线序是白绿、绿、白橙、蓝、白蓝、橙、白棕、棕。RJ-45 各脚功能如表 6-1 所示,标准插头如图 6-2 所示。

RJ45 插头各脚功能列表　　表 6-1

序号	1	2	3	4	5	6	7	8
功能	传输数据正极 Tx^+	传输数据负极 Tx^-	接收数据正极 Rx^+	未使用	未使用	接收数据负极 Rx^-	未使用	未使用

6.1.2 同轴电缆

同轴电缆因为中心铜线和网状导电层为同轴关系而得名,同轴电缆由里到外分为四层:中心铜线、塑料绝缘体、网状导电层及电线外皮,如图 6-3 所示。电流传导与中心铜线和网状导电层形成回路。同轴电缆传导交流电而非直流电,也就是说每秒钟会有好几次的电流方向发生逆转。

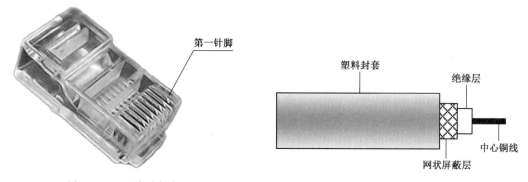

图 6-2　RJ45 型标准插头　　　　　　　图 6-3　同轴电缆结构

如果使用一般电线传输高频率电流,这种电线就会相当于一根向外发射无线电波的天线,这种效应损耗了信号的功率,使得接收到的信号强度减小。同轴电缆的设计正是为了解决这个问题,中心电线发射出来的无线电被网状导电层所隔离,网状导电层可以通过接地的方式来控制发射出来的无线电波。

同轴电缆的缺点是如果电缆某一段发生比较大的挤压或者扭曲变形,那么中心电线和网状导电层之间的距离就不是始终如一的,这会造成内部的无线电波被反射回信号发送源,这种效应降低了可接收的信号功率。为了克服这个问题,中心电线和网状导电层之间被加入一层塑料绝缘体来保证它们之间的距离始终如一。这也造成了这种电缆比较僵直而不容易弯曲的特性。

同轴电缆根据其直径大小,可以分为粗同轴电缆和细同轴电缆。粗同轴电缆(又被称作粗缆)适用于比较大型的局部网络,它的标准距离长,可靠性高,由于安装时不需要切断电缆,因此可以根据需要灵活调整计算机的入网位置,但粗缆网络必须安装收发器电缆,安装难度大,所以总体造价高。相反,细同轴电缆(又称为细缆)安装则比较简单,造价低,但由于安装过程要切断电缆,两头须装上基本网络连接头(BNC),见图 6-4,然后接在 T 形连接器两端,所以当接头多时容易产生不良的隐患,这是目前运行中的以太网所发生的最常见故障之一。

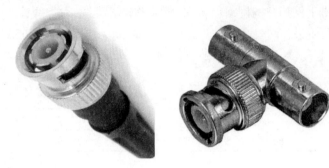

图 6-4　BNC 接头

无论是粗缆还是细缆,均为总线拓扑结构,即一根线缆上接多部机器,这种拓扑适用于机器密集的环境,但是当一触点发生故障时,故障会串联影响到整根线缆上的所有机器。故障的诊断和修复都很麻烦,因此,将逐步被非屏蔽双绞线或光缆取代。

6.1.3　光纤通信

光纤通信(Fiber-Optic Communication),是指一种利用光与光纤(Optical Fiber)传递信息的方式,属于有线通信的一种。光经过调变(Modulation)后便能携带信息。自 20 世纪 90 年代起,光纤通信系统使电信工业产生了革命性的进展,光纤通信具有传输容量大、保密性好等优点。光纤通信现在已经成为当今最主要的有线通信方式。该方式是将需传送的信息在发送端输入发送机中,将信息叠加或调制到作为信息信号载体的载波上,然后将已调制的载波通过传输媒介传送到远处的接收端,由接收机解调出原来的信息。

按信号调制方式的不同,光纤通信可以分为数字光纤通信和模拟光纤通信。光纤通信的产业包括了光纤光缆、光器件、光设备、光通信仪表、光通信集成电路等多个领域。

利用光纤作为通信媒介通常需经过下列几个步骤:以发射器(Transmitter)产生光信号;以光纤传递信号,同时必须确保光信号在光纤中不会衰减或是严重变形;以接收器(Receiver)接收光信号,并且转换成电信号。

光纤常被电话公司用于传递电话、因特网或有线电视的信号,有时候利用一条光纤就可以同时传递上述的所有信号。与传统的铜线相比,光纤的信号衰减(Attenuation)与受到干扰(Interference)的情形都改善很多,特别是长距离以及大量传输的使用场合中,光纤的优势更为明显。然而,在城市之间利用光纤的通信基础建设(Infrastructure),通常施工难度和材料成本难以控制,完工后的系统维护、运行复杂度与成本也居高不下。因此,早期的光纤通信系统多半应用在长途通信需求中,这样才能使光纤的优势得到彻底发挥,并且抑制住不断增加的成本。

现代的光纤通信系统多半包括一个发射器,将电信号转换成光信号,再通过光纤将光信号传递。光纤多半埋在地下,连接不同的建筑物。系统中还包括数种光放大器和一个光接收器,后者将光信号转换回电信号。在光纤通信系统中传递的多半是数字信号,来源包括计算机、电话系统,或是有线电视系统。

(1) 发射器

在光纤通信系统中通常作为光源的半导体元件是发光二极管(Light-Emitting Diode,LED)或是红外线二极管。LED 与红外线二极管的主要差异在于前者所发出的光为非同调性,而后者则为同调性的光。使用半导体作为光源的好处是体积小、发光效率高、可靠度佳以及可以将波长最佳化,更重要的是半导体光源可以在高频操作下直接调变,非常适合光纤通信系统的需求。

(2)光导纤维

光纤缆线包含一个核心、纤壳以及外层的保护被覆。核心与折射率较高的纤壳通常由高品质的硅石玻璃制成,但是现在也有使用塑胶作为材质的光纤。又因为光纤的外层由经过紫外线固化后的亚克力被覆,可以如铜缆一样埋藏于地下,不需要太多的维护费用。然而,如果光纤被弯折得太过剧烈,仍然有折断的危险。而且因为光纤两端连接需要十分精密的校准,所以重新接合折断的光纤较为困难。

(3)光放大器

过去光纤通信的距离限制主要受制于信号在光纤内的衰减以及信号变形,而解决的方式是利用光电转换的中继器。这种中继器先将光信号转回电信号放大后再转换成较强的光信号传往下一个中继器,然而这样的系统架构无疑较为复杂,不适用于新一代的波长分波多工技术,同时每隔20km就需要一个中继器,使整个系统的成本也难以降低。

光放大器的目的即在于无须做光电与电光转换就直接放大光信号。光放大器的原理是在一段光纤内掺杂稀土族元素如铒(Erbium),再以短波长激光激发,这样便能放大光信号,取代中继器。

(4)接收器

构成光接收器的主要元件是光侦测器(Photodetector),利用光电效应将入射的光信号转为电信号。光侦测器通常是以半导体为基础的光二极管。

光接收器电路通常使用转阻放大器(Trans Impedence Amplifier,TIA)以及限幅放大器处理由光侦测器转换出的光电流,转阻放大器和限幅放大器可以将光电流转换成振幅较小的电压信号,再通过后端的比较器(Comparator)电路转换成数字信号。对于高速光纤通信系统而言,信号常常相对地衰减较为严重,为了避免接收器电路输出的数字信号变形超出规格,通常在接收器电路的后级也会加上时脉恢复电路(Clock Recovery,CDR)以及锁相回路(Phase-Lock Loop,PLL)将信号做适度处理再输出。

6.1.4 串口连接

目前较为常用的串口有9针串口(DB9)和25针串口(DB25)。通信距离较近时(<12m),可以用电缆线直接连接标准RS-232端口(RS-422,RS-485),若距离较远,需附加调制解调器(MODEM)。最为简单且常用的是三线制接法,即接地、接收数据和发送数据三脚相连。

1)RS-232、RS-422、RS-485电器参数比较

RS-232、RS-485、RS-422的电气参数如表6-2所示。

RS-232、RS-485、RS-422的电气参数表　　　　表6-2

规　　定	RS-232	RS-422	R-485
工作方式	单端	差分	差分
节点数	1收、1发	1发10收	1发32收
最大传输电缆长度	50ft	400ft	400ft
最大传输速率	20kb/s	10Mb/s	10Mb/s

续上表

规 定		RS-232	RS-422	R-485
最大驱动输出电压(V)		+/-25	-0.25~+6	-7~+12
驱动器输出信号电平(负载最小值,V)	负载	+/-5~+/-15	+/-2.0	+/-1.5
驱动器输出信号电平(空载最大值,V)	空载	+/-25	+/-6	+/-6
驱动器负载阻抗(Ω)		3~7k	100	54
摆率(最大值)		30V/μs	N/A	N/A
接收器输入电压范围(V)		+/-15	-10~+10	-7~+12
接收器输入门限		+/-3V	+/-200mV	+/-200mV
接收器输入电阻(Ω)		3~7k	4k(最小)	≥12k
驱动器共模电压(V)			-3~+3	-1~+3
接收器共模电压(V)			-7~+7	-7~+12

2) RS-282

RS-232 被定义为一种在低速率串行通信中增加通信距离的单端标准,采取不平衡传输方式,即所谓单端通信。在发送数据时,发送端驱动器输出正电平在 +5~15V,负电平在 -15~-5V 电平,当无数据传输时,线上为 TTL,从开始传送数据到结束,线上电平从 TTL 电平到 RS-232 电平再返回 TTL 电平。RS-232 是为点对点(即只用一对收、发设备)通信而设计的,其驱动器负载为 3~7kΩ,所以 RS-232 适合本地设备之间的通信。

3) RS-422

RS-422 的最大传输距离为 4000ft(约 1219m),最大传输速率为 10Mb/s。其平衡双绞线的长度与传输速率成反比,在 100kb/s 速率以下,才可能达到最大传输距离。只有在很短的距离下才能获得最高速率传输。一般 100m 长的双绞线上所能获得的最大传输速率仅为 1Mb/s。RS-422 需要一终接电阻,要求其阻值约等于传输电缆的特性阻抗。

RS-422 标准全称是"平衡电压数字接口电路的电气特性"。由于接收器采用高输入阻抗和发送驱动器比 RS-232 更强的驱动能力,故允许在相同传输线上连接多个接收节点,最多可接 10 个节点。RS-422 四线接口由于采用单独的发送和接收通道,因此不必控制数据方向,各装置之间任何必需的信号交换均可以按软件方式(XON/XOFF 握手)或硬件方式(一对单独的双绞线)实现。

4) RS-485

由于 RS-485 是从 RS-422 基础上发展而来的,所以 RS-485 许多电气规定与 RS-422 相仿。RS-485 可以采用二线与四线方式,二线制可实现真正的多点双向通信。而采用四线连接时,与 RS-422 一样只能实现点对多的通信,即只能有一个主(Master)设备,其余为从设备。但它比 RS-422 有改进,无论四线还是二线连接方式,总线上可多接到 32 个设备。

在数据通信、计算机网络以及工业上的分布式控制系统中,RS-485 总线标准得到了越来越广泛的应用。如分布式多点数据采集系统或集中控制系统的网络拓扑一般采用总线方式,传送数据采用主从站的方法。采用主从方式进行多机通信。主机可以是 PC 机、工控机或单片机,从机一般是单片机。每个从机拥有自己固定的地址,由主机控制完成网上的每一次通信。

5) DB9、DB25 常用针脚说明

对于 DB9、DB25 针脚的顺序定义见图 6-5,以公头(针)为例。

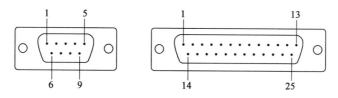

图 6-5　DB9、DB25 针脚顺序定义

对于针脚定义的说明,如表 6-3、表 6-4 所示。

表 6-3　DB9 针定义说明

针脚	1	2	3	4	5	6	7	8	9
功能	载波检测(DCD)	接收数据(RXD)	发送数据(TXD)	数据终端准备好(DTR)	信号地线(SG)	数据准备好(DSR)	请求发送(RTS)	清除发送(CTS)	振铃指示(RI)

表 6-4　DB25 针定义说明

针脚	1	2	3	4	5	6	7
功能	选通(STROBE 低电平)	数据位 0(DATA0)	数据位 1(DATA1)	数据位 2(DATA2)	数据位 3(DATA3)	数据位 4(DATA4)	数据位 5(DATA5)
针脚	8	9	10	11	12	13	14
功能	数据位 6(DATA6)	数据位 7(DATA7)	确认(ACKNLG 低电平)	忙(BUSY)	缺纸(PE)	选择(SLCT)	自动换行(AUTOFEED 低电平)
针脚	15	16	17	18	19	20	21
功能	错误(ERROR 低电平)	初始化(INIT 低电平)	选择输入(SLCTIN 低电平)	地(GND)	地(GND)	地(GND)	地(GND)
针脚	22	23	24	25			
功能	地(GND)	地(GND)	地(GND)	地(GND)			

6.2　无线网络技术

无线信息传输在交通信息工程中是主要的信息传输方式之一。在无线信息传输当中主要利用了无线电波的辐射和接收等特性,以及传输中应用的一些特殊手段,如扩频技术、多址技术等。大多数的无线传输技术都可以作为交通方面的组网技术使用。

与有线网络相比,无线局域网具备如下主要优势:

(1)安装便捷。在网络的组建过程中,对周边环境影响最大的就是网络布线了。而无线局域网的组建则几乎不用考虑它对环境带来的影响,一般只需在该区域安放一个或多个无线接入(Access Point)设备即可建立网络覆盖。

(2)使用灵活。在有线网络中,网络设备的安放位置受网络信息点位置的限制。而无线局域网一旦建成后，在信号覆盖区域内的任何位置都可方便地接入网络，进行数据通信。

（3）经济节约。由于有线网络灵活性的不足，设计者往往要尽可能地考虑到未来扩展的需要，在网络规划时要预设大量利用率较低的接入点，造成资源浪费。而且一旦网络的发展超出了预期的规划，整体的改造也将是一笔不小的开支。无线局域网的出现，彻底解决了这一规划上的难题，充分保护了已有的投资，而且改造和维护起来也十分简便。

（4）易于扩展。同有线局域网一样，无线局域网具备了多种配置方式，能根据实际需要灵活选择、合理搭配，并能提供像漫游等有线网络无法提供的特性。

目前，无线局域网的数据传输速率最高可达300Mbps，从某种程度上来说接近了有线网络的数据传输速率。作为有线局域网的一种补充和扩展，无线局域网使计算机具有了可移动性，能快速、方便地解决有线网络不易实现的网络连通问题。从实用性上来说，无线传输网络在智能交通中的信息采集端架设网络要方便很多，便于施工，且能够满足应用需求，但是需要具有针对性的选用各类标准设备，来满足数据传输的实时性、高速行车中的接入速度等要求。

6.2.1 无线传输网络概述

无线信息传输方式是将载有信息的射频信号通过天线辐射到空间。实质就是利用天线把发射机输出的高频电流能量变换为电磁波能量，向空间辐射。电磁波在空间里以光速的运动状态存在，形成无线电波的形式，这个以电流的能量转变电磁波能量的过程叫作无线电波的辐射。

发射天线是使辐射出去的无线电波向预定的某一方向或某一区域传播。天线在点对点的固定通信系统中，期望在辐射出的能量能集中一个方向，对准目标范围的方向，而不应将无线电波无目的地发散到空间，这样才能提高接收点的电场强度和减少对其他方向电磁波接收的干扰。

为了接收无线电波，在接收端需要安装接收天线，该天线通过谐振接收电波信号，即电磁波在天线上感应出电流，再通过馈线进入接收机的输入回路。所以接收天线的任务之一就是把无线电波的能量转换成高频电流能量，接收天线的另一个任务是最有效地分辨出从需要接收的电台方向传来的无线电波，而将其他方向传来的干扰电波减小或不接收。随着应用的行业越来越多，无线传输网络的特殊性能也被广大用户看好，其安装方便、灵活性强、性价比高等特殊性也被多个行业的监控系统的信号传输所应用，用来建立监控点与监控中心间的信息交换。目前，应用在交通运输中的无线技术主要有：无线报警系统、传感信号无线传输、射频信息交换等。

较为常见的无线网络传输技术有：Wi-Fi网络、WiMax网络、无线移动数字通信网、无线传感器网络以及有专门用途的无线网络技术如表6-5所示，如应用在交通领域中的DSRC技术等。

典型无线网的参数对比　　　　　　　　　　　表6-5

网络技术	Wi-Fi	WiMax	移动数字通信网(4G)		蓝牙 (4.0版本)	无线传感网 (ZigBee)	DSRC(我国)
标准	IEEE 802.11	IEEE 802.16	TD-LTE	FDD-LTE		IEEE 802.15.4	IEEE 802.11p
速率	54Mbps/s	70Mbps/s	下行100Mbps 上行20Mbps	下行150Mbps 上行40Mbps	24Mbps	250kbps	下行500kbps 上行250kbps

从表 6-5 中可以看出这些无线组网技术在交通信息的采集中都具有应用的可能,目前,交通中的车—车、车—路通信大多采用 DSRC 技术。这种技术采用了 IEEE 802.11p 标准,使得交通车辆的信息传递与采集能够正常进行。在这种方案中注重了数据通信延迟性能的加强。

此外,无线传感网技术在 Zigbee 这种标准的支持下,可以达到 250kbps 的传输速率,传感器连续进行数据采集,并无线传输采集到的数据信息,这无疑是一种较好的低功耗解决方案,有利于系统长时间的正常工作,避免频繁进行维护。

移动数字通信网的优点是覆盖广(每个基站覆盖 10km),传输速率高,也大量应用在智能交通的数据传输中。

6.2.2 各类主要无线网标准

无线技术包括了无线局域网技术和以 GPRS/3G 为代表的无线上网技术。这些标准和技术发展到今天,已经出现了包括 IEEE 802.11、蓝牙技术和 HomeRF 等在内的多项标准和规范。以 IEEE(电气和电子工程师协会)为代表的多个研究机构针对不同的应用场合,制定了一系列协议标准,推动了无线局域网的实用化。这些协议由 Wi-Fi(Wi-Fi 联盟是一家世界性组织,成立的目标是确保符合 802.11 标准的 WLAN 产品之间的相互协作性)组织制定和进行认证。我国早在 2004 年 7 月 26 日向国际标准化组织提交了无线局域网中国国家标准 WAPI(Wireless LAN Authentication and Privacy Infrastructure)无线局域网鉴别和保密基础结构提案,这是我国拥有自主知识产权的无线局域网标准,该标准较好地解决了无线局域网的安全问题,但是由于种种原因并没有得到执行。下面列出了一些主要无线局域网标准。

1) IEEE 802.11 系列协议

作为全球公认的局域网权威,IEEE 802 工作组建立的标准在过去 20 年内在局域网领域制定很多的无线网的传输协议规范。这些协议包括 802.3Ethernet 协议、802.5Token Ring 协议、802.3z 100BASE-T 快速以太网协议。经过了 7 年的工作以后,在 1997 年,IEEE 发布了 802.11 协议,这也是在无线局域网领域内的第一个被国际上认可的协议。1999 年 9 月,他们又提出了 802.11b"High Rate"协议,用来对 802.11 协议进行补充,802.11b 在 802.11 的 1Mbps 和 2Mbps 速率下又增加了 5.5Mbps 和 11Mbps 两个新的网络吞吐速率。利用 802.11b,移动用户能够获得同 Ethernet 一样的性能、网络吞吐率与可用性。这个基于标准的技术使管理员可以根据环境选择合适的局域网技术来构造自己的网络,满足他们的商业用户和其他用户的需求。802.11 协议主要在 ISO 协议的最低两层上工作,并在物理层上进行了一些改动,加入了高速数字传输的特性和连接的稳定性。IEEE 802.11 工作组制定的具体协议包括以下几项:

(1) IEEE 802.11a

IEEE 802.11a 采用正交频分复用(OFDM)技术调制数据,使用 5GHz 的频带,避开了当前微波、蓝牙以及大量工业设备广泛采用的 2.4GHz 频段,因此其产品在无线数据传输过程中所受到的干扰大为降低,抗干扰性较 IEEE 802.11b 更为出色。高达 54Mbps 数据传输带宽,是 IEEE 802.11a 的真正意义所在。IEEE 802.11a 已经为今后无线宽带网的进一步要求做好了准备,从长远的发展角度来看,其竞争力是不言而喻的。此外,IEEE 802.11a 的无线网络产品较 IEEE 802.11b 有着更低的功耗,这对笔记本电脑以及 PDA 等移动设备来说也有着重大意义。

IEEE 802.11a 的普及也有其自身的诸多限制。首先,IEEE 802.11a 面临的难题是来自厂商方面的压力。眼下,IEEE 802.11b 已走向成熟,许多拥有 IEEE 802.11b 产品的厂商对 IEEE 802.11a 持谨慎态度。目前,由于这两种技术标准互不兼容,大多数厂商为了均衡市场需求,直接将其产品做成了 a+b 的形式,这种做法固然解决了兼容问题,但也带来了成本增加的负面影响。其次,相关法律法规的限制,使 5.2GHz 频段无法在全球各个国家获得批准和认可。5.2GHz 的高频虽然令 IEEE 802.11a 具有了低干扰的使用环境,但也带来了不利的一面,即太空中数以千计的人造卫星与地面站通信也恰恰使用 5.2GHz 频段。此外,欧盟也只允许将 5.2GHz 频率用于其自己制定的另一个无线标准——HiperLAN。

(2) IEEE 802.11b

IEEE 802.11b 也被称为 Wi-Fi 技术,采用补码键控(CCK)调制方式,使用 2.4GHz 频带。从性能上看,IEEE 802.11b 的带宽为 11Mbps,实际传输速率在 5Mbps 左右,与普通的 10Base-T 规格有线局域网持平。无论是家庭无线组网还是中小企业的内部局域网,IEEE 802.11b 都能基本满足使用要求。由于基于的是开放的 2.4GHz 频段,因此 IEEE 802.11b 的使用无须申请,既可作为对有线网络的补充,又可自行独立组网,灵活性很强。

从工作方式上看,IEEE 802.11b 的运作模式分为两种:点对点模式和基本模式。其中点对点模式是指无线网卡和无线网卡之间的通信方式,即一台装配了无线网卡的计算机可以与另一台装配了无线网卡的计算机进行通信,对于小型无线网络来说,这是一种非常方便的互联方案。而基本模式则是指无线网络的扩充或无线和有线网络并存时的通信方式,这也是 IEEE 802.11b 最常用的连接方式。此时,装载无线网卡的计算机需要通过接入点(无线 AP)才能与另一台计算机连接,由接入点来负责频段管理及漫游等指挥工作。在带宽允许的情况下,一个接入点最多可支持 1024 个无线节点的接入。当无线节点增加时,网络存取速度会随之变慢。

作为目前最普及、应用最广泛的无线标准,IEEE 802.11b 的优势不言而喻。技术的成熟,使得基于该标准网络产品的成本得到了很好的控制,无论家庭还是企业用户,无须太多的资金投入即可组建一套完整的无线局域网。但 IEEE 802.11b 的缺点也是显而易见的,11Mbps 的带宽并不能很好地满足大容量数据传输的需要,只能作为有线网络的一种补充。

(3) IEEE 802.11g

2001 年 11 月,在 IEEE 802.11 会议上形成了 IEEE 802.11g 标准草案,目的是在 2.4GHz 频段实现 802.11a 的速率要求。802.11g 采用 PBCC 或 CCK/OFDM 调制方式,使用 2.4GHz 频段,对现有的 IEEE 802.11b 标准向下兼容。它既能适应传统的 802.11b 标准,也符合 IEEE 802.11a 标准,从而解决了对已有的 802.11b 设备的兼容。

与 IEEE 802.11a 相同的是,IEEE 802.11g 也使用了正交分频多任务(Orthogonal Frequency Division Multiplexing,OFDM)的模块设计,这是其 54Mbps 高速传输的秘诀。不同的是,IEEE 802.11g 的工作频段并不是 IEEE 802.11a 的 5.2GHz,而是坚守在和 IEEE 802.11b 一致的 2.4GHz 频段,这样一来,原先 IEEE 802.11b 使用者所担心的兼容性问题得到了很好的解决,IEEE 802.11g 提供了一个平滑过渡的选择。

除了具备高传输率以及兼容性上的优势外,IEEE 802.11g 所工作的 2.4GHz 频段的信号衰减程度不像 IEEE 802.11a 的 5.2GHz 那么严重,并且 IEEE 802.11g 还具备更优秀的"穿透"能力,能适应更加复杂的使用环境。但是先天性的不足(2.4GHz 工作频段),使得 IEEE 802.11g 和它的前辈 IEEE 802.11b 一样极易受到微波、无线电话等设备的干扰。此外,IEEE 802.11g

的信号比 IEEE 802.11b 的信号能够覆盖的范围要小得多,用户可能需要添置更多的无线接入点才能满足原有使用面积的信号覆盖。

(4)IEEE 802.11n

IEEE 802.11n,是 2004 年 1 月时 IEEE 宣布组成一个新的单位来发展的新的 802.11 标准,于 2009 年 9 月正式批准。传输速度理论值为 300Mbps,因此需要在物理层产生更高速度的传输率。此项新标准应该要比 802.11b 快上 50 倍,而比 802.11g 快上 10 倍左右。802.11n 也将会比目前的无线网络传送到更远的距离。

802.11n 增加了对于 MIMO 的标准,使用多个发射和接收天线允许更高的数据传输率,并增加了传输范围。802.11n 支持在标准带宽(20MHz)上的速率包括 7.2Mbps、14.4Mbps、21.7Mbps、28.9Mbps、43.3Mbps、57.8Mbps、65Mbps、72.2Mbps。使用 4×MIMO 时速度最高为 300Mbps。802.11n 也支持双倍带宽(40MHz),当使用 40MHz 带宽和 4×MIMO 时,速度最高可达 600Mbps。

(5)IEEE 802.11g

2003 年 7 月,其载波的频率为 2.4GHz(与 802.11b 相同),原始传送速度为 54Mbps,净传输速度约为 24.7Mbps(跟 802.11a 相同)。802.11g 的设备与 802.11b 兼容。

(6)IEEE 802.11p(DSRC)

这个协议也叫作 DSRC(Dedicated Short Range Communication)这个通信协议主要用在车用电子的无线通信上。它是从 IEEE 802.11 扩充延伸而来,用来符合智能型运输系统(Intelligent Transportation Systems,ITS)的相关应用,详见 6.6 章节介绍。

2)蓝牙数据传输技术

蓝牙数据传输技术工作在 2.4GHz 波段的无线技术,采用的是跳频展频(FHSS)技术,数据速率为 1Mbps,距离为 10m。任一蓝牙技术设备一旦搜寻到另一个蓝牙技术设备,马上就可以建立联系,而无须用户进行任何设置。在无线电环境非常嘈杂情况下,其优势更加明显。蓝牙技术的主要优点是成本低、耗电量低以及支持数据/语音传输。

3)HomeRF

HomeRF 是专门为家庭用户设计的,它工作在 2.4GHz,利用 50 跳/s 的跳频扩谱方式,通过家庭中的一台主机在移动设备之间实现通信,既可以通过时分复用支持语音通信,又能通过载波监听多重访问/冲突避免协议提供数据通信服务。同时,HomeRF 提供了与 TCP/IP 良好的集成,支持广播、多播和 48 位 IP 地址。HomeRF 最显著的优点是支持高质量的语音及数据通信,它把共享无线连接协议(SWAP)作为未来家庭内联网的几项技术指标,使用 IEEE802.11 无线以太网作为数据传输标准。

4)HyperLAN/HyperLAN2

HyperLAN 是欧洲电信标准化协会(ETSI)制定的标准,分别应用在 2.4GHz 和 5GHz 不同的波段中。与 IEEE 802.11 最大的不同在于,HyperLAN 不使用调变的技术而使用 CSMA(Carrier Sense Multiple Access)的技术。HyperLAN2 采用 WirelessATM 的技术,因此也可以将 HyperLAN2 视为无线网络的 ATM,采用 5GHz 射频频率,传输速率为 54Mbps。

5)4G 技术

目前基于 LTE 的 4G 标准有两个,分别是 LTE FDD 和 LTE TDD(国内习惯于将 LTE TDD 称为 TD-LTE)。这两大标准都是基于 LTE 的不同分支,相似度超过 90%。

6) WSN 技术

WSN（Wireless Sensor Network），即无线传感器网络，它是物联网的关键技术，符合 IEEE 802.15.4 标准。是由部署在监测区域内大量的廉价微型传感器节点组成，通过无线通信方式形成的一个多跳的自组织的网络系统，其目的是协作地感知、采集和处理网络覆盖区域中被感知对象的信息，并发送给观察者。传感器、感知对象和观察者构成了无线传感器网络的三个要素。

7) CAN 现场总线技术

CAN（Controller Area Network），是解决众多控制单元、测试仪器之间的实时数据交换而开发的一种串行通信协议。

6.3 模拟及数字信号传输

6.3.1 模拟信号传输方式

所谓的模拟信息传输是指在信道中所传递的信息是模拟量，相应的电信号是模拟波形。最初是以电子管作为主要的电子器件，用来发射及接收传输信号。20 世纪 40 年代末期晶体管的出现，给通信技术注入新的活力，为通信的小型化和通信的可靠性起到了关键性的作用。由于采用的电子管或晶体管主要是模拟电路的功能，因此它们可以说是模拟通信时代的标志。

在传输介质采用有线通信的方法，从最初的裸露电缆线，到后来的堆成电缆和同轴电缆，通信质量得到很好的提高。这种有线传输模拟信号的方式常用在电话及电视信号传输中应用。

在传输采用无线的通信方法，最初是依靠短波频率产生信号，利用电离层发射和折射原理。优点是传输距离远，但稳定性较差，受天气和昼夜影响。也有地波传输的形式，是依靠长波频率沿地表层传输信号，也可利用水面传输。优点是通信稳定性好，但是由于受衰减的影响，远距离通信受到影响。无线方式还有卫星通信、微波技术以及移动通信技术等。

从技术上来分析，模拟通信的最大特点是采用模拟调制方式，最早是调幅制和调频制，后来发展到单边带和残留边带调制技术。单边带调制是模拟通信中的新技术，它不仅占有频带最少，而且抗干扰能力也很强。当然，技术要求也较高，特别是同步指标很严格，因此采用锁向技术和频率合成器，这种调制方式在远洋通信中首先得到推广。

模拟信息传输的优点是直观且容易实现，但存在两个主要缺点：

1) 保密性差

模拟通信，尤其是微波通信和有线明线通信，很容易被窃听。只要收到模拟信号，就容易得到通信内容。

2) 抗干扰能力弱

电信号在沿线路的传输过程中会受到外界的和通信系统内部的各种噪声干扰，噪声和信号混合后难以分开，从而使得通信质量下降。线路越长，噪声的积累也就越多。故此，模拟信息传输由于存在固有的缺点无法克服，不得不被数字通信所替代。

6.3.2 数字信号传输方式

数字信息传输是采用数字信号进行数据传输的方法。数字信号（Digital Signal）其信息是用若干个明确定义的离散值表示的时间离散信号,它的某个特征量可以按时提取,就是指幅度的取值是离散的,幅值表示被限制在有限个数值之内。二进制码是一种数字信号,且受噪声的影响小,易于通过数字电路进行处理,所以得到了广泛的应用。信息的传输中这种优良特点也得到体现,保证数据传输过程中的完整和可靠。

数字信号波形的种类很多,其中较为典型的是二进制矩形脉冲信号,它可以构成多种形式的信号序列。数字信号的传输方式主要有四种:基带传输、频带传输、载波传输及异步传输模式 ATM。

1) 基带传输

基带传输就是编码处理后的数字信号(此信号叫作基带数字信号)直接在信道中传输,基带传输的信道是电缆信道,即按数据波的原样,不包含任何调制,在数字通信的信道上直接传送数据。基带传输不适于传输语言、图像等信息。目前大部分局域网,包括控制局域网,都是采用基带传输方式的基带网,基带网的特点是:信号按位流形式传输,整个系统不用调制解调器,降低了价格;传输介质较宽带网便宜;可以达到较高的数据传输速率(目前一般为 10~100Mb/s),但其传输距离一般不超过 25km,传输距离越长,质量越低;基带网中线路工作方式只能是为半双工方式或单工方式。

2) 频带传输

频带传输是将基带信号的频带搬到适合于光纤、无线信道传输的频带上在进行传输。显然频带传输的信道是光纤或微波、卫星等无线信道。频带传输是一种采用调制、解调技术的传输形式。在发送端,采用调制手段,对数字信号进行某种变换,将代表数据的二进制"0"和"1",变换为具有一定频带范围的模拟信号,以适应在模拟信道上的传输;在接收端,通过调解手段进行相反变换,把模拟的调制信号复原为二进制。常用的调制方法有:频率调制、振幅调制及相位调制。具有调制、解调功能的装置称为调制解调器。

频带传输较为复杂,传送距离较远,若通过市话系统配置调制解调器,则传送距离可不受限制。

3) 载波传输

通信的最终目的是远距离传递信息。虽然基带数字信号可以在传输距离不远的情况下直接传送,但是如果要远距离传输时,特别是在无线或光纤信道上传输,则必须经过调制将信号频谱搬移到高频处才能在信道中传输。为了使数字信号在有线带宽的高频信道中传输,必须对数字信号进行载波调制。与传输模拟信号时一样,传输数字信号时也可以有三种基本的调制方式:幅度监控、频移监控及相移监控。它们分别对应于用载波(正弦波)的幅度、频率和相位来传递数字基带信号,可以看成是模拟线性调制和角度调制的特殊情况。

4) 异步传输模式

异步传输模式(Asynchronous Transfer Mode,ATM)支持多媒体通信,包括数据、语音和视频信号灯数字化信息的传输与交换,按需分配带宽,具有低延迟特性,速率可达数个 G/s,是一种将时分交换与统计复用融为一体的、面向连接并且分组长度固定的高速传输模式。ATM 首先将信息切割为宽,并在块前加上信头(包括地址、丢失优先级等控制信息),构成信源(Cell)固定长度的信源定时出现,融合了线路传递模式和分组传送模式的优点,因此可采用硬件高速地对信头进行识别和处理交换。

6.4 WSN 与交通设施检测技术

无线传感网络(Wireless Sensor Network,WSN)的应用空间越来越大,应用领域涉及各行各业,在交通设施的检测上,应用空间更具有应用前景。大型交通土木设施的感知及其信息的回传的应用更为广泛,比如桥梁健康、隧道运营的远程监测、远程评估等。

6.4.1 WSN 技术

WSN 就是由部署在监测区域内大量微型传感器节点组成,通过无线通信方式形成的一个多跳、自组织的网络系统,其目的是协作感知、采集和处理网络覆盖区域中被感知对象的信息,并发送给观察者。传感器、感知对象和观察者构成了无线传感器网络的三个要素。无线传感器网络所具有的众多类型的传感器,可探测包括地震、电磁、温度、湿度、噪声、光强度、压力、土壤成分、移动物体的大小、速度和方向等周边环境中多种多样的事物属性。通过若干个功能相同或者不同的无线传感器与专用无线通信,可以构成一个无线传感器网络(WSN),无线传感器网络中每一个传感器节点由数据采集模块(传感器、A/D 转换器)、数据处理和控制模块(微处理器、存储器)、通信模块(无线收发器)及供电模块(电池、DC/AC 能量转换器)等组成。

WSN 系统是由无线传感网络、数据处理中心以及数据浏览中心等构成的一种新型信息获取方式。传感器节点负责采集物理世界的各类信息,然后通过专用网络协议实现信息的交流、汇集,之后物理世界的信息经过 Internet、手机网络等途径汇聚于网络数据库服务器中,这样物理世界的信息就完全进入到了信息世界中,如图 6-6 所示。最终信息用户可以通过浏览器、手机、PDA 等各种方式随时随地地获取这些信息,在这些信息传送到最终用户前,也可以经过一些专家系统对数据进行归类或处理,故此,无线传感网络系统也可以认为是由无线信息采集系统与专家系统的集成。

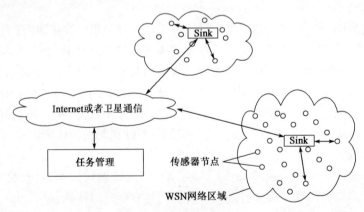

图 6-6 无线传感网结构图

系统最底层的部分应该是由各传感器节点所组成的 WSN 网络。传感器节点通常由相对较弱的硬件组成,有 MCU(微控制单元)、存储器、电池,同时各节点之间通过特定的网络协议进行数据通信和交互,而且整个网络还可能经常变动,如电池能量耗尽、物理阻隔等,所以需要该网络具有较强的自适应和自组织能力。目前流行的 WSN 系统软件主要包括基于 TinyOS 架构和 Z-Stack(ZigBee 协议栈)架构两种。

TinyOS 系统是专门为 WSN 设计的一套开源操作系统,其组件式系统以及为 WSN 量身定做的各种技术非常适合于做 WSN 方面的应用,同时系统中所附带的大量成熟的网络协议可以方便地应用于开发应用。

Z-Stack 是根据其 WSN 的专用芯片(例如 CC2420/CC2430/CC2431 等)而开发的 ZigBee 协议。其中,ZigBee 技术是以 IEEE 802.15.4 无线通信技术为基础的一种短距离、低复杂度、低功耗、低成本的双向无线通信技术。该技术满足 ISO/OSI 参考模型,可以应用于超低功率损耗的无线网络中。

一个完整的无线传感网络系统不仅构建一套成熟完善的底层 WSN 传输网络,整套 WSN 解决方案还涉及传感器信息采集、WSN 网络传输、数据汇聚上报、数据保存处理、数据查看分析以及数据信息应用等内容。

WSN 是一种融合短程无线通信技术、微电子传感器、嵌入式系统的新技术,逐渐被用于智能交通系统等需要数据采集与检测的相关领域。基于 IEEE 802.15.4 规范的 ZigBee 技术,具备以下良好特性:

(1)功耗低。2 节普通 5 号电池可支持一个节点工作 6~24 个月;组网能力强,单个网关节点网络最多可达 255 个节点,并支持树状、星状、网状等多种组网方式。

(2)传输距离远。两节点室外传输距离可达几百米,在增加发射功率后可达几千米。

(3)可靠性高。具备多级安全模式。

(4)成本低。开放的简化 ZigBee 协议栈,工作在 2.4GHz 免执照的 ISM 频段。

国家标准 GB 7665—1987 对传感器下的定义是:"能感受规定的被测量并按照一定的规律转换成可用信号的器件或装置,通常由敏感元件和转换元件组成"。传感器是一种检测装置,能感受到被测量的信息,并能将检测感受到的信息按一定规律变换成为电信号或其他所需形式的信息输出,以满足信息的传输、处理、存储、显示、记录和控制等要求。它是实现自动检测和自动控制的首要环节。传感器就是把一些能够探测到的物理信号转换为电子信号的器件与外围电路构成的专门产品。传感器的作用是将一种能量转换成另一种能量形式,所以不少学者也用"换能器-Transducer"来称谓"传感器-Sensor"。传感器与无线网技术共同构成无线传感器(节点)。

传感器根据用途划分为不同类型的传感器,较为常见的有温度传感器、气压传感器、血压传感器、温湿度传感器、雨滴传感器、霍尔传感器、海拔传感器、光传感器等。

WSN 是物联网的主要组成部分之一,具有重要的地位,这是与它自身的特点是分布开的,总体来说有自组织、可靠性、冲突减少、无线链路设计简单、维护方便等特点。

(1)自组织。Adhoc(自组织网络)支持多点对多点的网状结构,它在组网与选路等特征上与传统无线网络存在着明显的区别。在自组织网络中,每个节点只和其邻近节点通信,从一个节点发出的数据包将根据相关协议的配置逐跳(Hop)传递到目的节点,这种结构与传统点对多点网络结构相比具有较大的优势。

(2)可靠性提高。在相距较远的节点间通信时,数据包将通过多个节点的转发,逐步传递到目的节点。如果一个终端距离接入点较远时,信号将通过距离较近的另外一个终端将信号转发给接入点,这样无线链路长度将被缩短,对天线的传输距离和性能要求以及所需发射功率也将降低,从而减少了信号间干扰。另外,自组织网络中的每台设备都可直接通信,或者通过网络的转发而连接到其他设备。这种网络免去了昂贵的信号转接塔的需求,同时也免除了由于通信链路集中而造成的传输瓶颈,因此,网络的传输速率和频率利用率都非常高。

(3) 冲突减轻。自组织网络可以较大程度地减轻业务执行时发生冲突。这是因为链路为网状结构,每个节点可使用的链路数大大增加,且每个网络节点都具有选路功能,如果其中的某一条链路出现了故障,节点便可以自动转向其他可选链路进行接入,因而减轻了业务执行时发生冲突的可能性。例如,雨天会使无线链路的功率造成一定的衰减,但是天气的影响是局部的、有方向性的,通常同一方向的可选路由或可选链路处于这种天气条件下的概率要大于方向相差较大的可选路由或链路,因而呈钝角关系的路由或链路受到这种天气因素的影响便会大大降低。

(4) 简化无线链路设计。相比星形网络,自组织网络在无线链路的设计上有所简化。

(5) 维护方便。自组织网络简化了网络的维护与升级,由于自组织特性,每个节点有多条可选路由,其中某一链路或路由被切断时并不会影响业务的正常执行,因而局部地区的升级与扩容将不会影响整个网络的运行,方便网络的维护与操作。另外,自组织网络可以自行建网,这意味着系统中任何一个通信设备在打开电源后,将自动搜寻、发现和加入现有的网络,各通信设备间的路由和链接将随之自动形成。并且,该网络系统可以在任何地点,不依靠任何其他的移动和固定通信网络设备,迅速地被建立。例如可以在建筑物内、隧道中以及偏远地区建立该网络系统。

6.4.2 无线传感器与智能交通

智能交通系统(ITS)应用在城市交通中主要体现在微观的交通信息采集、交通控制和诱导等方面,通过提高对交通信息的有效使用和管理提高交通系统的效率,主要由信息采集输入、策略控制、输出执行、各子系统间数据传输与通信等子系统组成。信息采集子系统通过传感器采集车辆和路面信息,策略控制子系统根据设定的目标,如通行量最大或平均候车时间最短等。运用计算方法,如模糊控制、遗传算法等计算出最佳方案,并输出控制信号给执行子系统(一般是交通信号控制器),以引导和控制车辆的通行,达到预设的目标。

无线传感器网络具备优良特性,可以为智能交通系统的信息采集提供一种有效手段,可以监测路口各个方向上的车辆,根据监测结果,改进简化、改进信号控制算法,提高道路通行效率。无线传感器网络可以应用于执行子系统中的控制子系统和引导子系统等方面。例如可以应用该技术改进信号控制器,实现智能公交系统的公交优先功能。

1) 用于 ITS 的无线传感器网络

如图 6-7 所示,在无线传感器网络部署中,汇聚节点可以安装在路边立柱、横杠等交通设施上,组成一个自组织的多跳网状 Mesh 基础网络构架,网关节点可以集成在交叉路口的交通信号控制器内,通过信号控制器的专有网络,将所采集到的数据发送到交管中心作进一步处理。专用传感器终端节点可以填埋在路面下或者安装在路边,道路上的运动车辆在安装传感器节点后,也可动态加入传感器网络。

2) 无线传感器网络进行交通信息采集

在交通信息采集中,终端节点可采用非接触式地磁传感器来定时收集和感知区域内车辆的速度、车距等信息。当车辆进入传感器的监控范围后,终端节点通过磁力传感器来采集车辆的行驶速度等重要信息,并将信息传送给下一个定时醒来的节点。当下一个节点感应到该车辆时,结合车辆在两个传感器节点间的行驶时间估计,就可估算出车辆的平均速度。多个终端节点将各自采集并初步处理后的信息通过汇聚节点汇聚到网关节点,进行数据融合,获得道路车流量与车辆行驶速度等信息,从而为路口交通信号控制提供精确的输入信息。通过给终端节点安装温湿度、光照度、气体检测等多种传感器,可以进行路面状况、能见度、车辆尾气污染等检测。

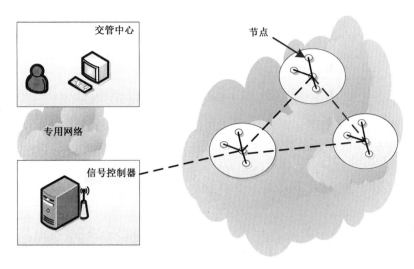

图 6-7　无线传感器在交通中的应用

3) 无线传感器网络在智能公交系统中的应用

实现智能公交系统中的公交优先功能需要对现有交通信号控制器进行改造。通过添加传感器等辅助设备,交通信号控制器可以估算出公交车辆到达交叉路口的时间(旅行时间),计算出公交车辆在路口是否需要给予优先(可选择乘客数量作为优先权重),然后选择合适的优先控制策略,通过调整绿信比来优先放行公交车辆。交通信号控制器的改造包括车载无线通信终端节点、交叉路口交通信号控制器上集成无线网关、用于公交车辆定位的终端节点,通过构建基于 ZigBee 的无线传感器网络可以实现上述功能。

工作原理是当要临近路口时,车载 ZigBee 无线终端节点进行公交车辆信息广播,路边部署的无线传感器网络获取信息后,公交车辆定位的终端节点对其跟踪获取信息并汇聚到无线传感器网络网关节点上,通过内部连接最后信息传送给交通信号控制器,进行相应的优先处理。

4) 网络节点和网关节点的设计

在 ITS 无线传感器网络的设计中,网络节点按照功能不同,需要分别进行设计。终端节点、汇聚节点和网关节点的软件功能如图 6-8 所示。终端节点安装不同的传感器用于运动车辆信息采集和道路信息获取等。其功能实现可按照精简功能设备(Reduced Function Device,RFD)标准来实现。终端节点与汇聚节点按照星型网络组网,在固定时间点由睡眠状态醒来与汇聚节点主动通信。信息路由则交给父(汇聚)节点及网络中具有路由功能的协调器和路由器完成,降低了节点功耗和软件实现复杂度。汇聚节点是终端节点软件功能上的扩展,实现了扩展网络及路由消息的功能,允许更多重点节点接入网络。可按照全功能设备(Full Function Device,FFD)标准进行设计。

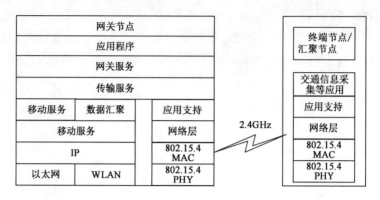

图 6-8　无线传感器网络节点软件功能

网关节点是网络中所需要的协调器，负责启动网络、配置网络成员地址、维护网络、维护节点的绑定关系表等，还负责将所采集的数据初步处理并交付交通信号控制器传输到上一级信息中心，需要较多存储空间、计算及通信能力。

5）网络节点硬件功能设计

WSN 解决方案，应包括单片机外接射频芯片和集成射频、微处理器的单芯片等。在节点设计中较常采用的 ZigBee 射频芯片有 Atmel 的 AT86RF230、TI 的 CC2420、Freescale 的 MC1319x 和 MC1320x、Microchip 的 MRF24J40 等。此外，芯片产商推出了单芯片解决方案，如 TI 的 CC2430 沿用了 CC2420 芯片的架构，在单个芯片上整合了 ZigBee 射频前端、内存和微控制器，Freescale 的 MC1321x/MC1322x 和 Jennic 的 JN5121/JN513x 单芯片解决方案等。

6.5　CAN 总线传输技术

CAN 广泛应用在离散控制领域，不再局限于汽车行业，还在自动控制、航天、航海、过程工业、机械工业、纺织、农业机械、机器人、数控机床及传感器等领域中得到了广泛应用。

1993 年 CAN 成为国际标准 ISO11898（高速应用）和 ISO11519（低速应用）。CAN 的规范从 1.0 规范发展为兼容 1.2 的 2.0 规范，其中 CAN2.0A 为标准规范，CAN2.0B 为扩展格式，目前大多符合 CAN2.0 规范。由于 CAN 总线的特点，得到了 Motorola、Intel、Philip、Siemens、NEC 等公司的支持。

6.5.1　CAN 总线的作用

对于交通类学科而言，CAN 应用主要在车辆内部通信当中，在车辆应用中，控制器局域网（Controller Area Network，CAN）总线的作用就是将整车中各种不同的控制器连接起来，实现信息的可靠共享，并减少整车线束数量。

CAN 主要用于各种过程（设备）监测及控制。CAN 最初是由德国的 Bosch 公司为汽车的监测与控制设计的，但由于 CAN 总线本身的突出特点，其应用领域目前已不再局限于汽车行业，而向过程工业、机械工业、机器人、数控机床、医疗器械及传感器等领域发展。由于其高性能、高可靠性及独特的设计，CAN 总线越来越受到人们的重视，国际上已经有很多大公司的产品采用了这一技术。CAN已经形成国际标准(ISO11898),并已成为工业数据通信的主流技术之一。

常用布线方法存在以下缺陷:
(1)增加汽车布线中所用的铜线,从而增加成本和汽车重量。
(2)点对点布线法使得故障的查找任务加重,不便于维护。
(3)若车增加新的功能,或将某个落后的电器配件更新,将会打乱布线布局。
故此,需要引入CAN总线方式进行汽车的网络布线,从而改善布线方式带来的缺陷。

6.5.2 CAN总线的基本工作原理

CAN总线协议的最大特点就是废除了传统的站地址编码,采用了对通信数据块进行编码,使网络内的节点个数在理论上不受限制。由于CAN总线具有较强的纠错能力,支持差分收发,因而适合高干扰环境并具有较远的传输距离。通常车用CAN总线的网络布线图如图6-9所示。

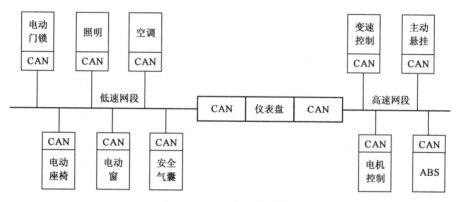

图6-9 CAN总线布线网络图

在车用总线中,有四种分类,如表6-6所示。

车 用 总 线 分 类　　　　表6-6

分类	特点 位 速 率	对 象
A类	<10kbps	传感器或执行器管理的低速网络
B类	10~12kbps	面向独立控制模块间的共性中速网络
C类	125kbps~1Mbps	用在车身电子的舒适性模块和显示仪表设备中
D类	>2Mbps	用在车身电子的舒适性模块和显示仪表设备中

CAN总线在通信当中通常使用网关将两个使用不同协议的网络段连接在一起,作用就是对两个网络段中的使用不同传输协议的数据进行互相的翻译转换,如图6-10所示。

6.5.3 CAN总线的通信模式

1) CAN总线的工作原理

CAN总线标准包括物理层和数据链路层,其中数据链路层定义了不同的信息类型、总线访问的仲裁规则及故障检测与故障处理的方式。

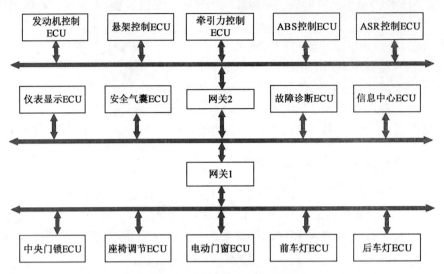

图 6-10　汽车 CAN 总线中的网关

当 CAN 总线上的一个节点发送数据时,它以报文形式广播给网络中的所有节点。每组报文开头的 11 位字符位标识符(CAN2.0A)定义了报文的优先级,这种报文格式称为面向内容的编址方案。当一个节点要向其他节点发送数据时,该节点的 CPU 将要发送的数据和自己的标识符传送给本节点的 CAN 芯片,并处于准备状态;当它收到总线分配时,转为发送报文状态。

CAN 芯片将数据根据协议组织成一定的报文格式发出,这时,网络中的其他节点处于接收状态。每个处于接收状态的节点对接收到的报文进行检测,判断这些报文是否发给自己,以确定是否接收。

由于 CAN 总线是一种面向内容的编址方案,故此监理较高水准的控制系统并灵活地进行配置将变得简单。

2) CAN 总线工作速率与资源共享

(1)高、低速 CAN 总线

目前,汽车上网络连接方式主要采用两条 CAN。一条用于驱动系统的高速 CAN,速率达到 500kbps;另一条用于车身系统的低速 CAN,速率是 100kbps。

驱动系统的高速 CAN 主要连接对象是发动机控制器(ECU)、ABS 控制器、安全气囊控制器、综合仪表等,它们的基本特征是控制与汽车行驶直接相关的系统。

车身系统的低速 CAN 主要连接对象时汽车内外部照明、灯光信号、雨刷电机等电器。

(2)不同 CAN 间的资源共享

驱动系统 CAN 和车身系统 CAN 的这两条独立的总线之间设计有"网关",实现在各个 CAN 之间的资源共享,并将各个数据总线的信息反馈到仪表盘上。

6.5.4　CAN 总线的技术特点

由于其采用了许多新技术及独特的设计与一般的通信总线相比,CAN 总线的数据通信具有突出的可靠性、实时性和灵活性。其特点可概括如下:

(1)CAN 为多主工作方式,网络上任意以节点均可在任意时刻主动的地向网络上其他节点发送信息,而不分主从。

(2) CAN 网络上的节点信息分为不同的优先级,可满足不同的实时要求,高优先级的数据最多可在 134μs 内得到传输。

(3) CAN 采用非破坏性总线仲裁技术,当多个节点同时向总线发送信息时,优先级较低的节点会主动退出发送,而最高优先级的节点可不受影响地继续传输数据。

(4) CAN 程序通过报文滤波即可实现点对点、一点对多点及全局广播等几种方式传送接收数据,无须专门的"调度"。

(5) CAN 的直线通信距离最长可达 10km(速率 5kbps 以下),通信速率最高可达 1Mbps(此时通信距离最长为 30m)。

(6) CAN 上的节点数主要取决于总线驱动电路,通常可达 110 个节点;报文标识符可达 2032 种(CAN2.0A),而扩展标准(CAN2.0B)的报文标识符几乎不受限制。

(7) 采用短帧结构,传输时间短,受干扰概率低,具有良好的检错效果。

(8) 每帧信息都有 CRC 检验及其他检错,数据出错率低。

(9) 通过戒指可采用双绞线、同轴电缆和光纤,一般采用廉价的双绞线即可。

(10) 在节点错误严重的状态下,具有自动关闭总线的功能,切断它与总线的联系,使得总线上的其他操作不受影响。

6.6 DSRC 技术

专用短程通信(Dedicated Short Range Communication, DSRC)是 ITS 的基础内容之一,是一种小范围无线通信系统,它作为短距离专有通信技术应用到车路的通信平台,通过信息的双向传输将车辆、道路连接起来,实现信息的双向交互。

1) DSRC 技术简介

DSRC 是 ITS 智能运输系统领域中专门用于机动车辆在高速公路等收费点实现不停车自动收费 EFC(Electronic Fee Collection)的技术,也就是长距离 RFID 射频识别(又称电子标签 E-tag)。

DSRC 是基于长距离 RFID 射频识别的微波无线传输技术。国际标准化组织智能运输系统委员会简称 ISO/TC204 负责 DSRC 国际标准的制定工作。国际上 DSRC 专用短程通信技术标准主要有欧、美、日三大阵营:欧洲的 ENV 系列、美国的 900MHz 和日本的 ARIBSTD-T75 标准。主要工作频段是 800~900MHz、2.4GHz 和 5.8GHz 频段,各国使用频段如图 6-11 所示。1998 年,我国交通部 ITS 中心向交通部无线电管理委员会提出将 5.8GHz 频段分配给 DSRC 技术领域,执行参数分别为 5.795~5.815GHz、ISM 频段、下行链路(D-link)500kbps、2-AM、上行链路(U-link)250kbps、2-PSK 的技术标准。

DSRC 标准主要涉及路边设备,也称为路边单元(Road Side Units, RSU)和车载设备(On-Board Unit, OBU)。通常,通过路边设备 RSU 与车载设备 OBU 之间的通信建立,使得机动车辆(装有 OBU)在中速(50~60km/h)情况下通行在布置有 RSU 天线的门架时实现车辆与路边设备 RSU 的数据交换,应用于 EFC(记录、只读功能)、管理、信息交换传输、结算系统。

DSRC 标准可以分为三个层次:物理层、数据链路层及应用层。物理层(Physical Layer)规定了机械、电器、功能和过程的参数,以激活、保持和释放通信系统之间的物理连接。其中载波频率是一个关键的参数,它是造成世界上 DSRC 系统差别的主要原因。目前,北美是 5.8GHz 系统和 900MHz 系统,欧洲与日本是 5.8GHz 系统。数据链路层(Data Link Layer)制定了媒介访问和逻辑链路控制方法,定义了进入共享物理媒介、寻址和出错控制的操作。应用层(Application Layer)提供了一些 DSRC 应用的基础性工具,应用层中的过程可以直接使用这些工具,例如:通信初始化过程、数据传输和擦去操作等。另外,应用层还提供了支持同时多请求的功能。

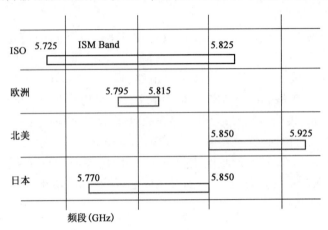

图 6-11 各国 DSRC 使用频段分配示意图

DSRC 有主动式和被动式两种信息传输形式。主动式是这种系统中 RSU 和 OBU 均有振荡器,都可以发射电磁波。当 RSU 向车载单元 OBU 发射询问信号后,OBU 利用自身电池能量发射数据给 RSU。主动式 DSRC 技术中 OBU 必须配置电池。被动式是 RSU 发射电磁信号,OBU 被激活后进入通信状态,并以一种切换频率反向发送给 RSU,被动式 DSRC 技术中 OBU 电源配置可有可无。主动式 DSRC 与被动式 DSRC 的性能比较如表 6-7 所示。

主动式 DSRC 与被动式 DSRC 的性能比较 表 6-7

项 目	主 动 式	被 动 式
通信距离	约 30m	约 7m
同时通信的车辆数	最多 8 辆	原则为 1 辆
通信信息量(当速度为 60km/h 时)	539kbit	46kbit

2)DSRC 结构体系

DSRC 系统主要由 OBU、RSU 以及专用短程通信(DSRC)协议三部分组成,如图 6-12 所示。

(1)车载单元

目前国际上使用的 OBU 种类很多,主要差异集中在通信方式和通信频段的不同。主要应用在电子自动收费系统,OBU 从最初的单片式电子标签,发展到了目前的双片式 IC 卡加 CPU 单元,IC 卡存储账号、余额、交易记录和出入口编号等信息,CPU 单元存储车主、车型等有关的车辆物理参数,并为 OBU 和 RSU 之间的高速数据交换提供保障。

(2)路侧单元

RSU 指安装在车道旁边或车道上方的通信及计算机设备,其功能是与 OBU 完成实时高速通信,实施车辆自动识别、特定目标检测及图像抓拍等,它通常由设备控制器、天线、抓拍系统、计算机系统及其他辅助设备等组成。

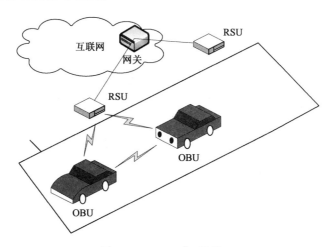

图 6-12 DSRC 通信系统模型

(3)专用通信链路

下行链路:从 RSU 到 OBU,采用 ASK 调制,NRZI 编码方式。数据通信速率 500kbps。上行链路:从 OBU 到 RSU,RSU 的天线不断向 OBU 发射 5.8GHz 连续波,其中一部分作为 OBU 的载波,将数据进行 BPSK 调制后反射回 RSU。上行数据本身也是 BPSK 调制,载频为 2~10MHz。

3)DSRC 技术应用

(1)车载通信 DSRC 的应用主要有以下三方面:

①避让、碰撞警告。

公共安全,包括前方障碍物检测和避让、碰撞警告、转弯速度控制、减少交通事故、减少地面交通网络的压力、减少拥塞。如图 6-13 所示是异常车辆自动通知和警告周围驾驶员异常情况或者潜在危险,实现主动避让。

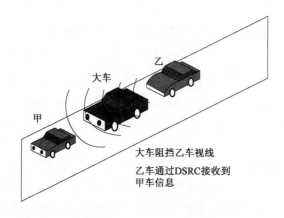

图 6-13 在大车遮挡后面车辆视线时的 DSRC 信息通信

②车辆安全超车、管理。

智能交通管理,包括高速公路上的车队管理、紧急车辆管理、安全超车等。在地面交通上,如果有紧急车辆,应通过紧急车辆管理给紧急车辆开辟绿色通道。如图 6-14 所示是高速公路上的车队管理。

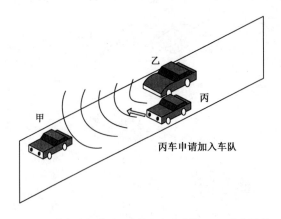

图 6-14　车辆在行驶过程中加入车队时的 DSRC 信息通信

③专用通信。

DSRC 可用于电子收费系统和智能停车场收费系统以及娱乐下载等。DSRC 技术用于智能交通,有政府分配的专用频段(如美国联邦通信委员会 5.850～5.925 GHz)。用于 DSRC 技术的频率资源共有 75 MHz,划分成 7 个信道。中间的信道用于控制信道,发送广播消息或者控制信令。第一个信道分别用于碰撞避免、车间通信等,最后一个信道用于长距离、大功率的通信,剩下的四个信道都是服务信道,见图 6-15。

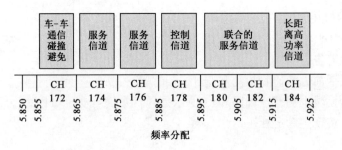

图 6-15　美国联邦委员为规定的 DSRC 通信信道分配

(2)DSRC 技术的应用

DSRC 技术在智能交通领域的应用可以有如下两个方面:车—路通信、车—车通信。

①车—路通信。

车—路通信主要面向非安全性应用,以 ETC 系统为代表。它是一种应用于公路、大桥和隧道的电子自动收费系统。车辆经过特定的 ETC 车道,通过车载 OBU 与路侧 RSU 的通信,不需停车和收费人员采取任何操作的情况下,能自动完成收费过程。ETC 系统能大大提高高速公路的通行能力,提高服务水平,简化收费过程,节约成本,符合我国的发展现状。除了已经比较成熟的不停车收费(ETC)系统外,如图 6-16 所示的基于车—路通信的 DSRC 应用还可以用在电子地图的下载和交通调度等。路边的 RSU 接入后备网络与当地交通信息网或因特网相连,通过 OBU 与 RSU 的通信来获得电子地图和路况信息等,从而可以选择最优路线,缓解交通拥堵等。

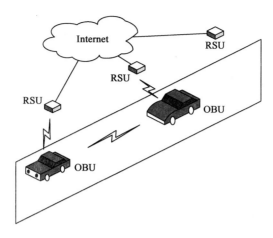

图 6-16 基于 DSRC 的车—路、车—车通信

② 车—车通信。

车—车通信方式主要用于车辆的主动安全方面。据世界卫生组织统计,全球每年有 120 多万人死于交通事故,每年交通事故造成的经济损失高达 5180 亿美元。将 DSRC 技术应用于交通安全领域,能够提高交通的安全系数,作用是减少交通事故,降低直接和间接经济损失,以及减少地面交通网络的拥塞。

如图 6-16 所示,当前面车辆检测到障碍物或车祸等情况时,它将向后发送碰撞警告信息,提醒后面的车辆潜在的危险。另一情形为,在路边紧急停车的车辆向靠近自己的车辆发送警告消息,提醒它们不要进入危险区域。车—车通信的应用还包括转弯速度控制、车队管理及安全超车等。

4) IEEE 802.11p 标准

IEEE 802.11p 又称 WAVE(Wireless Access in the Vehicular Environment),是一个由 IEEE 802.11 标准扩充的通信协定。这个通信协定主要用在车用电子的无线通信上。它在设定上是从 IEEE 802.11 来扩充延伸,以符合 ITS 的相关应用。应用的层面包括高速率的车辆之间以及车辆与 5.9×10^3 MHz($5.85 \times 10^3 \sim 5.925 \times 10^3$ MHz)波段的标准 ITS 路边基础设施之间的资料数据交换。IEEE 1609 标准则是以 IEEE 802.11p 通信协定为基础的高层标准。

IEEE 802.11p 将被用在车载通信或称专用短距离通信,在 DSRC 系统中,这是一个美国交通部(U. S. Department of Transportation)基于欧洲针对车辆的通信通信网络,特别是电子道路收费系统、车辆安全服务与车上的商业交易系统等的应用而设计中长距继续传播空气接口(Continuous Air Interfaces-Long and Medium Range,CALM)系统的计划。该计划最终是建立一个允许车辆与路边无线接取器或是其他车辆间通信的全国性网络。这项工作是建立在其前导的 ASTM E2213-03 计划的基础上的。

IEEE 802.11p 对传统的 IEEE 802.11 无线网络技术加以扩展,可以实现一些对汽车非常有用的功能:更先进的转递机制(Handoff Scheme)、移动操作、增强安全、识别(Identification)、对等网络(Peer-to-Peer)(特别)认证,最重要的是,在分配给汽车的 5.9GHz 频率上进行通信。802.11p 将充当 DSRC(专用短程通信)或者面向汽车的通信的基础。汽车通信可以在汽车之间进行,也可以在汽车与路边基础设施网络之间进行。

从技术上看,IEEE 802.11p 对 IEEE 802.11 进行了多项针对汽车这样的特殊环境的改进,如热点间切换更先进、更支持移动环境、增强了安全性、加强了身份认证等。由于技术要实现真正商用,不同厂商产品间的互通性至关重要,因此首先将 IEEE 802.11p 标准在 IEEE 获得通过必不可少,现在看来这似乎不是什么难事。再看目前的汽车通信市场,很大程度上由手机通信所占据,但客观上说,蜂窝通信覆盖成本比较高昂,提供的带宽也比较有限。使用 802.11p 有望降低部署成本、提高带宽、实时收集交通信息等,而支持身份认证则有望使 802.11p 代替 RFID 技术。

如图 6-17 所示是 IEEE 802.11p 系统运行的环境,其中包含 OBU 及 RSU,而在 RSU 后端有骨干网与后端服务器连接,由后端服务器触发前段 RSU 发送广播信息。如交通安全信息、通告 RSU 连接能力以及如何存取 RSU 后端服务器的资源。

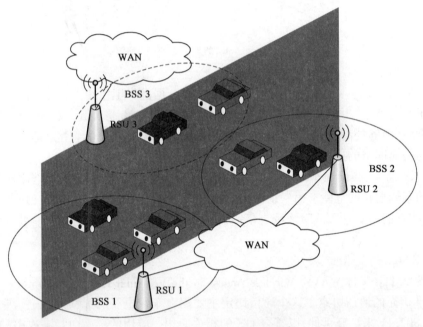

图 6-17 车辆与网络连接示意图

车辆行驶在道路上,可以连接至互联网,如图 6-17 所示,道路设备可透过接口连接至互联网,而车辆形成一个基本服务群,又叫作车网服务群(Wireless Access in Vehicular Environments Basic Server Set,WAVE BSS),其中车载设备由道路设备提供具有服务品质的媒体服务传输。设备中的车辆电子设备包括计算机系统、界面设备(电子收费设备、屏幕输入输出设备),具有无线天线设备的道路设备等。而道路设备则由无线网络连接至互联网,将车载设备所传送资料传送至远端服务器。

【复习思考题】

6-1 信息通信从业务角度来看,可以划分为几个大类?各包括哪些内容?

6-2 阐述 IEEE 802.11p 在交通上应用的优点。

6-3 对主动式与被动式的 DSRC 的通信进行比较,找出它们各自的特点。
6-4 试述 DSRC 的结构体系和 DSRC 通信的特点。
6-5 试述在车辆中 CAN 总线的作用。
6-6 在交通信息的传输过程中主要使用了哪些数据通信形式?
6-7 对无线传感器的组成进行论述。试在交通中的应用进行举例,说明其工作原理。

第7章
交通信息应用技术

交通信息采集或处理后的信息是为应用服务的,所以信息最终还是要用各种方式展示或告知信息最终用户。

信息发布逐渐成为机场、车站、港口等单位保障正常管理的业务流程的重要环节,这是因为它是直接面向用户提供公共服务、保障公众信息畅通的重要手段。随着液晶电视、电视墙等各种显示设备的普及,文字、交互、多媒体等展示手段也日益丰富,如何提高信息发布的质量、加快信息发布的速度也是信息发布需要研究的主要内容。

7.1 信息发布内容与服务对象

交通信息发布的内容很多,但是大体是展现人、车、路等信息。较为常见的是人、车、路等几类信息经过处理以后的信息,有路况信息、交通道路事故信息、交通道路环境信息、公共交通换乘信息等,其他还有针对人、车、路的个体信息,如车况信息、行人或驾驶员的年龄信息、性别信息、道路的线路信息等。信息的服务是城市交通信息系统追求的目标,一个完善的交通信息系统应能通过信息发布功能最终是为出行者提供出行服务,故此信息发布的功能应提供如下信息服务提供当前出行相关信息、提供与出行目的地相关信息、提供实时交通信息和线路导航信息、提供公共交通信息。

总的来说,交通信息发布就是根据政府决策、规划管理、公众应用、企业管理用户需求,建立方便的查询与信息获取途径。

7.1.1 发布信息分类

1)按照信息变动的频率划分

发布的交通信息可以划分为静态信息、动态信息以及其他相关信息。静态信息是在较长的时间内相对稳定的交通信息。静态信息包括有关的交通地理信息、城市交通结构、城市交通基础设施、城市交通政策和法规及城市交通管理体制等信息。动态信息是指分布在城市道路网中的实时交通状态,根据实际交通状况时刻变化的交通信息。动态信息包括反映城市交通流实时状况的特征参数、交通事故信息、诱导信息、实时的交通管理控制信息、车辆和出行者需求服务信息等。其他信息包括一些动态信息和静态信息未包含的一些信息,如气象、旅游、购物、娱乐、体育场馆、医疗、教育等信息。

2)按照服务对象的不同需求划分

交通信息发布系统所服务的用户对交通信息的需求有很大差异。用户包括管理部门、自驾车出行用户、乘坐长途客运车辆的旅客、城市公共交通乘客和选择其他出行方式的用户等。其中管理部门对信息需求最为复杂。管理部门对交通信息的需求主要有交通网络状态信息、车辆位置信息、停车位使用信息、交通设施动态管理信息、各类交通设施及紧急救援装备与部门的地理位置、突发事故信息、驾驶员与车辆档案信息、运输信息,及其他的气象、集散、收费价格、环境污染等相关信息。

7.1.2 交通信息发布的主要内容

作为交通信息发布的主要有重要参考价值的内容,有路况信息、交通事故信息、交通环境信息、公共交通换乘信息等。

1)路况信息

路况信息狭义上是指道路的路基、路面、构造物及附属设施等的技术状况。广义上就是除上述狭义的范畴之外,还包括路面上的车流状态等信息,如是否塞车、车流速度是否正常、道路是否占用施工等。这些信息可以划分为动态路况信息和传统的静态路况信息。

通常,路况信息对驾驶员来说是最关心,也是最为重要的信息,这些信息的获得为驾驶员出行线路的选择提供了重要的参考依据。管理、规划部门也是这些信息的获得者。

2)交通事故信息

作为信息服务的对象不同,需要发布的信息也是有不同的内容。对于驾驶员来说,事故信息的发布起到交通诱导以及交通警示、教育的作用;对于交通管理部门来说,需要发布的是事故的起因、事故的时间、时间的地点等信息,而对交通规划等部门需要的则是更为复杂的信息,除上述信息外,还有事故的车道、车辆的特点、属性等。

3)交通环境信息

道路环境信息是指对一切自然资源与人文社会现象在空间位置上的统一的数字化表示。具体来说,是指以通信技术为特征,在统一的规范标准环境下,全面系统地解释和反映与交通相关的自然、社会和人文现象的信息体系。交通环境信息具有信息量大、离散程度高、信息源广、各种信息处理方式不一致等特征,包括气象信息、路面物理信息、道路管理信息、车辆易发生冲突点信息等。同样,这些信息的提供可以是多个服务对象,并存在差异。

4)公共交通换乘信息

公共交通换乘信息主要的服务对象是出行人员,并且是以公共交通为主要出行工具的人群。公共交通换乘信息的发布有助于快速疏散一些人口集中区域的人群数量,如公共交通停靠站点或站场,甚至是多种交通共存的区域环境。公共交通换乘信息种类很多,如公交线路换乘、地铁换乘、轨道交通与城市交通的换乘等信息。

7.1.3 交通信息发布中的服务对象

在交通信息发布系统中,主要面向政府部门、企事业单位、社会公众三大类用户进行服务。

政府部门主要兼有城市交通综合决策部门、公安交通管理部门、货运部门、道路建设养护部门、交通规划部门、紧急事件处理部门环保及气象等部门。政府部门获取信息是为了进一步为社会公共出行提供政策保障。

企事业单位主要包括公共交通部门(公交、地铁、出租车、城市货运)、学术机构及科研部门等。以企事业单位服务为对象,信息服务的目的是为公共出行服务提供实施保障与科研保障。

社会公众就是需要出行的主体,即行人、乘客、驾驶员等。

7.2 现代交通信息应用方法

交通信息的应用主要提供给交通流诱导系统及交通控制系统。其中,交通信息发布是交通诱导系统的主要子系统,交通信息发布主要是指交通信息通过各种方式让信息需求人群获得消息的手段及其过程。由于时间与技术上的差别,可以分为普通方式的信息发布形式及现代信息化条件下的信息发布形式。

交通信息发布的传统发布途径是采用传统的形式把信息展现给公众的手段或者方法,比如通常的展现方式有道路指挥的交通指挥棒、口令、哨子、信息发布栏、邮寄等。特性就是需要人的参与,并且劳动强度较大。

现代交通信息发布需要一些特定的发布装置,基于这些装置发布的信息主要体现为以图形图像以及语音发布。

7.2.1 现代交通信息发布概述

现代信息发布在传统的基础上,出现了信息化装置、手段及技术的引入,使得传统的信息发布形式产生了多样化。信息发布是信息最终提供给最终信息用户的信息服务途径,并且是信息采集与处理后的信息出口。信息发布的现代信息展示载体由可变信息情报板、交通信号灯控制、可变路标、GPS 路径导航、车载单元、公交站牌及手机网络 3G/GPRS、互联网等无线或者有线的网络等方式构成。根据目的不同,需要信息发布的装置不尽相同,采用的网络也不尽相同。如对于出租车的调度,采用手机、步话机等方式即可,而对于复杂的城市交通流的诱导,需要对出行者进行精确的信息告知。故此信息发布的手段和形式就存在多样化,在某种程度上来说能够覆盖各类现代化的信息发布方式。

现代信息发布装置形式主要基于企业网或者互联网等多种发布形式的网络终端或者相关联设备,它通过计算机网络来发送和显示多媒体信息,可以展示丰富多彩的信息或情报,能够更进一步与基础系统相结合。及时、自动地按照需求展示信息,这极大地提高了商业运作的效率、信息反馈的及时性,增强了信息的展示效果。

信息发布装置是指以声音、图像、文本、视频等展示给服务对象的终端设备。根据展示的内容不同,有图像(视频)显示、声音播报等。其中,图像(视频)显示等信息发布装置在交通信息发布中占有重要地位。

对于ITS来说,现代信息发布装置是最终展示给服务对象的工具,具备把提供服务的声音、图像、文本、视频等显示出来的功能。因此,设备本身的功能是由发布信息内容决定。具体发布策略见表7-1。

交通诱导发布策略对比 表7-1

诱导信息发布策略	特点	内容	信息类型
可变情报板	系统完善、功能健全,内容丰富、色彩鲜明,反应迅速,易于接收。具有较高的稳定性、适应性。但是造价较高,位置固定,易受极端自然灾害的影响	实时交通状况、诱导信息、交通宣传信息、交通管理信息及其他信息	文字、图形
互联网	内容丰富,形式多样,数据详细,易于接收。但依赖于外部设备,数据繁杂,信息量大	各类交通信息	文字、图形、视频、音频等
车载终端	模式固定,双向交互,功能较多,根据输入输出诱导信息。但使用环境固定,信息内容单一,操作较为复杂,分散驾驶员注意力	地图查询、路线诱导、GPS导航等	文字、图形、音频
交通热线	模式固定,双向交互,针对个体需求提供信息服务,效率较高。但形式单一,依赖通信设备	路线查询、紧急救援、交通业务等	音频
交通广播	模式固定,内容丰富,但针对性较低,难以满足特定需求,且依赖外部设备	实时路况信息、交通宣传信息及其他交通信息	音频
短信服务	模式固定,业务种类丰富,具备较强针对性。但信息内容较少,依赖外部设备	交通管理类信息	文字

7.2.2 图形图像发布方式

电子显示装置主要体现在可变情报板、交通信号灯、GPS导航仪以及公共电视等媒体。这些装置的使用是与电子设备的使用分不开的。

1)可变情报板

可变情报板(Variable Message Sign,VMS 或者 Changeable Message Sign,CMS)显示的信息来自信息采集后进行过处理信息,或者显示即时采集的信息。VMS可以是道路上架设的展示路况、路面环境等警示信息,也可以是提醒驾驶员的其他信息,而CMS可以是测速器的速度展示,即通过雷达测速,然后直接展示在可变情报板上的信息内容,通常VMS应用更为常见。可变情报板是交通诱导系统的主要组成部分之一,大多采用LED点阵式显示屏幕,还有其他显示光源,比如灯泡、液晶显示等,但是大多数是采用发光二极管(LED)的显示方式。可变情报板可按所需显示的信息条数多少,可选用滚动式、翻板式或点阵式等显示。

可变情报板主要用于：为驾驶员提供交通异常事件信息、可变限速标志、行程时间显示板、收费站信息显示单元、停车换乘标志、停车场诱导标识等。

VMS 是动态标志板的一种，通常用在道路口、大桥、隧道、高架、高速道路等设施上，建立醒目的交通诱导信息板，用于指示驾驶员前方的交通状况、道路情况和偶发性事件等信息，尤其是诱导高架路的主线、进出口的行车路线，及时准确地为驾驶员提供哪条高架道路最方便、快捷的信息。它与交通信息广播和车载导行系统一道成为重要的信息发布手段。实质上，可变情报板是对交通信号系统自适应控制系统的补充，是更高一级的管理控制系统。

图 7-1　交通可变情报板外观

此外，在各类交通信息发布的设备中，VMS 在交通流诱导系统中发挥重大作用。这是因为交通可变情报板与其他信息发布的设备相比，具有一些不可替代的优势：直观、对驾驶员的行为影响最低、价格低、易实施等。交通可变情报板在应用上不同，外观会有所差异，设置在道路交叉口的交通可变情报板（图 7-1），通过表示路段的颜色区分道路的畅通状态。

VMS 按发布信息内容的形式可分为三类：文字式、图形式、图形文字混合式。文字式 VMS 是以文字的方式发布路网诱导信息，适用于信息量较少的情况，可细分为方案选择式和自动合成式两种；图形式 VMS 利用图形表示整个（或一部分）路网结构，用色块实时地显示路网中的服务水平和（或）行程时间，适合较多信息的场合，包含可变式和固定式。图形文字混合式图形和文字综合使用，是图形板的初级形式。

2）交通信号灯

交通信号灯作为一种信息的展示手段，大多应用在桥梁、城市道路、高速路、隧道等处。在形式上有爆闪灯、路口信号灯等。这些形式的信号灯具有不同的功能，在非机动车和机动车的道路管理控制上具有重要的作用。

交通信号灯是交通信号中的重要组成部分，是道路交通的基本语言。交通信号灯由红灯（表示禁止通行）、绿灯（表示允许通行）、黄灯（表示警示）组成。道路交通信号灯是交通安全产品中的一个类别，是为了加强道路交通管理、进行交通发布指挥信息、减少交通事故的发生、提高道路使用效率、改善交通状况的一种重要工具。适用于十字、丁字等交叉路口。道路交通信号灯通过历史数据或者数学模型来驱动，由道路交通信号控制机控制，指导车辆和行人安全有序地通行。

3）公共电视

公共电视，因安装场合不同，作用也不同。安装在公共交通上的有娱乐、报站以及广告等特点。而安装在车站、机场等地方的公共电视，除有以上功能外，还具有未来的交通环境、车辆或飞机的出发与到达的时间等信息。

4）GPS 导航仪

GPS 导航仪能够帮助用户准确定位当前位置，并根据既定的目的地计算行程。一般来说，GPS 导航仪是通过地图显示和语音提示两种方式，引导用户行至目的地的仪器，广泛用于交通、旅游等方面，通常我们用到的是车载 GPS 导航仪。电子地图是地理信息系统的一种可视化产品,具备地理信息的大部分功能,能以数字信号和模拟信号清楚地登录在显示屏上,把交通路线及周围环境以视觉和听觉的形式发送给驾驶员。

5)车载显示装置

车载显示装置是具有不同功能的车载交通信息路线导航的显示设施。有些车载显示装置具有交通状况及路线导航先进功能外,也有影像导航功能、触摸式面板查询功能,或者有面向更多需求的服务功能,如光盘、磁带、收音机、无线宽屏显示器等。在 ITS 中,又集成了 GPS 导航仪、GIS,甚至娱乐等功能为一体的车载单元装置。

6)其他

在电子显示装置中,还有一些其他电子设备,它们同样也具有交通信息的展示功能,比如电脑显示屏、监控中心大屏幕显示器、手机、PDA 等设备。随着技术的不断进步,这些设备也最终将成为交通信息化的重要组成部分。

7.2.3 语音发布方式

语音发布方式是借助有线或无线等方式传送语音信息的,包括无线电广播、车载设备语音提示、步话机等。在车载设备中,语音信息采用无线电波传输的方式较多。

这些信息传递方式缺乏一定的声、光效果,在需要提示的位置,可能会出现信号阻断,造成信息缺失。作为语音方式,避免了驾驶员在车辆驾驶过程中看信息而导致的精神不集中的问题,诸如 GPS 车辆导航的语音报出导航路径等。语音方式同样也是驾驶员获取无线电交通广播等交通信息的有效方法。

语音方式大多采用的地域是人口比较集中的城市内无线广播能够覆盖的区域。此外还有点对点的通信方式,如步话机的通信,这种语音信息主要应用在人烟稀少的野外交通中。

当前,语音方式应用主要集中在交通广播与语音导航两个方面,其中,语音导航的研究越来越深入,在智能交通系统中起到更大的作用。

语音导航的语音命令非常简单,不过需要具备两个前提:首先,是需要将用户可能用到的命令词信息提供给语音识别系统,其中命令词包括菜单操作的功能名称和导航 POI(Point of Interest)信息。其次,是需要一个麦克风识别用户的语音信息,车载设备商可以在转向盘或导航设备上安装一个语音识别启动按键,通过按动识别键启动语音控制系统,用户对着识别麦克说出自己的需求命令,系统通过识别用户的语言,实现用户的要求。

语音技术在智能交通中的深入应用,真正解放了用户的双眼、双手,提高了用户驾驶安全等级,使用户充分享受语音科技的无穷魅力,并为汽车产业与智能交通发展创造新的未来。

1)Telematics 系统语音应用

车载信息服务(Telematics)是 Telecommunication 与 Information 的合称,是通过无线网络随时给行车中的人们提供驾驶、生活信息等的服务系统。它是无线通信技术、卫星导航系统、网络通信技术和车载计算机的综合产物,被认为是未来的汽车技术之星。

Telematics 主要功能包括交通信息与导航服务、道路救援与车辆故障诊断、娱乐信息接收与个人通信服务。智能语音技术在 Telematics 系统中应用占有重要地位。

基于智能语音合成技术是通过 Telematics 提供的服务,为用户语音播报天气情况、交通地图、实时路况信息,甚至是动态新闻、E-mail、小说及自主选择的各种文字信息。基于智能语音识别技术,用户可以对 Telematics 提供的服务进行语音命令操作与语音信息查询,在驾驶或紧急情况下,省去了层层菜单操作带来的麻烦,也避免了手动操作带来的安全隐患。

当汽车行驶中出现故障时,用户只需要连接数据库中心(或服务热线),语述车辆故障状况,数据库中心通过语音识别了解用户的描述内容,进行远程车辆诊断,找出车辆故障原因,或者将相关信息反馈给离事故地点最近的维修点,以方便维修人员在最短的时间内赶到事故现场。只要发出语音命令,用户甚至可以通过语音命令与家庭网络服务器连接,随时了解家中的电器运转情况、安全情况及客人来访情况等。

在美国汽车业,率先使用 Telematics 系统的是通用公司。通用公司将 OnStar-Telematics 技术用于商务领域。当汽车出现故障时,只要驾驶员按下后视镜旁边的按钮,OnStar 即可通过无线通信连接到通用服务中心,同时利用卫星定位系统,将准确的车辆位置传递给服务中心或销售店。

2)LBS 系统语音应用

定位服务又叫作移动位置服务(Location Based Service,LBS)。它是通过电信移动运营商的网络(如 GSM 网、CDMA 网)获取移动终端用户的位置信息,为用户提供相应的位置服务。当驾驶车辆走到某个地方,就可以获得这里周边的各类资料,不管是餐厅、商厦,还是便利店的资料,都能获得。

基于智能语音技术的 LBS 系统,用户通过语音就可以便捷地找到想要的定点信息,如附近餐馆、咖啡厅、停车场、商贸中心或旅游景点等,系统借助语音识别技术识别用户的需求,并按照距离用户当前位置的远近,搜索到满足要求的定点信息详细情况,并通过语音合成系统将相关信息播报给用户。

经常往返于固定线路的用户,可以定制在指定时间为其提供交通堵塞、交通事故、新建道路、道路施工、气候变化及停车位等服务信息,当车辆行驶至该路线时给予相关动态交通信息的语音提示。用户也可以通过数据库中心(或服务热线)查询指定线路的交通状态信息。基于语音识别技术,数据库中心(或服务热线)能自动解答用户所需要的实时交通信息,帮助用户快速出行,及时到达目的地。

对于出租车、公共汽车、高等级公路客运、长距离货运、物流配送等运输车辆,管理部门可随时对车辆进行跟踪和监控,并通过语音播报了解车辆的运行轨迹,加强对车辆的集中管理和调度,提高交通运输效率,有效改善城市交通状况。例如出租车管理部门可以监控出租车的行车路线,并以语音播报形式反馈出租车驾驶员附近位置的搭乘信息,如果遇到陌生路线,驾驶员可以通过与数据库中心的网络连接进行语音交互查询,顺利找到目的地的具体位置。

目前,LBS 广泛应用于各国的智能交通领域,如在日本东京用来缓解市区交通压力,在韩国用于检测实时交通状况以减轻高速公路的瓶颈,在欧洲用于道路管理系统等。凭借智能语音技术,LBS 在管理交通事务、处理紧急事故、提高道路的通行能力和安全系数等应用领域都将起到至关重要的作用。

7.2.4 其他的信息发布途径

随着时间的推移,原有的信息发布媒介或装置改变了自身的应用范围,增加了交通信息发布的一些形式。新出现的这些交通信息的发布方式大多在现有信息发布方式中变异产生,如公交车的外体广告、地图等。

【复习思考题】

7-1　简述交通信息发布的信息分类。

7-2　简述交通情报板的作用。

7-3　交通信息发布服务对象主要有哪些群体？发布主要有哪些内容？

7-4　试述交通信息发布的主要装置及信息发布的主要方式。

第8章 交通信息其他技术及方法

交通信息工程涉及的内容繁杂,可以是完整的管理系统,也可是控制系统。交通信号机作为交通控制的主要手段,在交通信息工程应用中起着重要的作用。

8.1 浮动车技术

浮动车(Float Car Data)技术,也称作"探测车(Probe Car)",是近年来智能交通系统(ITS)中所采用的获取道路交通信息的先进技术手段之一,在国际上也较为通行。其基本原理是根据装备车载GPS的浮动车在其行驶过程中定期记录车辆位置、方向和速度等信息,应用地图匹配、路径推测等相关的计算模型和算法进行处理,使浮动车位置数据和城市道路在时间和空间上关联起来,最终得到浮动车所经过道路的车辆行驶速度以及道路的行车旅行时间等交通信息。在城市中部署足够数量的浮动车,并将这些浮动车的位置数据通过无线通信系统定期、实时地传输到一个信息处理中心,由信息中心综合处理,就可以获得整个城市动态、实时的交通拥堵信息。浮动车应用车辆可以是出租车、公交车、长途汽车、私人小汽车或者货运车辆等。

8.1.1 浮动车信息采集系统功能

浮动车辆通常是指装有定位和无线通信装置的车辆,其所采集的数据一般包括时间、位置坐标、瞬时速度、行驶方向、运行状态及其他内容。通过对采集的数据进行处理,可获取道路的交通量、平均形成时间、平均速度等需要的数据。测定方向上的交通量 q:

$$q = \frac{x+y}{t_a+t_c}$$

式中:q——道路上参考方向交通量;
  x——观测车反方向参考方向行驶时遇到的车辆数;
  y——观测车沿参考方向行驶时的净车辆数(超过观测车的数量减去被观测车超过的车辆数量);
  t_a——观测车反向参考行驶的车辆运行行程时间;
  t_c——观测车沿参考行驶的车辆运行行程时间。

平均行程时间 $\bar{t}$:

$$\bar{t} = t_c - \frac{y}{q}$$

平均速度 $\bar{u}_s$:

$$\bar{u}_s = \frac{l}{\bar{t}}$$

式中:l——路段距离。

浮动车交通信息采集是指通过采集浮动车辆运行数据并进行分析处理,将其应用于交通信息服务、交通管理及停车诱导等方面。浮动车交通信息采集系统主要实现功能,如图8-1所示为浮动车信息采集系统功能。

图 8-1 浮动车信息采集系统功能

1)浮动车交通流数据采集

浮动车辆交通流数据采集是指通过浮动车辆的GPS定位装置等,采集运行数据并通过无线通信网络将运行数据传回信息控制中心。为了能够建立有效的、系统性的交通流运行数据,必须确定浮动车数量规模、采集频率和传输频率等参数。

2)交通流数据处理

交通流数据处理是指采用地图匹配方法将浮动车采集到的车辆数据与数字电子地图数据库中的道路信息进行比较,通过一定的匹配算法确定车辆可能的位置和最可能的行驶路段。浮动车地图匹配算法是浮动车系统设计关键之一。

3)路段交通流状态分析

交通流分析是指在地图匹配基础上估算路段旅行时间和平均速度,通过对路段旅行时间和平均速度估算的结果与预先设定的阈值比较,判断路段畅通、拥挤、堵塞等不同状态,并将路段的实时交通流状况显示在电子地图或可变情报板上,从而为交通服务、交通管理和出行者提供实时直观的交通状态信息。

4)信息无线传输

信息无线传输是指以无线接入网(Wireless Access Network,WAN)和分组交换公共数据网

(Packet Switched Public Data Network,PSPDN)之间的网关实现浮动车采集信息的互传。无线互联除了能够实现数据的高速传输功能外,车辆驾驶员还能够通过它接入 Internet,随时随地收发电子邮件和娱乐等。

8.1.2 浮动车技术特点

随着浮动车技术的不断发展,功能上的不断完善,同时也为智能交通提供了有力的数据基础。浮动车技术具有覆盖面广、节省投资、采集数据多样、准确等特性,故此值得更进一步地深入研究与应用。具体如下:

(1)覆盖面比较广。浮动车是可以移动的,因此随时采集到城市道路网中各条路线的信息。

(2)投资省。浮动车是指装有 GPS 和无线通信装置的普通车辆,这些车辆包括出租车、公交车、警车以及部分私人小汽车。浮动车技术就是利用现有的车辆,将采集的交通信息数据传输到交通信息控制中心,从而得到道路中的交通状态,因此大大节省了浮动车系统的成本。

(3)采集数据多样、准确。浮动车技术可以采集道路中车辆的位置、速度、时间等交通信息。采集到的交通信息可供分析道路运行状况、交通事件发生原因、提供交通诱导服务等事项使用。而且浮动车技术采集的实时交通信息数据为交通部门进行道路规划提供了准确的数据。浮动车可以当作城市路网交通状况的"指示器",可以帮助道路的交通管理者更准确、及时地发现交通事件,有利于防止拥堵的形成和疏导拥挤路段的交通。

8.1.3 浮动车工作原理

如图 8-2 所示,浮动车通过车载设备控制器,先将 GPS 接收机接收到的卫星定位信息数据存储在数据存储器中,然后通过无线通信网络,按照一定的周期将数据发送到交通信息控制中心。

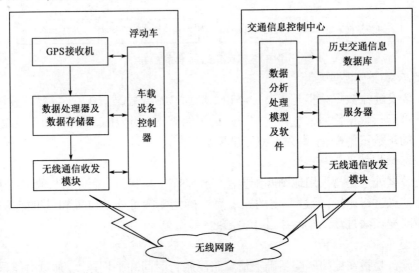

图 8-2 GPS 浮动车交通数据采集框图

无线通信网络实现交通信息数据的交换,常用的通信技术包括常规通信技术、CDMA、GRPS、3G 通用无线分组技术、无线数据广播技术、专用数据通信和卫星通信技术等。

交通信息控制中心利用各种数据分析处理模型及相应的软件,对采集的数据进行综合分析以获取实时信息和道路网交通状态,并通过无线通信网络发布信息,为交通出行者和管理者提供诱导信息和指挥调度信息。

(1) GPS 浮动车定位。

浮动车技术已发展成为新型的道路交通信息采集的方法。GPS 具有全球、全天候、连续、实时提供高精度的三维坐标、三维速度、时间等信息的特点,实现全球导航定位。浮动车技术利用了 GPS 的特性及先进的无线网络技术共同实现这种在 ITS 系统中的交通数据采集的系统方法,如图 8-3 所示。因此,GPS 浮动车技术具有覆盖率广、全天候、连续、实时等特点,通过浮动车的位置、速度、时间等,可以准确记录道路上的交通信息。GPS 浮动车交通信息采集系统目的是通过采集的交通信息进行分析,预测整个城市路网的交通状况,为交通管理者和出行者提供可靠的道路交通信息。

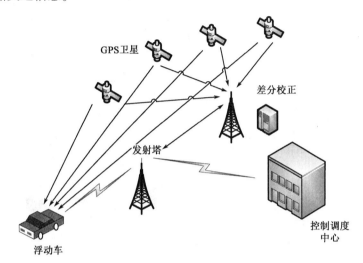

图 8-3　GPS 浮动车定位示意图

(2) GPS 浮动车数据采集。

浮动车数据采集如图 8-4 所示,数据采集时,通过安装有 GPS 接收机的浮动车采集道路上机动车等的运行数据,再通过车载的无线通信终端设备,采用 GPRS/3G 等通信技术,将上述数据信息实时传输给数据控制中心,同时还接收数据中心发送的控制命令。采集的数据信息主要有车辆交通流量、流速、时间、经纬度、海拔高度、速度、角速度等。

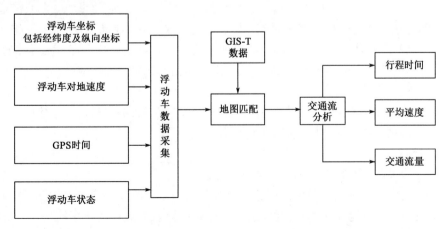

图 8-4　GPS 浮动车采集交通数据过程

8.1.4 基于3G技术的浮动车信息采集系统

由于早期的浮动车采集技术采用了 GSM 或 GPRS 等技术进行数据传输,使得数据传输并不可靠。这是因为 GSM 数据传输是一种非在线的网络形式,即短信方式传输数据,而 GPRS 数据传输在移动接入与数据传输速度等方面均得不到有效保障,故而较为先进的3G无线传输方案得以快速发展与广泛应用。基于3G移动通信技术的浮动车信息采集系统由浮动车数据采集、地图匹配、交通流分析及3G无线互联网络四个子系统组成,系统网络总体构成如图8-5所示。系统各子系统设计分别阐述如下。

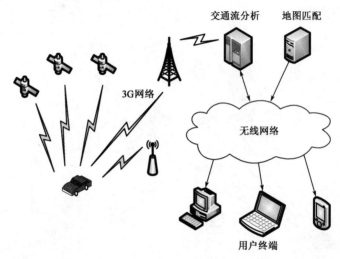

图8-5 浮动车系统构成

1) 数据采集子系统

数据采集子系统通过路网上行驶的安装在浮动车上的车载端 GPS 接收器采集车辆运行数据;通过车载端的无线通信终端设备,采用3G通信技术将上述信息实时传输给数据控制中心,同时还接收数据中心发送的命令。该子系统主要完成车辆交通流、时间、车辆位置经度及纬度、速度、方向角和运行状态等数据采集。

数据采集子系统设计时主要考虑采集浮动车覆盖率、计算时间间隔、采集时间间隔、测量时间等参数。一般情况下,在高速公路上,只要浮动车覆盖率达到3%即可,在城市道路上覆盖率为5%即可达到满意效果。采集时间间隔必须考虑覆盖率,浮动车覆盖率低,采集间隔应当缩小,反则增大。可以在工作站运用一些更加精巧的估计算法来减小其对实时性的影响,一般取数据采集频率为1min,上传数据到中心频率为5min。

2) 地图匹配子系统

地图匹配是实现整个浮动车采集信息系统功能的关键,目的是减小 GPS 数据和 GIS 数据的匹配误差。为此,要对数据进行预处理并确定匹配路段。

(1) 数据预处理

数据预处理包括对 GIS 数据和地图数据预处理两个方面。

由于 GIS 数据一般是以矢量格式存储且所有路段都是以曲线形式表现的,为此,先将路段曲线预分割成为多条首尾连接的有向线段,从而使每条路段变成一些线段的集合,这样可以大大提高后续地图匹配的速度和效率。

为了缩小匹配路段的范围和针对性(方向),还要对地图数据进行预处理。首先进行地理坐标系转换,使浮动车定位数据和地图库数据所采用的地理坐标系一致。其次通过一定算法确定候选路段,常用的算法有:网格法、概率统计法、误差椭圆法、条带分割法等。网格法是将电子地图按照一定的网格进行划分,然后找到 GPS 点所在网格,该网格所包含的路段就是候选路段。

(2)匹配路段确定

目前,车辆定位导航采用的算法有 GPS 航迹匹配法、模糊逻辑法、A*、双向搜索法等,这些方法在 GPS 定位和导航中都有非常广泛的应用。它建立在一个道路网格拓扑结构之上,如图 8-6 所示,并且针对道路的实际情况设计了不同的道路匹配算法。

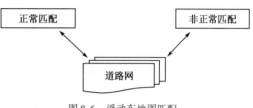

图 8-6 浮动车地图匹配

匹配模型是整个地图匹配模型的入口,实现待匹配道路的匹配,并对其进行排序,检查是否有道路符合道路匹配的条件,如果有,则匹配成功,否则进入下一个匹配模型。

对于大型城市的复杂道路,如主辅路、立交桥等,道路与道路之间的距离近,角度差小,有时投影到平面上几乎是重合的,在这样的路网环境下,通过单一 GPS 数据确定车辆的确切位置,需要通过相同车辆的多个 GPS 数据来联合判断车辆的行驶轨迹。

3)浮动车交通流分析子系统

交通流分析首先筛选符合条件的浮动车数据,建立动态交通流数据模型,然后依据此模型获得浮动车行程时间、平均速度、交通流量等交通信息。故此,动态交通流数据模型的建立是一个关键点。

(1)建立交通流模型

由于采集的信息中包含大量车辆,可能会产生一些错误信息和干扰信息,为了保证所采集的信息尽可能有效,必须对样本进行必要的筛选。首先,将这些数据按照车辆预先设定的编号进行区分,由于每个浮动车的编号在系统中是唯一的,所以根据车辆编码将数据进行分类很有必要。其次,设定一个阈值,当路段上某车辆的 GPS 数据点数小于一定阈值时,例如速度高于阈值,就认为是干扰数据(非正常数据),该车辆的信息将从数据中被剔除。最后,将符合条件筛选出的浮动车辆的 GPS 数据作为交通流样本模型,并以此样本模型计算每辆独立车辆的行程时间和平均速度。

(2)交通流数据估算

交通流估算是在计算出了独立车辆的行程时间和平均速度的基础上,确定浮动车的样本数并从中抽样进行交通流分析。样本数越大,估算结果的可靠性越高,但同时估算速度和效率也就越低。经过仿真实验,认为样本数最小为整个浮动车数目的 75% 即可满足估算要求。系统在需要估算的内容大致有平均速度、行程时间、交通流量等。

平均速度估算。平均速度可以用两种方法来计算,即时间平均速度和空间平均速度。时间平均速度是指道路某一断面车速分布的平均值,即断面上所有车辆点速度的算术平均值。空间平均速度是指在给定路段上,同一瞬间车速分布的评价值。

行程时间计算。行程时间估计的方法有两种:第一种是直接测量法,把观测路段分成小段,计算浮动车在每一小段的行程时间,然后把这些行程时间进行相加,得到总的行程时间;第二种是间接测量法,根据上面计算出来的路段平均速度,用路段长度除以路段平均速度,得到行程时间。

交通流量估计。交通流量估算是指在单位时间内,通过道路某一地点、某一断面或某一条道路的车辆数,一般流量和空间平均速度具有一定的关系,可以根据上面计算的空间平均值估计交通流量数据。

需要注意的是,当独立车辆数目小于最小浮动车样本数时,继续采用以上方法计算交通流参数将存在很大误差。

4)3G 移动互联子系统

3G 移动通信网络实现整个系统之间信息交换的互传,服务可以选用现有的各类移动手机通信 3G 网络。系统设备包括信息控制中心计算机、显示设备、控制设备、存储设备和车载导航设备及个人用户等。其中信息控制计算机用来为移动网络访问服务,这些访问首先经由服务器响应,然后通过服务器互传相应的交通信息。其他设备可以与车载娱乐设备或非导航与无线互联系统共用。系统选用 3G 网络主要有两个原因:

(1)3G 移动通信网络是由不同的运营商已经运行的网络,借用运营商的网络无疑是节省大量资金的一种选择。运营商的网络硬件投入、专门维护、规模化的经营都为系统节省大量支出。

(2)3G 网络在带宽、接入速度方面明显优于传统的 2G 或者 2.5G 网络,如 2G 的主流技术,数据传输速率为 9.6kbps;2.5G 技术与 GSM 网络配合,传输速度可以达到 115kbps;3G 在室内、室外和行车的环境中能够分别支持至少 2Mbps、384kbps 以及 144kbps 的传输速度。

8.2 分布式数据库(DDBS)技术

交通信息管理系统是一个庞大而且复杂的系统,包括各类交通事件、人、车、路等信息,同时兼有各类监控、智能处理的支持、交通 OA 及文档管理等功能。这些系统除有硬件支持与各种上层软件的效率之外,还需要数据库或者专家数据库等的支持。

随着传统的数据库技术日趋成熟,计算机网络技术的飞速发展和应用范围的扩大,以分布式为主要特征的数据库系统的研究与开发受到人们的注意。分布式数据库是数据库技术与网络技术相结合的产物,在数据库领域已形成一个重要分支。分布式数据库的研究始于 20 世纪 70 年代中期。世界上第一个分布式数据库系统 SDD-1 是由美国计算机公司(CCA)于 1979 年在 DEC 计算机上实现的。20 世纪 90 年代以来,分布式数据库系统进入商品化应用阶段,传统的关系数据库产品均发展成以计算机网络及多任务操作系统为核心的分布式数据库产品,同时分布式数据库逐步向客户机/服务器模式发展。总体来说,就是分布式数据库系统(Distributed Database System,DDBS)是数据库技术与网络技术相结合的产物,分布计算主要体现在客户机/服务器模式和分布式数据库体系结构两个方面。

传统的集中式数据库系统表现出它的不足之处。首先,数据按实际需要已在网络上分布存储,再采用集中式处理,势必造成通信开销大。其次,应用程序集中在一台计算机上运行,一旦该计算机发生故障,则整个系统就会受到影响,可靠性不高。再者,集中式处理引起系统的规模和配置都不够灵活,系统的可扩充性差。在这种形势下,集中式 DB 的"集中计算"概念向

"分布计算"概念发展。

8.2.1 分布式数据库概述

分布式数据库是一个物理上分布于计算机网路的不同地点,而逻辑上又属于统一系统的数据集合。网络上每个节点的数据库均有自治能力,均能够完成局部应用。同时每个节点的数据库又属于整个系统,通过网络也可以完成全局应用。

分布式数据库管理系统(Distributed Database Management System,DDBMS)是建立管理和维护分布式数据库的一组软件,结构如图 8-7 所示。

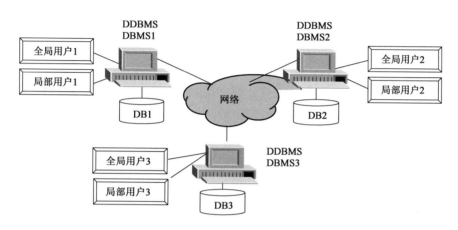

图 8-7 分布式数据库管理系统结构图

8.2.2 DDBS 的分类

根据 DDBS 的结构与数据库类型的组成,可以分为同构同质型 DDBS、同构异质型 DDBS、异构型 DDBS。

(1)同构同质型 DDBS 各个场地都采用同一类型的数据模型(譬如都是关系型),并且是同一型号的 DBMS。

(2)同构异质型 DDBS 各个场地采用同一类型的数据模型,但是 DBMS 的产品不同,譬如 DB2、ORACLE、SYBASE、SQL Server 等。

(3)异构型 DDBS 各个场地的数据模型的型号不同,甚至类型也不同。随着计算机网络技术的发展,异种机联网问题已经得到较好的解决,此时依靠异构型 DDBS 就能存取全网中各种异构局部库中的数据。

8.2.3 DDBS 的特点和优缺点

1) DDBS 的基本特点

(1)物理分布性。数据不是存储在一个场地上,而是存储在计算机网络的多个场地上。

(2)逻辑整体性。数据物理分布在各个场地,但逻辑上是一个整体,它们被所有用户(全局用户)共享,并由一个分布式数据库管理系统 DDBMS 统一管理。

(3)场地自治性。各场地上的数据由本地的 DBMS 管理,具有自治处理能力,完成本场地的应用(局部应用)。

(4)场地之间协作性:各场地虽然具有高度的自治性,但是又相互协作构成一个整体。对用户来说,使用 DDBS 如同集中式数据库系统一样,用户可以在任何一个场地执行全局应用。

2)DDBS 的其他特点

(1)数据独立性。

(2)集中与自治相结合的控制机制。

(3)适当增加数据冗余度。

(4)事务管理的分布性。

3)分布式数据库系统的优点

(1)适合分布式数据管理,能够有效提高系统性能。分布式数据库系统的结构更适合具有地理分布特性的组织或机构使用,允许分布在不同区域、不同级别的各个部门对其自身的数据实行局部控制。

(2)系统经济性和灵活性好。与一个大型计算机支持一个大型的冀中是数据库在加一些进程和远程终端相比,由超级微型计算机或超级小型计算机支持的分布式数据库系统往往具有更高的性价比和实施灵活性。集中式数据库系统强调的是集中式控制,而 DDBS 更多地强调各个场地局部 DBMS 的自治性,大部分的局部事务管理和控制就地解决,只有涉及其他场地数据时才通过网络作为全局事务处理。DDBMS 可以设计成不同程度的自治性,从具有充分的场地自治性到几乎完全的集中式控制。

(3)系统经可靠性高和可用性强。由于存在冗余数据,个别场地或个别链路的故障不会导致整个系统的崩溃。同时,系统可自动检测故障所在,并利用冗余数据恢复出故障的场地,这种检测和修复是在联机状态下完成的。

4)分布式数据库系统存在的问题

(1)系统设计复杂。分布式数据库的分片设计和分配设计依赖于系统的应用需求,并且影响系统性能、响应速度及可能性。分布式数据库的查询处理优化、事务管理、故障恢复和并发控制,以及元数据管理等,都需要分布式处理。

(2)系统处理和维护复杂。一般来说,在分布时数据库中存取数据,与集中式数据库系统相比,DDBS 更复杂,为保证各场地之间的协调,必须做很多额外的工作。

(3)数据的安全性和保密性较难控制。在具有高度场地自治的分布时数据库中,不同场地的局部数据库管理员可以采用不同的安全措施,但是无法保证全局数据都是安全的。安全性问题是分布式系统固有的问题。因为分布式系统是通过通信网络来实现分布控制的,而通信网络本身却在保护数据的安全性和保密性方面存在弱点,数据很容易被窃取。

8.2.4　DDBS 的构成

分布式数据库系统有两种表现:一种是物理上分布的,但逻辑上却是集中的。这种分布式数据库只适宜用途比较单一的、规模不大的单位或部门。另一种分布式数据库系统在物理上和逻辑上都是分布的,也就是所谓联邦式分布数据库系统。由于组成联邦的各个子数据库系统是相对"自治"的,这种系统可以容纳多种不同用途的、差异较大的数据库,比较适宜于大范围内数据库的集成。

分布式数据库系统(DDBS)包含分布式数据库管理系统(DDBMS)和分布式数据库(Distributed DataBase,DDB)。

在分布式数据库系统中,一个应用程序可以对数据库进行透明操作,数据库中的数据分别在不同的局部数据库中存储,由不同的 DBMS 进行管理,在不同的机器上运行,由不同的操作系统支持,被不同的通信网络连接在一起。

一个分布式数据库在逻辑上是一个统一的整体:在用户面前为单个逻辑数据库,在物理上则是分别存储在不同的物理节点上。应用程序通过网络的连接可以访问分布在不同地理位置的数据库。它的分布性表现在数据库中的数据不是存储在同一场地。准确地说,不存储在同一计算机的存储设备上,这就是与集中式数据库的区别。从用户的角度看,一个分布式数据库系统在逻辑上和集中式数据库系统一样,用户可以在任何一个场地执行全局应用。就仿佛那些数据是存储在同一台计算机上,由单个数据库管理系统(DBMS)管理一样,用户并没有感觉什么不一样。

8.2.5 分布式数据库管理系统(DDBMS)

分布式数据库管理系统(DDBMS)是建立、管理、维护分布式数据库的一组软件,一般由四部分组成:

(1)LDBMS(Local DBMS):局部场地上的数据库管理系统,其功能是建立和管理局部数据库,提供场地自治能力,执行局部应用及全局查询的子查询。

(2)GDBMS(Global DBMS):全局数据库管理系统,主要功能是提供分布透明性,协调全局事物的执行,协调各局部 DBMS 以完成全局应用,保证数据库的全局一致性,执行并发控制,实现更新同步,提供全局恢复功能等。

(3)全局数据字典(Global Data Directory,GDD):用来存放全局概念模式、分片模式、分布模式的定义以及各模式之间映像的定义,存放用户存取权限的定义,以保证全部用户的合法权限和数据库的安全性;另外,还存放数据完整性约束条件的定义,其功能与集中式数据库的数据字典类似。

(4)通信管理(Communication Management,CM):负责在分布式数据库的各场地之间传送消息和数据,完成通信功能。

DDBMS 功能的分割和重复以及不同的配置策略导致了各种不同的体系结构。按全局控制方式,可以分为以下三种:

1)全局控制集中的 DDBMS

这种结构的特点是全局控制成分 GDBMS 集中在某一结点上,由该结点完成全局事务的协调和局部数据库转换等一切控制功能。全局数据字典只有一个,也存放在该结点上,它是GDBMS 执行控制的主要依据。

这种结构的优点是控制简单,容易实现更新一致性,但由于控制集中在某一特定的节点上,不仅容易形成瓶颈,而且系统比较脆弱,一旦该结点出故障,整个系统就将瘫痪。

2)全局控制分散的 DDBMS

这种结构的特点是全局控制成分 GDBMS 分散在网络的每一个结点上,全局数据字典也在每个结点上存放一份。每个结点都能完成全局事务的协调和局部数据库转换的控制功能,每个结点既是全局事务的参与者又是全局事务的协调者。一般称这类结构为完全分布的 DDBMS。

这种结构的优点是结点独立,自治性强,单个结点退出或进入系统均不会影响整个系统的运行,但是全局控制的协调机制和一致性的维护都比较复杂。

3) 全局控制部分分散的 DDBMS

这种结构是根据应用的需要将 GDBMS 和全局数据字典分散在某些结点上,是介于前两种情况的体系结构。

另一种分类方法是按局部 DBMS 的类型分类。它区分不同 DDBMS 的一个重要特性是:局部 DBMS 是同构的还是异构的。同构和异构的级别可以有三级:硬件、操作系统及局部 DBMS。最主要的是局部 DBMS,因为硬件和操作系统的不同将由通信软件处理和管理。所以,定义同构型 DBMS 为:每个结点的局部数据库具有相同的 DBMS,如都是 Oracle 关系数据库管理系统,即使操作系统和计算机硬件并不相同;定义异构型 DDBMS 为:各结点的局部数据库具有不同的,如有的是 Oracle、有的是 Sybase,有的是 IMS 层次数据库管理系统。

异构型 DBMS 的设计和实现比局部型 DBMS 更加复杂,因为各结点的局部数据库可能采用不同的数据库模型(层次、网状或关系),或者虽然模型相同,但它们是不同厂商的 DBMS(如 DB2、Oracle、Sybase、Informix),它要解决不同的 DBMS 之间以及不同的数据模型之间的转换,要解决异构数据模型的统一交互问题。

现在的分布式数据库系统产品大都提供了集成异构数据库的功能,如使用 Sybase Replication Server,任何数据存储系统只要遵循基本的数据操作和事务处理规范,都可以充当局部数据库管理系统。

8.2.6 DDBS 在 ITS 中的应用

分布式数据库在交通信息化中,大量的数据存储中占有重要的地位,这是与交通行业的特点是分不开的,信息采集的范围大、需要的个体属性多,同时交通处于一种分层的管理模式,这些特征使得分布式数据库系统得以在 ITS 中得以应用与发展。

1) 交通综合信息平台

目前,各智能交通系统在空间上是分布存在,其操作平台、数据结构、数据标准等有所不同,且信息量巨大,为实现系统的集成化和智能化,需要各系统相互之间的密切协作。因此,作为智能交通系统多种数据与信息的交换枢纽及处理中心,交通综合信息平台需要满足分布式、开放、标准化的要求。

作为各智能交通系统进行协作的基础,交通综合信息平台主要包括以下几个方面的功能:首先,交通综合信息平台对来自异构数据源的数据进行处理,利用多种数据处理技术形成有效信息,并且利用数据仓库、数据挖掘、知识发现等技术获得单个系统所无法获得的信息和知识,促进各类交通信息的充分利用。其次,通过交通综合信息平台实现各个智能交通系统之间的数据共享和交换,从而有效地对各智能交通系统进行数据整合以及功能集成,实现系统的有效集成,提高系统效率;然后,交通综合信息平台可以基于所形成的大量有用知识建立交通辅助决策支持系统,对交通运输状况进行解释、预测、验证等,并通过一系列的推理与计算,为交通管理者、交通参与者提供辅助决策支持功能;通过建立交通综合信息平台,可以以数据流为纽带、利用信息化的手段并加以辅助决策支持功能,实现对各个智能交通子系统的有效整合与集成;最后,交通综合信息平台可以将共享的数据、分析的信息和挖掘的知识提供给多个用户对象,包括个人用户、系统用户与各类管理用户,从而实现交通信息的增值业务,延伸交通运输系统的服务内容。

交通综合信息平台应该具备的基本功能有信息汇聚、信息预处理、信息提供、信息展示与信息管理等。

信息汇聚功能。交通综合信息平台汇聚交通信息的功能,是指平台从政府管理部门、科研机构等不同机构接入交通信息资源,对信息数据进行标准化后在平台内进行一体化存储的功能。主要实现对三类交通信息的汇聚,即交通基础信息、交通实时信息、交通历史信息。

信息处理功能。对数据的预处理,即一级平台在收到接入系统的数据后,应对接入的数据进行正确性的检验,保证进入一级平台的交通信息数据是正确的。对接入数据进行标准化处理,即各个二级平台等信息源在向一级平台汇聚交通信息前,需要对信息进行标准化处理。

信息提供功能。交通综合信息平台提供交通信息的功能,是指平台根据各类用户需求,为用户提供平台汇聚管理的各类交通信息。平台将面向交通信息中心、政府机构、科研院所和社会公众,提供多种类型和多种方式的交通信息。

信息展示功能。交通综合信息平台信息展示应用的功能,是为用户提供展示应用,基于GIS系统对平台汇聚的各类基础信息、实时信息和历史信息进行图形化展示。具体包括基础地理信息和交通基础信息的展示、交通实时信息的展示、交通实时视频的展示和交通统计分析信息的展示。

信息管理功能。主要包括基础数据更新和版本控制功能、数据字典管理功能、数据质量管理功能和历史数据备份、恢复功能。

2)交通综合信息平台的 DDBS 构建

从物理上来说,交通综合信息平台(图 8-8)是由一系列相对独立运行,分布在不同地域或者物理点上的系统构成,这些相对独立的系统在整个交通综合信息平台中发挥着自己的功能和效益,这取决于系统的协调与整合。系统的整合也就是分布式数据库的整合。

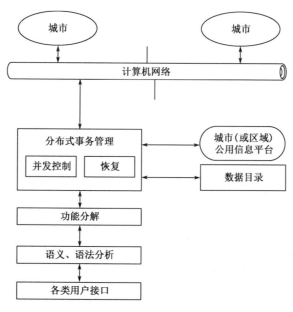

图 8-8 交通综合信息平台互联方案

3)数据仓库在交通综合信息平台中的应用概述

交通综合信息平台的数据量庞大,用于交通决策的查询也高度综合集成,并且还需要保证查询的响应时间,传统的数据库系统在这方面有一定的局限性,故此,需要用到数据仓库作为支撑。数据仓库主要包括三个基本的功能:数据获取,负责从外部数据源获取数据;数据存储和管理,负责数据仓库的内部维护和管理;信息访问,该部分属于数据仓库的前端,面向不同种类的最终用户,主要由桌面系统的各种工具组成。数据仓库的最终用户在这里提取信息、分析数据集、实施决策。

交通综合信息平台涉及众多的部门和应用系统,这些部门和系统通常分布在不同的地点,从而决定了交通综合信息平台的分布性和复杂性。由于数据仓库的建设所需要的时间、费用等资源较大,建设周期相对较长,因此,在交通综合信息平台建设发展的初期可通过建立虚拟数据仓库来实现交通综合信息平台的快速应用。

【复习思考题】

8-1 浮动车技术的主要特点是什么?
8-2 试述分布式数据库技术分类。
8-3 试述分布式数据库构成。

第9章 交通信息平台构建技术

现代交通信息平台中需要存储、交换大量的数据,并在数据处理量方面及在即时性上有较高的要求,故此系统不再是传统的意义上的系统所能够应对的,需要引入更多的技术方案对解决此类系统需求。

9.1 大 数 据

9.1.1 大数据概述

大数据是对大量、动态、能持续的数据,通过运用新系统、新工具、新模型的挖掘,从而获得具有洞察力和新价值的东西。面对庞大的数据,可能关注数据的目标会有所差异,因此不能了解到事物的真正本质,从而在科学工作中得到错误的推断,而大数据时代的来临,一切真相将会展现在我么面前。

大数据(Big Data)又称巨量资料,指的是所涉及的数据资料量规模巨大到无法通过人脑甚至主流软件工具,在合理时间内达到撷取、管理、处理并整理成为帮助决策更积极目的的信息。

在维克托·迈尔—舍恩伯格的《大数据时代》一书中提到大数据是指"不用随机分析法

(抽样调查)这样的捷径,而采用所有数据的方法"。大数据具有"5V"的特点:Volume(大量)、Velocity(高速)、Variety(多样)、Value(价值)、Veracity(真实性)。大数据通常用来形容创造的大量非结构化和半结构化数据,这些数据在下载到关系型数据库用于分析时会花费过多时间和金钱,故此,大数据与云计算常常联系在一起。

在交通行业信息化的过程中,信息的采集与处理会产生大量的数据原始数据,随着精细化的交通控制要求还会产生更多的数据,对数据的存储与读取有着较高的要求,大数据的应用方案会节省更多的人力、物力资源。

9.1.2 大数据处理

大数据与传统的数据库有很大的区别,这种主要体现在数据的采集、处理、导入等不同阶段。但是大数据本质上还是数据,关键技术还是在于存储与管理、大数据的挖掘和智能分析方面。

1)大数据的模式与构架

(1)大数据的处理技术改变计算机的与运行模式,能够处理几乎全部的数据,无论是结构化数据或非结构化数据的海量数据。

(2)工作速度,几乎可以达到实时。

(3)普及性,由于计算任务分布在大量个人计算机或服务器构成的资源池上,计算能力、存储能力及信息服务能力都得到提升,即采用廉价方式获取的巨量计算和存储能力。

2)大数据的存储和管理

(1)大数据的存储采用分布式存储方式,解决了海量数据的存储问题,降低访问延迟与读写速度。

(2)大规模集群管理,分布式应用可以更加简单地部署、应用和管理。

3)大数据的处理和使用

(1)采集阶段,大数据方案解决了并发数高的问题,在短时间内应对大量的用户访问和操作。

(2)处理方案多样化,可以采用传统的计算模型处理数据,无需过多考虑计算资源的问题,甚至不需要考虑优化算法,就能够处理大数据。

4)大数据处理计算技术

大数据时代需要处理的数据量是真正意义的海量,如处理这些数据需要有很强的处理能力,提升处理能力的方式有两种:

(1)提升处理的计算性能。主要是提升处理器的集成度与主频。随着集成电路技术的进步,处理器的主频也不断地提高。由于单颗处理器的集成度和主频提高难度增加,转而以多核处理器计算性能的提升。

(2)采用并行计算技术。采用传统的单处理器与串行处理技术是很难在可以接受的时间限度内处理完成的,这时就需要采用新的并行处理技术,对巨量的大数据进行处理。

9.1.3 大规模文件系统

大部分计算都是在单处理器、内存、高速缓存和本地磁盘构成的单个计算节点上完成,通常需要并行处理的应用都是在专用的计算机完成,这些计算机包含有多个处理器及应用硬件。

然而,大部分的服务计算使得越来越多的计算是在更多的计算机点上完成,这些节点多相互独立。这种构成与专用的计算机相比,大大降低了硬件系统的开销。当然,这种设备结构也触发了新一点管理系统的产生,使得能够发挥并行化优势及可靠性问题得以解决,保障系统的稳定性。

9.2 云计算平台

IBM 与 Google 在 2007 年年底宣布云计算计划,近些年有了长足的发展,但是云计算几乎没有一个统一的定义。维基百科认为云计算是一种基于互联网的计算方式,通过这种方式,共享的软硬件资源和信息可以按需提供给计算机和其他设备。

9.2.1 云计算技术基础

从技术发展的角度来看,云计算是分布式计算、并行计算、网格计算的发展,是一种新型的商业计算模型。云计算是虚拟化、效用计算、设施即服务(Infrastructure as a Service,IaaS)、平台即服务(Platform as a Service,PaaS)和软件即服务(Software as a Service,SaaS)等概念混合演进的结果。云计算具有四种部署模式:

(1)私有云。云基础设施被某单一组织拥有或租用,该基础设施只为该组织运行。

(2)社区云。基础设施被一些组织共享,并为一个有共同关注点的社区服务,如任务、安全、政策和准则等。

(3)公共云。基础设施被销售云计算服务的组织所拥有,该云计算服务销售给一般大众或广泛的工业群体。

(4)混合云。基础设施由两种或两种以上的云组成,每种云仍然保持独立,但用标准的或专有的技术将它们组合起来,具有数据和应用程序的可移植性。

9.2.2 云计算核心技术

云计算系统核心技术包括编程模型、数据管理技术、数据存储技术、虚拟化技术、云计算平台管理技术。

1)编程模型

编程模型是一种简化的分布式编程模型和高效的任务调度模型,用于大规模数据集(大于1TB)的并行运算。

2)海量数据分布存储技术

云计算系统由大量服务器组成,同时为大量用户服务,因此云计算系统采用分布式存储的方式存储数据,用冗余存储的方式保证数据的可靠性。

3)海量数据管理技术

云计算需要对分布的、海量的数据进行处理、分析,因此,数据管理技术必须能够高效地管理大量的数据。

4)虚拟化技术

通过虚拟化技术可实现软件应用与底层硬件相隔离,它包括将单个资源划分成多个虚拟资源的分裂模式,也包括将多个资源整合成一个虚拟资源的聚合模式。

如图 9-1 所示是利用虚拟化技术完成小资源整合为较大资源的示意图。

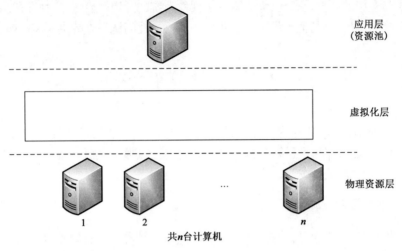

图 9-1　计算资源虚拟化示意图

5) 云计算平台管理技术

云计算资源规模庞大,服务器数量众多并分布在不同的地点,同时运行着多种应用,有效地管理这些服务器,保证整个系统提供不间断的服务。云计算系统的平台管理技术能够使大量的服务器协同工作,方便地进行业务部署和开通,快速发现和恢复系统故障,通过自动化、智能化的手段实现大规模系统的可靠运营。

云平台就是利用资源池的方案解决大数据的存储、处理等的需要大量资源的共享平台,云平台采用并行处理能力与分布式的存储能力,解决了大数据单机处理过程中产生的读写延迟与计算能力不足的问题。

大数据必然无法用人脑来推算、估测,或者用单台的计算机进行处理,必须采用分布式计算架构,依托云计算的分布式处理、分布式数据库、云存储和虚拟化技术,因此,大数据的挖掘和处理必须用到云技术。云平台(Cloud Platforms)提供基于"云"的服务,供开发者创建应用时采用。用户不必构建自己的基础,完全可以依靠云平台来创建新的 SaaS(软件即服务,Software as a Service)应用。云平台的直接用户是开发者,而不是最终用户。

ITS 信息交换平台,主要用于承载交通运行指挥系统、公众出行信息服务系统、道路交通综合调控系统、交通运输管理系统、交通综合检测系统、交通管理与应急仿真决策支持等业务应用系统所用的数据。通过建设云计算数据中心可充分承载上述交通业务应用数据,实现交通数据共享交换,并满足交通业务支撑、决策支持需求,从根本上解决交通信息数据统一存储、共享和业务支撑的难题,形成交通信息决策支持体系。

9.2.3　交通信息云计算平台需求

大数据就是海量数据、巨量资料,指的是所涉及的数据量、资料量规模巨大到无法透过目前主流软件工具,在合理时间内达到撷取、管理、处理,并整理成为特定目的服务的信息。海量数据的处理必然导致采用单台的计算机处理出现计算瓶颈,甚至一般的网络计算能力也难以达到,必须采用信息的网络构架对应对这种数据的计算需求,即采用并行计算及分布式计算相结合的方式来提高这种计算能力。

交通信息系统采用云计算平台的需求主要体现在如下两个方面:

(1) 数据计算能力

交通系统作为社会系统的一部分,充满着各种描述数据,为了应对各种不同的交通需求,需要提出一个有效的交通信息处理系统,在处理能力、计算能力、挖掘能力等方面有所提高。此外,对于瞬时变化的诱导系统或管理系统等,需要更加快速的反应能力,即时的发现或感知事件是系统的必然趋势。

(2) 数据共享

通过道路交通信息、物流信息、港航、铁路和公路信息、道路客货运信息、车辆营运等采集到的数据进行存储。针对传统的 ITS 系统中的交通运行指挥系统、公众出行信息服务系统、道路交通综合调控系统、交通运输管理系统、交通综合检测系统、交通管理与应急仿真决策支持等业务应用系统则都需要一套有效的数据支撑环境。云计算平台能够解决不同应用系统间的数据共享问题,避免重复投入,浪费资源。

9.2.4 交通信息云计算平台硬件支撑平台

1) 支撑平台概况

(1) 云计算结构总体要求

本部分对平台运行网络环境结构、技术特征、网络带宽、设备选型等进行设计。总体设计原则包括:具有较高的拓展性,支持各种协议并存,可灵活地构成不同系统,并可方便地扩展。网络系统应具备较高的安全和可靠性,满足管理和应急等业务的需求。

通常,如果完成现有资源的集成,需要进行资源虚拟化,完成资源池的建设,达到资源的统一管理与分配。这些资源包括核心路由器、核心交换机、接入交换机、存储、计算资源等设备,都需要进行虚拟化,完成资源集成统一管理。

(2) 网络传输带宽计算

保障应用系统的正常运行和各种业务数据及媒体数据的稳定安全传输,需要相关的物理单元进行网络连接和信息传输的带宽进行计算,避免出现传输瓶颈。通常在带宽的计算采用峰值作为计算参考依据,通常考虑 50% 的冗余量。

(3) 网络配置

考虑到平台用户对象都通过广域网访问系统平台,故此,考虑采用多条线路进行冗余设计,避免单条线路出现故障带来的系统不可用问题。此外,对于用户量的估算需要有一定的冗余量。

(4) 虚拟化技术

虚拟化技术是云计算系统的核心组成部分之一,是将各种计算及存储资源充分整合和高效利用的关键技术。虚拟化是为某些对象创造的虚拟化(相对于真实)版本,比如操作系统、计算机系统、存储设备和网络资源等。它是表示计算机资源的抽象方法,通过虚拟化可以用与访问抽象前资源一致的方法访问抽象后的资源,从而隐藏属性和操作之间的差异,并允许通过一种通用的方式来查看和维护资源。虚拟化技术是云计算、云存储服务得以实现的关键技术之一。

2) 网络拓扑图

网络采用星型拓扑结构,传输采用 TCP/IP 协议。外部广域网建设考虑为保证系统的可靠性和安全性,在系统机房分别配置 2 台核心路由器。

考虑系统未来的扩展性,在路由器各项配置方面需要考虑一定的冗余。同时配置双核心交换机,配置 2 台负载均衡器,形成冗余备份、复杂均衡的结构,并建立虚拟化交换区;配置网络设备和服务器的带宽、增加吞吐量、加强网络数据处理能力、提高网络的灵活性和可用性。解决备份与负载均衡的性能问题,为系统内部各种主机、服务器及网络安全设备之间的数据传输提供支持。网络拓扑结构见图 9-2。

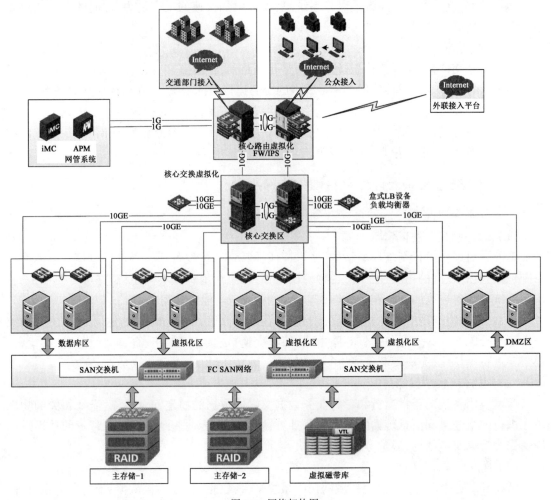

图 9-2 网络架构图

系统配置的服务器,主要分为数据库服务器区、虚拟机服务区、DMZ 区(Demilitarized Zone)、应用服务器、外网接入区、管理中心,为保证系统的健壮,每个分区配置 2 台普通交换机,其中数据库服务器区采用 SAN 交换机。其中系统中的 Web 服务在虚拟化区中分配一个虚拟机运行。

网管系统包括智能管理中心(intelligent Management Center,iMC)与 iMC 应用管理组件(iMC Application Manager,APM)。

本系统核心路由采用虚拟化接入技术,分别接入外部网络的用户接入或其他系统的数据交互。核心交换与数据库服务、DMZ 及虚拟机交换机相连构成数据区、DMZ 区及虚拟化功能区。这些分区服务器通过 SAN 交换机构成的 FC-SAN 网络与数据存储阵列及虚拟磁带库相连,构成系统数据的存储与备份。

9.2.5 交通信息云计算平台

交通信息云计算中心平台在构建过程中需要根据统一的信息交换交换标准为基础，以实现平台系统的高效交换和共享为核心功能。它由基础设施层、数据资源层、数据接口层、数据交换层、基础服务层、应用支撑系统层、展现层、用户访问层等构成，同时还需要考虑安全保障体系和运行维护保障体系。如图9-3所示为交通信息云计算平台逻辑结构图。

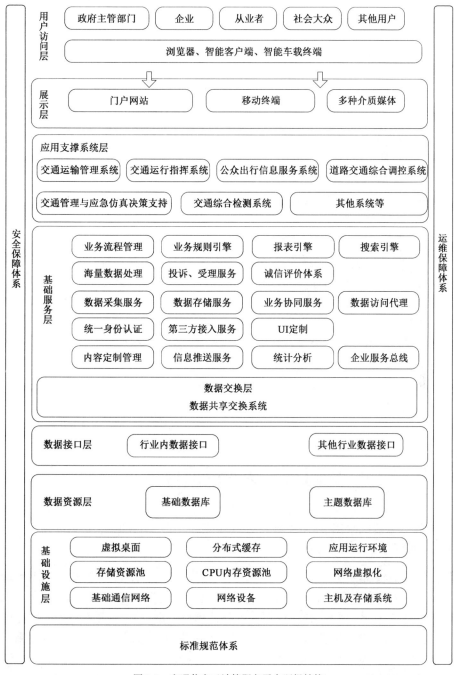

图9-3 交通信息云计算服务平台逻辑结构

(1) 基础设施层

虚拟化软件是在一部电脑上模拟多个虚拟化环境,也可将多部电脑以虚拟化融合成单一的工作环境。这些虚拟化软件有 Virtual PC、VMWare、Hyper-V、Citrix 等。虚拟环境通常可以安装不同的 OS,系统配置具有很强的适用性,相应虚拟出的硬件设备驱动都可以安装。

在虚拟化软件的管理下,把物理资源协同进行管理,达到资源统一调度和支配的作用,这些资源可以是存储资源、计算资源等。这些物理资源极其虚拟化后的资源统一形成基础设施层。

(2) 数据资源层

数据资源层主要存储了系统平台中系统应用的全部基础数据库及主题数据库资源。

(3) 数据接口层

数据接口层承担了系统数据与行业内数据交换的接口及与其他相关行业数据交换的接口。

(4) 基础服务层

基础服务层包含了数据交换功能及基础业务的服务功能。基础服务层主要完成系统应用与数据、应用与应用系统之间的数据交换功能,完成数据的共享等功能。此外,基础服务层还包括了各种界面定制、数据访问代理、数据搜索、评价、第三方接入、身份认证、业务流程管理、规则管理、统计分析等基础服务功能。

(5) 应用支撑系统层

应用支撑系统层包含了各类有效的系统应用,针对智能交通系统的应用系统主要包括:交通运行指挥系统、公众出行信息服务系统、道路交通综合调控系统、交通运输管理系统、交通综合检测系统、交通管理与应急仿真决策支持系统等。

(6) 展示层

系统展示层是用户与系统的可视化交互界面等。根据展示主题的不同,可分为网站、移动终端展示及其他可视化展示。

(7) 用户访问层

用户访问层是访问平台的各类用户界面,用户包括系统的开发人员、主管部门、企业、从业者及出行人员等。

9.3 数据挖掘技术

9.3.1 数据挖掘技术

数据挖掘(Data Mining)一般是指从大量的数据中通过算法搜索隐藏于其中信息的过程。通俗地说就是从存放在数据库、数据仓库或其他信息库中的大量数据中获取有效、新颖、潜在有用、最终可理解的模式过程。数据挖掘通常与计算机科学有关,并通过统计、在线分析处理、情报检索、机器学习、专家系统(依靠过去的经验法则)和模式识别等诸多方法来实现上述目标。

近年来,数据挖掘引起了信息产业界的极大关注,其主要原因是存在大量数据,可以广泛使用,并且迫切需要将这些数据转换成有用的信息和知识。获取的信息和知识可以广泛用于各种应用,包括商务管理、生产控制、市场分析、工程设计和科学探索等。

数据挖掘利用了来自如下一些领域的思想:①来自统计学的抽样、估计和假设检验;②人工智能、模式识别和机器学习的搜索算法、建模技术和学习理论。数据挖掘也迅速地接纳了来自其他领域的思想,这些领域包括最优化、进化计算、信息论、信号处理、可视化和信息检索。一些其他领域也起到重要的支撑作用。特别地,需要数据库系统提供有效的存储、索引和查询处理支持。源于高性能(并行)计算的技术在处理海量数据集方面常常是重要的。分布式技术也能帮助处理海量数据,并且当数据不能集中到一起处理时更是至关重要。

1)知识类型

知识类型可以有如下的分类:

(1)广义型知识(Generalization)。根据数据的微观特性发现其表征的、带有普遍性的、高层次概念的、中观或宏观的知识。

(2)分类型知识(Classification & Clustering)。反映同类事物共同性质的特征型知识和不同事物之间差异型特征知识。用于反映数据的汇聚模式或根据对象的属性区分其所属类别。

(3)关联型知识(Association)。反映一个事件和其他事件之间依赖或关联的知识,又称依赖(Dependency)关系。这类知识可用于数据库中的归一化、查询优化等。

(4)预测型知识(Prediction)。通过时间序列型数据,由历史的和当前的数据去预测未来的情况。它实际上是一种以时间为关键属性的关联知识。

(5)偏差型知识(Deviation)。通过分析标准类以外的特例、数据聚类外的离群值、实际观测值和系统预测值间的显著差别,对差异和极端特例进行描述。

2)知识发现与知识工程

已经出现了许多知识发现技术,分类方法也有很多种,按被挖掘对象分有基于关系数据库、多媒体数据库;按挖掘的方法分有数据驱动型、查询驱动型和交互型;按知识类型分有关联规则、特征挖掘、分类、聚类、总结知识、趋势分析、偏差分析、文本采掘。知识发现技术可分为两类:基于算法的方法和基于可视化的方法。大多数基于算法的方法是在人工智能、信息检索、数据库、统计学、模糊集和粗糙集理论等领域中发展起来的。

典型的基于算法的知识发现技术包括:或然性和最大可能性估计的贝叶斯理论、衰退分析、最近邻、决策树、K-方法聚类、关联规则挖掘、Web和搜索引擎、数据仓库和联机分析处理(On-Line Analytical Processing,OLAP)、神经网络、遗传算法、模糊分类和聚类、粗糙分类和规则归纳等。这些技术都很成熟,并且在相关书籍文章上都有详细介绍。这里介绍一种基于可视化的方法。

基于可视化方法是在图形学、科学可视化和信息可视化等领域发展起来的,包括:

(1)几何投射技术。是指通过使用基本的组成分析、因素分析、多维度缩放比例来发现多维数据集的有趣投影。

(2)基于图标技术。是指将每个多维数据项映射为图形、色彩或其他图标来改进对数据和模式的表达。

(3)面向像素的技术。其中每个属性只由一个有色像素表示,或者属性取值范围映射为一个固定的彩色图。

(4)层次技术。是指细分多维空间,并用层次方式给出子空间。

(5)基于图表技术。是指通过使用查询语言和抽取技术以图表形式有效给出数据集。

(6)混合技术。是指将上述两种或多种技术合并到一起的技术。

知识发现过程如图9-4所示,由以下步骤组成:

(1)数据清理:消除噪声或不一致数据。

(2)数据集成:多种数据源可以组合在一起。

(3)数据选择:从数据库中提取与分析任务相关的数据。

(4)数据变换:数据变换或统一成适合挖掘的形式,如通过汇总或聚集操作。

(5)数据挖掘:基本步骤,使用智能方法提取数据模式。

(6)模式评估:根据某种兴趣度度量,识别提供知识的真正有趣的模式。

(7)知识表示:使用可视化和知识表示技术,向用户提供挖掘的知识。

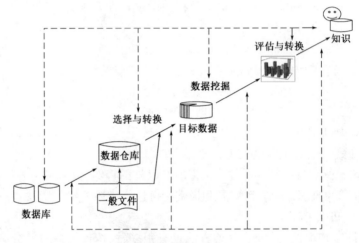

图9-4　知识发现过程

3)数据挖掘的方法分类

数据挖掘分为七种分析方法:分类(Classification)、估值(Estimation)、预言(Prediction)、相关性分组或关联规则(Affinity Grouping or Association Rules)、聚集(Clustering)、描述和可视化(Description and Visualization)、复杂数据类型挖掘。这些分析方法大体可以分为两类,即直接数据挖掘和间接数据挖掘。直接数据挖掘的目标是利用可用的数据建立一个模型,这个模型对剩余的数据和一个特定的变量进行描述。间接数据挖掘目标中没有选出某一具体的变量,用模型进行描述,而是在所有的变量中建立起某种关系。在这些分析方法中分类、估值、预言属于直接数据挖掘;相关性分组、聚集、描述和可视化、复杂数据类型挖掘属于间接数据挖掘。

下面分别对分析方法进行介绍:

(1)分类。首先从数据中选出已经分好类的训练集,在该训练集上运用数据挖掘分类技术,建立分类模型,对于没有分类的数据进行分类。

例如:车辆的车型,分为小车型、中车型、大车型、特种车。

(2)估值。估值与分类相类似,不同在于,分类描述的是离散型变量的输出,而估值是处理连续值的输出;这样分类的类别是确定数,而估值则不确定。

(3)预言。是通过分类或估值起作用的,也就是说,通过分类或估值得出模型,该模型用于对未知变量的预言。预言的目的是对未来未知变量的预测,这种预测是需要时间来验证的,即必须经过一定时间后,才知道预言的准确性。

(4)相关性分组或关联规则。相关性分组就是决定哪些事情将一起发生。

(5)聚集。是对记录分组,把相似的记录在一个聚集里。聚集和分类的区别是聚集不依赖于预先定义好的类,不需要训练集。

(6)描述与可视化。是对数据挖掘结果的表示方式。

(7)复杂数据类型挖掘。主要包括 Text、Web、图形图像、视频、音频等一些类型数据信息。

4)知识应用

知识发现的潜在应用十分广阔,远超出了最初的应用。目前,无论是工业、农业、天文还是地理,都存在预测支持,并且发挥着越来越重要的作用。许多计算机软件开发商都已经推出了数据挖掘产品,诸如:IBM、Microsoft、SPSS、SGI、SAS 等。数据挖掘作为信息处理的高新技术,逐渐在实际应用中占有重要的地位。

在交通信息中的应用主要体现在 ITS 中,诸如道路交通的智能诱导、事故救援、城市交通规划等方面的应用。从知识的应用可以看出,数据挖掘在未来存在更大、更广阔的发展空间。

9.3.2 数据挖掘的机器学习方法

1)神经网络方法

神经网络方法是一种模拟生物神经处理事件信息的一种方法。

神经网络近来越来越受到人们的关注,因为它为解决大复杂度问题提供了一种相对来说比较有效的简单方法。神经网络可以很容易地解决具有上百个参数的问题(当然实际生物体中存在的神经网络要比我们这里所说的程序模拟的神经网络要复杂得多)。神经网络常用于两类问题:分类和回归。

在结构上,可以把一个神经网络划分为输入层、输出层及隐含层(图9-5)。输入层的每个节点对应一个个的预测变量。输出层的节点对应目标变量,可有多个。在输入层和输出层之间是隐含层(对神经网络使用者来说不可见),隐含层的层数和每层节点的个数决定了神经网络的复杂度。

除了输入层的节点,神经网络的每个节点都与很多它前面的节点(称为此节点的输入节点)连接在一起,每个连接对应一个权重 W_{xy},此节点的值就是通过它所有输入节点的值与对应连接权重乘积的和作为一个函数的输入而得到,我们把这个函数称为活动函数或挤压函数。图 9-6 中的节点 4 输出到节点 6 的值可通过如下计算得到:W_{14} × 节点 1 的值 + W_{24} × 节点 2 的值。

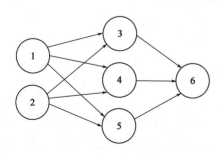

图 9-5 简单神经元网络

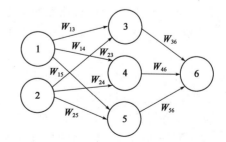

图 9-6 带权重的神经网络

神经网络的每个节点都可表示成预测变量(节点 1、2)的值或值的组合(节点 3~6)。注意节点6的值已经不再是节点1、2的线性组合,因为数据在隐含层中传递时使用了活动函数。实际上如果没有活动函数的话,神经元网络就等价于一个线性回归函数,如果此活动函数是某种特定的非线性函数,那神经网络又等价于逻辑回归。

调整节点间连接的权重就是在建立(也称训练)神经网络时要做的工作。最早的也是最基本的权重调整方法是错误回馈法,现在较新的有变化坡度法、类牛顿法、Levenberg-Marquardt法和遗传算法等。无论采用哪种训练方法,都需要有一些参数来控制训练的过程,如防止训练过度和控制训练的速度。

决定神经网络拓扑结构(或体系结构)的是隐含层及其所含节点的个数,以及节点之间的连接方式。要从头开始设计一个神经网络,必须要决定隐含层和节点的数目、活动函数的形式以及对权重做哪些限制等,当然如果采用成熟软件工具的话,它会帮你决定这些事情。在诸多类型的神经网络中,最常用的是前向传播式神经网络,也就是我们前面(图9-6)所描绘的那种。我们下面详细讨论一下,为讨论方便,假定只含有一层隐含节点。

可以认为错误回馈式训练法是变化坡度法的简化,其过程如下:

前向传播:数据从输入到输出的过程是一个从前向后的传播过程,后一节点的值通过它前面相连的节点传过来,然后把值按照各个连接权重的大小加权输入活动函数再得到新的值,进一步传播到下一个节点。

回馈:当节点的输出值与我们预期的值不同,也就是发生错误时,神经网络就要"学习"(从错误中学习)。我们可以把节点间连接的权重看成后一节点对前一节点的"信任"程度(它自己向下一节点的输出更容易受它前面那个节点输入的影响)。学习的方法是采用惩罚的方法,过程如下:如果一节点输出发生错误,那么要看它的错误是受哪个(些)输入节点的影响而造成的,是不是它最信任的节点(权重最高的节点)陷害了它(使它出错),如果是,则要降低对它的信任值(降低权重),惩罚它们,同时升高那些做出正确建议节点的信任值(提高权重)。对那些受到惩罚的节点来说,它也需要用同样的方法来进一步惩罚它前面的节点,就这样把惩罚一步步向前传播,直到输入节点为止。

对训练集中的每一条记录都要重复这个步骤,用前向传播得到输出值,如果发生错误,则用回馈法进行学习。当把训练集中的每一条记录都运行过一遍之后,我们称完成一个训练周期。要完成神经网络的训练可能需要很多个训练周期,经常是几百个。训练完成之后得到的神经网络就是在通过训练集发现的模型,描述了训练集中响应变量受预测变量影响的变化规律。

由于神经网络隐含层中的可变参数太多,如果训练时间足够长的话,神经网络很可能把训练集的所有细节信息都"记"下来,而不是建立一个忽略细节只具有规律性的模型,我们称这种情况为训练过度。显然这种"模型"对训练集会有很高的准确率,而一旦离开训练集应用到其他数据,准确度很可能急剧下降。为了防止这种训练过度的情况,我们必须知道在什么时候要停止训练。在有些软件实现中,会在训练的同时用一个测试集来计算神经网络在此测试集上的正确率,一旦这个正确率不再升高甚至开始下降时,那么就认为现在神经网络已经达到最好的状态,这时可以停止训练。

神经元网络和统计方法在本质上有很多差别。神经网络的参数可以比统计方法多很多。图9-6中就有13个参数(9个权重和4个限制条件)。由于参数如此之多,参数通过各种各样的组合方式来影响输出结果,以至于很难对一个神经网络表示的模型做出直观的解释。实际上神经网络也正是当作"黑盒"来用的,不用去管"盒子"里面是什么,只管用就行了。在大部分情况下,这种限制条件是可以接受的。比如银行可能需要一个笔迹识别软件,但没必要知道为什么这些线条组合在一起就是一个人的签名,而另外一个相似的则不是。在很多复杂度很高的问题,在化学试验、机器人、金融市场的模拟、语言图像的识别等领域,神经网络都取得了很好的效果。

神经网络的另一个优点是很容易在并行计算机上实现分布式计算,可以把它的节点分配到不同的 CPU 上并行计算。在使用神经网络时,有几点需要注意:

第一,神经网络很难解释,目前还没有能对神经网络做出显而易见解释的方法学。

第二,神经网络会学习过度,在训练神经网络时一定要恰当地使用一些能严格衡量神经网络的方法,如前面提到的测试集方法和交叉验证法等。这主要是由于神经网络太灵活、可变参数太多,如果给足够的时间,它几乎可以"记住"任何事情。

第三,除非问题非常简单,训练一个神经网络可能需要相当可观的时间才能完成。当然,一旦神经网络建立好了,再用它做预测时,运行时间并不慢。

第四,建立神经网络需要做的数据准备工作量很大。一个很有误导性的神话就是不管用什么数据,神经网络都能很好地工作并作出准确的预测。这是不确切的,要想得到准确度高的模型,必须认真进行数据清洗、整理、转换、选择等工作,对任何数据挖掘技术都是这样,神经网络尤其注重这一点。比如神经网络要求所有的输入变量都必须是 0~1(或 -1~1)之间的实数,因此像"地区"之类的文本数据必须先做必要的处理之后才能用作神经网络的输入。

2)决策树方法

决策树是一个预测模型,它代表的是对象属性与对象值之间的一种映射关系。树中每个节点表示某个对象,而每个分叉路径则代表某个可能的属性值,每个叶结点则对应从根节点到该叶节点所经历的路径所表示的对象的值。决策树仅有单一输出,若存在有复数输出,可以建立独立的决策树用以处理不同输出。

从数据产生决策树的机器学习技术叫作决策树学习,通俗说就是决策树。

决策树学习也是数据挖掘中一种普通的方法。在这里,每个决策树都表述了一种树型结构,它由它的分支来对该类型的对象依靠属性进行分类。每个决策树可以依靠对源数据库的分割进行数据测试。这个过程可以递归式对树进行修剪。当不能再进行分割或一个单独的类可以被应用于某一分支时,递归过程就完成了。另外,随机森林分类器将许多决策树结合起来以提升分类的正确率。

相对于其他数据挖掘算法,决策树在以下几个方面拥有优势:

(1)决策树易于理解和实现。人们在通过解释后都有能力去理解决策树所表达的意义。

(2)对于决策树,数据的准备往往是简单或者是不必要的。其他的技术往往要求先把数据一般化,比如去掉多余的或者空白的属性。

(3)能够同时处理数据型和常规型属性。其他的技术往往要求数据属性的单一。

(4)决策树是一个白盒模型,如果给定一个观察的模型,那么根据所产生的决策树很容易推出相应的逻辑表达式。

(5)易于通过静态测试来对模型进行评测。表示有可能测量该模型的可信度。

(6)在相对短的时间内能够使大型数据源产生可行且效果良好的结果。

3)模糊系统方法

模糊系统理论的基础是模糊集合理论。模糊系统理论的方法主要用于环境质量评价中,如模糊聚类法、模糊综合评判法等。它的核心是利用隶属度刻画客观事物中大量模糊的界线。在环境质量评价中,对于评价级别的归属问题,即元素与集合之间的关系,不再是笼统的经典集合论中的属于或不属于关系,而是[0,1]中间的一个数,这样能更为确切地反映实际情况。

模糊控制在城市交通控制中的应用虽然取得了很大的成就,但由于模糊控制在交通控制中的应用时间相对较短,非确定因素比较多,相关理论还十分有限,在发展过程中遇到了各种各样的问题。一方面,被控制对象城市交通的复杂度在增加,随着城市的发展,小汽车数量的增加,道路的拓宽,车道数和相位数的增加,公交车获得优先通行权的考虑等,这些因素是简单模糊控制不曾遇到的问题;另一方面,随着人们生活水平的提高,对信号控制的精度要求越来越高,要求浪费在路上的时间最短,这就对模糊控制器的精度提出了更高的要求,不能简单地依靠人们的经验知识去优化交通控制。

9.4 数据仓库

数据仓库是指一个面向主题的、集成的、稳定的且随时间不断变化的数据集合,它集成种类不同的应用系统,从事物发展和历史的角度来组织和存储数据,以供信息化和分析处理之用。建立数据仓库的目的是为了更好地支持决策的制定,辅之以数据挖掘技术,可以提供更好的辅助决策支持。作为一个集成的数据库,数据仓库从各个信息源中把数据提取出来,按照数据仓库所用的公共数据模型进行相应变换,并且与数据仓库中现有数据集成在一起。在数据仓库中,由于数据模型和方法等方面的差异已被消除,因此查询和分析处理都很快。

虚拟数据仓库可以利用中间件将分散在不同的平台、系统、应用程序中的各类数据汇集到一个数据中心,使用户可以从各种应用程序中将最重要的数据部分提取出来,而不像传统数据仓库那样对数据有着时间、费用和风险等种种限制。通过虚拟数据仓库实现对交通综合信息平台相关数据的组织和集成,将不同主题的数据对象分别存储到各个数据集市中,同时建立起有价值数据的联机事务处理过程(On-Line Transaction Processing,OLTP)数据库。

虚拟数据仓库按照"只取所需"的原则,避免了在数据仓库中维护全部来自异地的数据的需求,而且对于交通综合信息平台所涉及的各个部门和系统而言,并不是所有相关部门和系统的数据都需要进行共享。因此,虚拟数据仓库所提供的服务是一种较高层面的数据共享和交换服务,在交通综合信息平台中共享和交换的数据是相关部门所有数据中的一部分。虚实结合的数据仓库将为交通综合信息平台的发展提供良好的支持。

数据仓库应该具有两方面的功能:第一个方面,是从不同的信息源中提取数据,并由各种聚集操作(分类、求和、计数等)加工转化后存入数据仓库中;第二个方面,是数据仓库处理用户的查询与决策分析请求,避免直接访问数据源。

9.4.1 数据仓库的基本特征

数据仓库是为决策支持服务,事实上,决策支持系统的提出和研究要比数据仓库早。在20世纪80年代初,国内外曾在决策支持系统的研究过程中提出数据库、模型库和方法库的概念和方法,描述了一个决策支持系统的理想框架。数据仓库应具有如下特征:

1）面向主题

可以根据最终用户的观点组织和提供数据。

2）管理大量信息

数据仓库含有大量的历史信息。

3）信息存储在多个存储介质上

需管理大量的信息，故此数据仓库的数据大多存储在多个介质上。

4）信息的概括和聚集

可将信息概括和聚集，并采用易于理解的方式提供展示出来。

5）信息集成并关联

数据仓库需管理大量且包含历史信息的数据，而这些数据可能和多个应用及多个数据库相关，所以需要数据仓库收集和组织这些应用程序多年来在不同环境中获取的数据。

6）跨越数据库模式的多个版本

数据仓库必须管理和存储历史数据，而这些历史数据在不同时代数据库模式的不同版本之中，所以数据仓库有时还需处理来自不同数据库的信息。

9.4.2 数据仓库的结构

数据仓库实在原有关系型数据库基础上发展形成，不同于数据库系统的组织结构形式。数据仓库从原有业务数据库中获得几本数据和综合数据并把它们分成一些不同的级。典型的数据仓库结构，包括当前或近期几本数据、早期基本数据、轻度综合数据和高度综合数据。

近期基本数据是最近时期的业务数据，具有数据量大、用户兴趣大的特点。随着时间推移，由数据仓库的时间控制机制将其转为历史基本数据。轻度综合数据是从近期基本数据中提取出来高一层且高度综合数据层，这一层数据精炼，是一种准决策数据。最终全部数据仓库的组织结构由元数据来组织，在数据库中元数据就是数据字典，是对数据库中各个对象的描述，如数据库、表、列、索引、存储过程等。

9.4.3 数据仓库数据的特点

数据库是操作型数据环境，数据仓库是分析型数据环境，在操作型环境中支持分析应用将会非常复杂和困难，响应速度也会非常慢，因此需要提供分析型环境为决策和分析服务提供支撑。表 9-1 中列出操作型数据和分析型数据的特点。

操作型数据和分析型数据对比 表 9-1

操作型数据	分析型数据	操作型数据	分析型数据
细节	综合、提炼	事物驱动	分析驱动
存储瞬间准确	不更新	面向应用	面向分析
事先知道操作需求	事先不知道操作需求	一个时刻操作一个数据单元	一个时刻操作一个数据集合
符合结构化生命周期	完全不同的生命周期	一次操作数据量小	一次操作数据量大
要求实时响应	不要求实时响应	支持日常业务	支持管理需求

数据仓库的数据已经经过了清晰、提炼、聚合，为了满足分析服务数据，仓库中的数据，已经按照不同的主题进行了不同程度的综合。数据的综合程度可以用数据粒度划分。数据粒度

是数据综合程度高低的一个度量。粒度越小,越加细节,回答查询种类越多,数据量大,性能低;粒度越粗回答查询种类越少,数据量小,但对可回答的问题性能高。

9.4.4 数据仓库系统的构成

数据仓库系统由数据仓库、数据仓库管理及分析工具三部分组成,数据仓库系统的结构如图9-7所示。

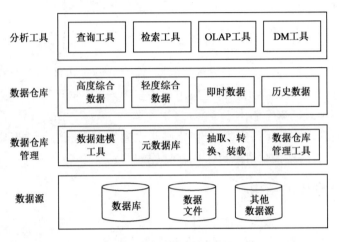

图9-7 数据仓库系统的结构

数据仓库数据来自多个数据源,跨平台的各类数据库,或可能是各种应用软件产生的数据文件等。数据仓库管理包括对数据的安全、归档、维护、备份、恢复等工作,这些工作需要数据库管理系统的支撑。数据仓库体系架构参见图9-8。

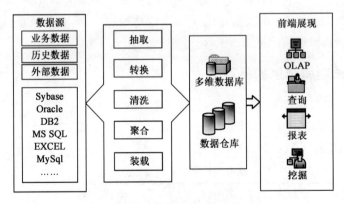

图9-8 数据仓库体系构架

数据仓库应用是一种C/S结构,客户端工作包括交互、格式化查询、报表等功能,服务器端完成各种辅助决策的SQL查询、复杂的计算和各类功能。

9.4.5 建立数据仓库一般原则

数据仓库与软件开发一样要经历相同的开发生存期,包括规划、需求、分析、设计、构造、使用和扩充拖若干步骤。建立数据仓库有诸多不同方法,但总之归类为以下四个方面:

1) 分析决策需求,确定数据来源

这是分析过程,需要从可操作的数据库中筛选所需数据,对其进行整理归纳,存储在数据仓库中的不同信息层中。

2) 定义数据的综合、转化过程

采用信息自动方式将数据从不同的信息源中提取出来,转移到数据仓库中并维护。

3) 建立数据仓库

综合并行技术、关系数据库系统和中间件,在现有的异构环境基础上建立数据仓库。

4) 从数据仓库中获取信息的工具

能够进行有效的数据访问和应用开发,为用户迅速建立适用于决策支持的数据仓库界面和应用软件。

9.4.6 实现数据仓库的数据库环境

数据库管理系统支持数据仓库方案,应该具有如下数据库技术支撑:

1) 高性能数据库服务器

数据仓库的应用不同传统数据库的 OLTP 应用,传统数据库的应用是操作型,数据仓库的应用是分析型。数据仓库的应用比 OLTP 的响应时间长,由于分析型应用设计的数据量大,查询要求复杂,因此,对数据库管理系统核心的性能要求更高。

2) 并行数据库技术

数据仓库的数据量大,而且随着运行时间的不断进行,新的数据还在不断进入,可谓是超大规模数据库,通常是 GB 甚至 TB 级的。并行数据技术是存储和管理超大规模数据库(Very Large Data Base,VLDB)且提供 VLDB 复杂查询处理的有效技术。

3) 数据交互操作技术

数据仓库的数据大多来自企业或行业中正在运行的 OLTP 数据库或外部的数据源,这些数据库通常表现为异构,甚至是文件系统的数据。数据仓库必须能从这些异构数据源中定期抽取、转换和集成所需数据,存储于数据仓库中。故而,必须考虑异构数据源之间的相互访问和相互操作技术。

9.4.7 城市交通信息综合平台数据库系统

一般来说,对于城市交通信息综合系统平台的数据库系统包括中心数据库、历史信息数据库及面向交通部门的数据集市三个主要部分。

1) 中心数据库

中心数据库是整个城市交通公用信息平台的核心,存储当前来自于平台各数据源的地理信息、静态交通信息以及实时动态交通信息。实现信息共享和交互,并采用数据融合技术对数据进行处理,从而提供丰富、高效、及时的信息服务。

2) 历史信息数据库

历史信息数据库是一种数据库存储,为解决历史和发展带来的组织和储存的一种解决方案。优点在于对不同组织的数据信息进行重新的组合、优化,并提供有效的辅助支持功能。在城市交通综合信息平台中,历史数据是预测和应用分析的基础,采用数据仓库技术组织海量的历史数据,有利于海量数据的分析与处理,并对数据挖掘历史数据中潜在有价值信息与知识等进行数据支持。

3) 面向交通部门的数据集市

即服务于交通部门的小型数据仓库。在实际应用过程中,某一交通部门往往只需要使用某一类数据,庞杂的数据对效率有所影响,需要建立面向各交通部门的数据集市,把各个相关部门的数据从逻辑上或物理上分离。当各个部门在使用数据时,只需对所属数据进行分析,避免效率下降,提高处理速度。

数据仓库并不是进行数据挖掘的必要条件,然而,以数据仓库的格式来组织的数据有利于进行数据挖掘,因此在很多情况下人们希望有一个数据仓库来进行数据挖掘。数据仓库致力于通过格式数据以及合理组织数据来支持管理功能,数据挖掘技术则致力于提取有用信息并预测未来趋势,数据仓库技术与数据挖掘技术的相互促进、共同发展,将为交通综合信息平台提供广阔的发展和应用空间。

通过数据仓库可以对交通拥堵、交通事件、交通事故、交通需求、公共交通决策等进行分析。还可以包含一些其他的需求,比如故障分析,针对某一个交通运输问题进行分析,当然,这些需求分析需要一些职能部门或者专业人士的专业知识和经验。

9.5 数据集市

9.5.1 数据集市的数据结构

数据集市中数据的结构通常被描述为星形结构或雪花结构。一个星形结构包含两个基本部分——一个事实表和各种支持维表。

1) 事实表

事实表描述数据集市中最密集的数据。在电话公司中,用于呼叫的数据是典型的最密集数据;在银行中,与账目核对和自动柜员机有关的数据是典型的最密集数据。对于零售业而言,销售和库存数据是最密集的数据等。

事实表是预先被连接到一起的多种类型数据的组合体,它包括:一个反映事实表建立目的的实体的主键,如一张订单、一次销售、一个电话等,主键信息,连接事实表与维表的外键,外键携带的非键值外部数据。如果这种非键外部数据经常用于事实表中的数据分析,它就会被包括在事实表的范围内。事实表是高度索引化的。事实表中出现 30~40 条索引非常常见。有时实事表的每列都建了索引,这样做的结果是使事实表中的数据非常容易读取。但是,导入索引所需的资源数量必须为等式提供因数。通常,事实表的数据不能更改,但可以输入数据,一旦正确输入一个记录,就不能更改此记录的任何内容了。

2) 维表

维表是围绕事实表建立的,它包含非密集型数据,通过外键与事实表相连。典型的维表建立在数据集市的基础上,包括产品目录、客户名单、厂商列表等。

数据集市中的数据来源于企业数据仓库。所有数据,除了一个例外,在导入数据集市之前都应该经过企业数据仓库。这个例外就是用于数据集市的特定数据,它不能用于数据仓库的其他地方。外部数据通常属于这类范畴。如果情况不是这样,数据就会用于决策支持系统的其他地方,那么这些数据就必须经过企业数据仓库。

数据集市包含两种类型的数据,通常是详细数据和汇总数据。

3)详细数据

数据集市中的详细数据包含在星形结构中。当数据通过企业数据仓库时,星形结构就会很好地汇总。在这种情况下,企业数据仓库包含必需的基本数据,而数据集市则包含更高间隔尺寸的数据。但是,在数据集市使用者的心目中,星形结构的数据和数据获取时一样详细。

4)汇总数据

数据集市包含的第二种类型数据是汇总数据。分析人员通常从星形结构中的数据创建各种汇总数据。典型的汇总可能是销售区域的月销售总额。因为汇总的基础不断发展变化,所以历史数据就在数据集市中。但是这些历史数据的优势在于它存储的概括水平。星形结构中保存的历史数据非常少。

数据集市以企业数据仓库为基础进行更新。对于数据集市来说,大约每周更新一次非常平常。但是,数据集市的更新时间可以少于一周,也可以多于一周,这主要是由数据集市所属部门的需求来决定的。

9.5.2 数据集市的特点

虽然 OLTP 和遗留系统拥有宝贵的信息,但是可能难以从这些系统中提取有意义的信息,并且速度也较慢。而且这些系统虽然一般可支持预先定义操作的报表,但却经常无法支持一个组织对于历史的、联合的、智能的或易于访问的信息的需求。因为数据分布在许多跨系统和平台的表中,而且通常是"脏的",包含了不一致的和无效的值,使得难以分析。

数据集市将合并不同系统的数据源来满足业务信息需求,能有效地得以实现,数据集市将可以快速且方便地访问简单信息以及系统的和历史的视图。设计良好的数据集市有如下特点:

(1)特定用户群体所需的信息,通常是一个部门或者一个特定组织的用户,且无需受制于源系统的大量需求和操作性危机(相对于数据仓库)。

(2)支持访问非易变(Nonvolatile)的业务信息(非易变的信息是以预定的时间间隔进行更新的,并且不受 OLTP 系统进行中的更新的影响)。

(3)调和来自于组织里多个运行系统的信息,比如账目、销售、库存和客户管理,以及组织外部的行业数据。

(4)通过默认有效值、使各系统的值保持一致以及添加描述以使隐含代码有意义,从而提供净化的(Cleansed)数据。

(5)为即时分析和预定义报表提供合理的查询响应时间(由于数据集市是部门级的,相对于庞大的数据仓库来讲,其查询和分析的响应时间会大大缩短)。

9.5.3 建立数据集市

数据仓库(集市)的设计可以采用迭代式的方法。在迭代式开发中,每个迭代为上一次的结果增加了新的功能。功能增加的顺序要考虑到迭代平衡以及尽早发现重大风险。通俗地说,就是在正式交货之前多次给客户交付不完善的中间产品"试用"。这些中间产品会有一些功能还没有添加进去、还不稳定,但是客户提出修改意见以后,开发人员能够更好地理解客户的需求。如此反复,使得产品在质量上能够逐渐逼近客户的要求。这种开发方法周期长、成本高,但是它能够避免整个项目推倒重来的风险,比较适合大项目、高风险项目。

理论上讲,应该有一个总的数据仓库的概念,然后才有数据集市。实际建设数据仓库(集市)的时候,国内很少这么做。国内一般会先从数据集市入手,就某一个特定的主题(比如企业的客户信息)先做数据集市,再建设数据仓库。数据仓库和数据集市建立的先后次序之分是和设计方法紧密相关的。而数据仓库作为工程学科,并没有对错之分,主要判别方式应该是判断能否解决目前存在的实际问题,并使今后可能发生的问题保持一定的可伸缩性。

9.5.4 数据集市的数据建模

因为仓库终端用户直接与数据集市进行交互,所以数据集市的建模是捕获终端用户业务需求的最有效工具之一。数据集市的建模过程取决于许多因素。下面描述了三个最重要的因素:

1) 数据集市的建模是终端用户驱动

终端用户必须参与数据集市的建模过程,因为他们显然是要使用该数据集市的人。因为应期望终端用户完全不熟悉复杂的数据模型,所以应该将建模技术和建模过程作为整体进行组织,以便使复杂性对终端用户透明。

2) 数据集市的建模是由业务需求驱动

数据集市模型对于捕获业务需求十分有用,因为它们通常由终端用户直接使用且易于理解。

3) 数据集市的建模极大地受到数据分析技术的影响

数据分析技术可以影响所选择的数据模型的类型及其内容。目前,有几种常用的数据分析技术:查询和报表制作、多维分析以及数据挖掘。

如果仅仅意图提供查询和报表制作功能,那么带有正规(Normalized)或非正规(Denormalized)数据结构的 ER 模型就是最合适的。维度数据模型也可能是较好的选择,因为它是用户友好的,并具有更好的性能。如果其目标是执行多维数据分析,那么维度数据模型就是这里的唯一选择。然而,数据挖掘通常在可用的最低细节级(Level of Detail)工作得最好。因此,如果数据仓库是用于数据挖掘的,就应该在模型中包含较低细节级的数据。

9.5.5 数据集市与数据仓库关系

数据集市和数据仓库的主要区别:数据仓库是企业级的,能为整个企业各个部门的运行提供决策支持手段;而数据集市则是一种微型的数据仓库,它通常有更少的数据、更少的主题区域以及更少的历史数据,因此是部门级的,一般只能为某个局部范围内的管理人员服务,因此也称之为部门级数据仓库。对比参考见表9-2。

数据仓库与数据集市对比　　　　　　　表9-2

	数 据 仓 库	数 据 集 市
数据的来源	生产系统、外部数据等	数据仓库
范围规模	企业级	部门级或工作组级
主题	以企业为主题	以部门或特殊的分析为主题

续上表

数据仓库		数据集市
数据粒度	最细的粒度	较粗的粒度
数据结构	第三范式,规范化结构	星型模型、雪花模型、星座模型
历史数据	大量的历史数据	适度的历史数据
优化	处理海量数据、数据探索	便于访问和分析、快速查询
索引	高度索引	高度索引

数据集市可以分为两种类型——独立型数据集市和从属型数据集市。独立型数据集市直接从操作型环境中获取数据,从属型数据集市从企业级数据仓库中获取数据,带有从属型数据集市的体系结构如图 9-9、图 9-10 所示。

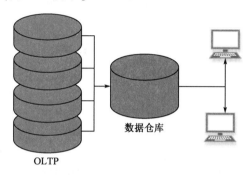

图 9-9 数据仓库体系结构示意图

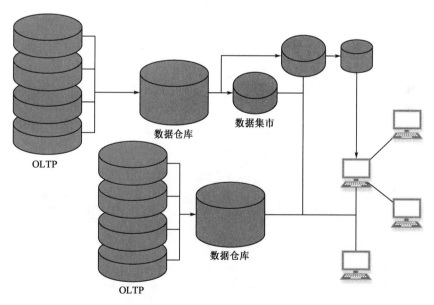

图 9-10 含有数据集市的数据仓库体系结构示意图

数据仓库规模大、周期长,一些规模比较小的企业用户难以承担。因此,作为快速解决企业当前存在的实际问题的一种有效方法,独立型数据集市成为一种既成事实。独立型数据集市是为满足特定用户(一般是部门级别的)的需求而建立的一种分析型环境,它能够快速地解决某些具体的问题,而且投资规模也比数据仓库小很多。

独立型数据集市的存在会给人造成一种错觉,似乎可以先独立地构建数据集市,当数据集市达到一定的规模再直接转换为数据仓库。有些销售人员会推销这种观点,其实质却常常是因为建立企业级数据仓库的销售周期太长以至于不好操作。

多个独立的数据集市的累积,是不能形成一个企业级的数据仓库的,这是由数据仓库和数据集市本身的特点决定的——数据集市为各个部门或工作组所用,各个集市之间存在不一致性是难免的。因为脱离数据仓库的缘故,当多个独立型数据集市增长到一定规模之后,由于没有统一的数据仓库协调,企业只会又增加一些信息孤岛,仍然不能以整个企业的视图分析数据。

9.6 GIS 系 统

地理信息系统(Geographic Information System, GIS)是计算机科学、地理学、测量学、地图学等多门学科综合的技术。GIS 是一个能用于进行有效收集、存储、更新、处理、分析和显示所有形式地理信息的计算机硬件、软件、地理数据和有关人员(用户)的有机集合。

9.6.1 GIS 基本知识

1) GIS 的定义

GIS 是 20 世纪 70 年代发展起来的地学新技术、多学科交叉的产物,并成为一门新兴的学科。主要涉及地理学、测量学、地图学、摄影测量与要搞、计算机与信息科学、数学、统计学及控件科学等其他科学,见图 9-11。

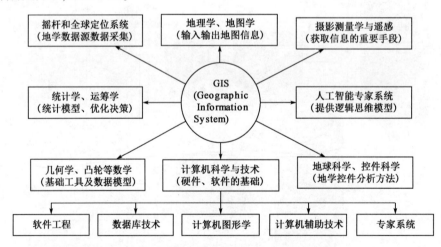

图 9-11 GIS 与相关学科的关系

2) GIS 中的基本信息:

(1) 空间信息。反映了地理特征的位置和形状及特征见的控件关系。

(2) 描述性信息。反映了这些地理特征的一些非空间属性。

3) GIS 的特征

GIS 是用于理论研究和方法探索的规范性名词,其他名称则是具体应用目的的具体系统,这些系统大致具有以下特征：

(1) 时空定位。GIS 具有采集、管理、分析和输出多种信息的能力，表现出处理问题和空间、时间定位。

(2) 控件分析。GIS 以空间模型方法为手段，具有区域空间分析、多要素综合分析和动态模拟分析、产生高层次空间有用信息的能力，能够表现出解决空间问题的科学分析。

(3) 系统复杂。GIS 容纳集成许多其他技术系统，可以多种先进的技术手段和方法组成智能系统，达到具有快速、精确、综合解决复杂问题的能力，表现出系统复杂的集成。

4) GIS 的分类

分类方式根据用途不同，分类较多。按照内容和服务对象不同，可以分为以下三个大类：

(1) 专题 GIS。具有有限目标和专业特点为特定的专门目的服务的 GIS。如交通规划信息信息系统、城市规划信息系统、土地资源管理系统等。

(2) 区域 GIS。以区域综合研究和全面信息服务为目标，如按照自然分区或行政分区等不同规模区域服务的 GIS。

(3) 工具 GIS。是具有图形图像数字化、存储管理、查询检索、分析运算和多种输出等 GIS 基本功能的软件，又称 GIS 开发平台。作为开发平台，计入与具体任务有关的控件数据，并进行二次开发，形成所需的业务应用软件。

9.6.2 地理空间定位理论

地理信息系统研究的对象是具有一定空间内涵的地理数据，交通地理数据与其位置的识别联系在一起，是通过公共的交通地理基础数据图形化展现来实现。在一个交通地理信息系统中，任何地理数据都必须纳入一个统一的空间参考系中，才能为规划、管理和决策分析提供科学依据。

地理空间参照系是指确定空间目标平面位置和高程的平面坐标系和高程系，这两系统均与地球椭球面有关。地球的自然表面是一个起伏不平、十分不规则的表面，它不能用数学公式来表达。地球自然表面、大地水准面和地球椭球面及其之间的相互关系如图 9-12 所示。

图 9-12　地球自然地面、大地水准面和地球椭球体面之间的关系

世界各个国家在大地测量中，均采用某一个地球椭球代表地球。选定某个地球椭球后，仅解决了椭球的形状和大小问题。把地面大地网归算到该椭球面上，还必须确定它同大地的相关关系位置，这就是所谓椭球的定位和定向问题，参考椭球一旦确定，就标志着大地坐标系建立。

1) 大地坐标系

一个地区或国家在建立大地坐标系，为使地球椭球面更符合本国或本地区的自然地球表面，需要选择合适的椭球参数，确定一个大地原点的起始数据，并进行椭球的定性和定位。1949 年后，我国采用了两种大地坐标系，即 1954 年北京坐标系及 1980 年西安大地坐标系。

2) WGS-84 地心坐标系

WGS-84(World Geodetic System-1984)是美国国防部研制确定的世界大地坐标系,GPS 定位所得结果都属于 WGS-84 地心坐标系统。

3) 独立坐标系的转换法

如果未建立 GPS,即没有线程的基础数据可以使用,就必须自己动手采集数据或从测绘与规划部门索取数据。此时,存在坐标系统不统一的问题,必然就存在坐标系统转换。转换方法现有联合平差转化法、最小二乘变换法、简易相似法、坐标函数拟合法等。

9.6.3 专题地图基本简述

地图按照表示的内容可分为普通地图和专题地图两大类。普通地图是全面反映制图区域内自然和社会人文要素一般特征的地图,不偏重于某个或某些要素,具有广泛的内容,能帮助读者了解制图区域的地理全貌,是一种全要素地图,是用图广泛、编制各种专题地图的基础资料。专题地图是一种深入揭示制图区域内某一种或少数几种自然或人文要素专题特征的地图。

1) 专题地图的特点

与普通地图相比较有所区别,具体包括:

(1) 仅反应普通地图中的一种或少数集中地理要素,表达较为突出。

(2) 表示内容可以是普通地图上没有的要素,如地面看不到、无法测量的地理事项。

(3) 编图资料丰富、制图复杂、反映事象多样。

(4) 特定的符号系统和多样性的表示方法。

(5) 外观具有"图形丰富、形式多样、符号简介、图面清晰"的特点。

2) 专题地图内容和类型

(1) 专题题图可划分多种类型,按照内容性质可分为(图 9-13):

①自然地图:包括地势、地貌、地质、地球物理、骑行和气候、水文、土壤、植被、海洋和综合自然等地图。

②社会经济地图:包括行政区划、人口、各种经济类、文化建设、医疗、历史等地图。

③特种专题图:海图、航空图、宇航图与天体图、教学图。

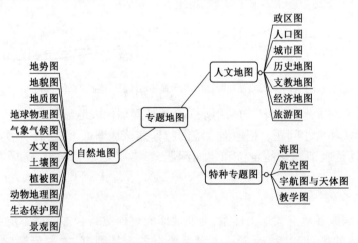

图 9-13 专题地图按照内容性质分类

(2)按照内容在地图上反应的概括程度可分为:
①分析图:如现状图等。
②综合图:如综合交通规划图等。

9.6.4 专题地图在交通中的应用

1)GIS 的制图

专题制图的特色是大部分图形的制作是采用统计数据制作,通过对数据的统计、分析、加工、处理,进行符号化表示在专题地图上。GIS 能以见面、突出晚辈的形式再现繁杂的统计数据,使得统计区域内的某个或某些现象的分布或状态得到展现。GIS 提供了多种专题制图表示方法、符号、设计功能、界面配置和整饰功能。可根据专题地图所属数据库的内容进行多种专题分析制图,如柱状图等,实现对分析数据的可视化。

2)数字题图应用

数字地图在交通 GIS 中的应用很多,数字线划图件是基本土建的最主要形式,此外还有数字影像(Digital Orthophoto Map,DOM)、数字高程(Digital Elevation Model,DEM)数据及其他图件。城市使用特大比例尺寸地形图,比例尺主要有 1:500、1:1000、1:2000、1:5000 和 1:10000 共五种,少数城市已使用大比例尺地形图,如 1:25000、1:50000 等。一个具体的城市,一般只使用其中的两种或三种比例尺,通常在 1:2000~1:500 中选一种。

9.7 专家支持系统

专家系统(Expert System)是一个智能计算机程序系统,其内部含有大量的某个领域专家水平的知识与经验,能够利用人类专家的知识和解决问题的方法来处理该领域的问题。也就是说,专家系统是一个具有大量的专门知识与经验的程序系统,它应用人工智能技术和计算机技术,根据某领域一个或多个专家提供的知识和经验,进行推理和判断,模拟人类专家的决策过程,以便解决那些需要人类专家处理的复杂问题,简而言之,专家系统是一种模拟人类专家解决领域问题的计算机程序系统。专家系统的应用技术不仅代替了人的一些体力劳动,也代替了人的某些脑力劳动,有时甚至行使着本应由人担任的职能。专家系统是人工智能应用研究最为活跃和最广泛的应用领域之一,自从 1965 年第一个专家系统 DENDRAL 在美国斯坦福大学问世以来,各种专家系统已在各个专业领域应用,取得了很大的成就。

9.7.1 专家系统的组成和特点

专家系统的基本结构如图 9-7 所示,其中箭头方向为数据流动的方向。专家系统通常由人机交互界面、知识库、推理机、解释器、综合数据库、知识获取六个部分构成。一个高性能的专家系统应具备如下特征:

(1)启发性。不仅能使用逻辑知识,也能使用启发性知识,它运用规范的专门知识和直觉的评判知识进行判断、推理和联想,实现问题求解。

(2)透明性。它使用户可以在对专家系统结构不了解的情况下进行相互交互,并了解知识的内容和推理思路,系统还能回答用户的一些有关系统自身行为的问题。

（3）灵活性。专家系统的知识与推理机构的分离，使系统不断接纳新的知识，从而确保系统内知识不断增长，以满足应用和研究的需要。

专家系统一般的系统结构框图如图9-14所示。

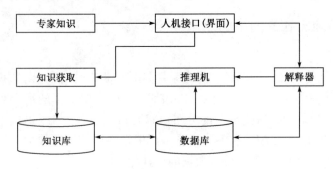

图9-14　专家系统结构图

1）知识库

知识库（Knowledge Base）以某种存储结构存储领域专家的知识，包括事实和可行的操作与规则等。为了建立知识库，首先要解决知识获取与知识表示的问题。知识获取是指知识工程师从领域专家那里获得要纳入知识库的知识。知识表示要解决的问题如何使用计算机能够理解的形式来表示和存储知识的问题。

2）全局数据库

全局数据库（Global Database）也称为总数据库，它用于存储求解问题的初始数据和从推理过程中得到的中间数据。

3）推理机

推理机（Reasoning Machine）根据全局数据库的当前内容，从知识库中选择可匹配的规则，并通过执行规则来修改数据库中的内容，再通过不断地推理导出问题的结论。推理机中包含如何从知识库中选择规则的策略和当有多个可用规则时如何消解规则冲突的策略。

4）解释器

解释器（Expositor）用于向用户解释专家系统的行为，包括解释"系统是怎样得出这一结论的""系统为什么要提出这样的问题来询问用户"等用户需要解释的问题。

5）人机接口

人机接口（Interface）是系统与用户进行对话的界面。用户通过人机接口输入必要的数据、提出问题和获得推理结果及系统作出的解释；系统通过人机接口要求用户回答系统的咨询，回答用户的问题和解释。

由于每个专家系统所需要完成的任务不同，因此系统结构也不尽相同。知识库和推理机则是专家系统中最基本的模块。只是表示的方法不同，库的结构也就不同。推理机是对知识库的知识进行操作的，推理机程序与知识表示的方法及知识库结构是紧密相关的，不同的知识表示有不同的推理机对应。

9.7.2　专家系统在交通中的应用

在交通领域引入专家系统进行研究，国内一些科研单位、高校等进行了探索，有防碰撞专家系统、城市交通事故处理专家系统以及城市交通拥挤疏导专家系统等。

1) 交通拥堵疏导专家系统

在城市交通拥挤疏导方面,为了针对不同交通状况作出相应的决策,系统必须获得关于当前交通状况各方面的详细信息。相关数据复杂且量大这两个特性,决策者需要有效的决策支持系统。它能够使得系统能更快获得交通拥堵状态信息,迅速获得拥堵的原因,适时对交通疏导方案进行优化决策。

(1) 城市交通拥挤属性

城市交通网络上的拥挤状态取决于道路网络的各个路段或交叉口处的交通状态,且任何一个交叉口的交通状况也是由其相连或相关的路段的交通状态所决定的。因此,可以以路段为单位来讨论拥挤问题,引入了交通拥挤属性概念。交通拥挤包括以下几个属性:

① 拥挤发生的时间。拥挤产生的时间有所不同,对于道路通行能力产生的影响也不同,发生在出行高峰期的拥挤,随着交通流的持续增加,必然会产生拥挤延续;反之,则不是充分条件。根据时间段划分为:早高峰、晚高峰、平峰等。

② 拥挤发生地点。城市交通道路有主次之分,对不同路段发生的拥挤,采用不同的控制方法。根据地点划分为:主要道路、次要道路、重要交叉口、次要交叉口等。

③ 拥挤发生的原因。发生拥挤的原因可以分为正常情况和非正常情况两个类型。正常情况下,主要是由于流量的突然增加,超过了正常的道路容量,这种拥挤最易发生在高峰时间段,这种拥挤比较规律,属于周期性拥挤;非正常原因主要是由特殊时间引起交通服务量的减少或是某一路段汇聚,吸引过多的流量而引起的拥挤,这种拥挤没有规律,并且可能持续较长时间。

(2) 城市交通拥挤疏导专家系统组成

城市交通拥挤专家系统是集交通拥挤监测、交通事件处理、交通网络堵塞预警、特殊交通组织服务及交通网络常规管理于一体并相互关联、协调的计算机辅助专家系统。

将城市交通拥挤疏导中的知识和经验、交通管理的一些基本原则、系统优化的一些基本思想综合起来,构成知识库;将数据库技术和人工智能技术结合起来,构成系统的推理机;根据城市道路的交通状态,分析获得的数据信息,通过推理机调用有关的规则,最终给出疏导方案。

根据以上的组成描述,设计系统框架图如图9-15所示。

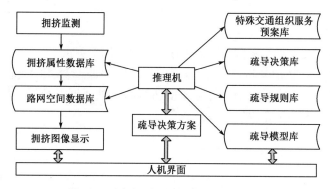

图9-15 城市交通拥挤疏导专家系统框架图

2) 交通事故分析专家系统

交通事故分析专家系统工作流程如图9-16所示,系统构架示意图如图9-17所示。

(1) 交通事故分析专家知识库

该系统的知识库以规则来表示。整个系统分为六大子系统:案卷管理、现场图绘制、辖区电子地图、法规汇编、交通事故分析及交通事故分析教程。使用者可通过选择调用。在交通事故分析部分汇总，以轿车为例，将交通事故划分为八种情况：轿车与轿车碰撞、轿车碰撞障碍物、轿车与货车碰撞、轿车碰撞行人、轿车碰撞摩托车、轿车碰撞柱子、轿车与面包车碰撞和车体的侧翻与侧滑，这些组成系统的知识库。

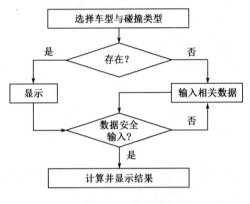

图 9-16 工作流程图　　　　　　图 9-17 交通事故分析专家系统

(2) 交通事故分析专家数据库

数据库包括已存储和输入部分。已存储部分包括数百种汽车的参数、各类路面的车辆运行的摩擦系数和各种碰撞情况下的撞压系数；输入部分是指使用者根据具体事故输入的制动距离、撞压变形量及乘客人数。解释部分均采用文字标注在界面上，告知使用者在任何情况下可以使用该部分及如何使用该部分。推理机均采用正向推理过程，即根据输入和选择的数据应用不同的计算方法给出考虑误差后的相应的结论。

(3) 处理过程

系统根据人机界面输入或通过自动方式获取交通事故参数，针对输入要求对事故参数进行完整输入，通过推理机对输入参数在规则库、模型库进行匹配或推理，得出事故分析的结果方案。这些方案根据概率的顺序进行排列，通过人机接口反馈结果。管理者可以在这些备选方案中依据概率进行选择或根据经验再重新选择，在某些系统中，这个选择作为一个学习方案存储在专家库中，调整专家库的内容。

假设两辆小汽车发生正面碰撞，碰撞前两车制动距离分别是 10m 与 8m，完全制动，两车碰撞后的压缩变形分别为 700mm 和 500mm，乘坐人数分别是 2 人和 3 人。知道这些参量后，可以使用交通事故分析专家系统来计算碰撞前两车的行驶速度。结果可以通过计算方法、实际测量来验证专家系统的可靠程度。

【复习思考题】

9-1 试述分布式数据库的特点。

9-2 试述专家系统的组成和特点。

9-3 试用学习的数据挖掘方法设计一个交通信号配置的思路，并绘出流程图。

9-4 试述云计算服务的核心技术。
9-5 试述大数据与云计算之间的关系。
9-6 试阐述数据仓库与数据集市的区别及关联。
9-7 GIS 由哪些部分构成？
9-8 专家系统由哪些功能构成？

第10章
交通信息工程应用

交通信息工程涉及的内容繁杂,可以是完整的管理系统,也可以是控制系统。交通信号机作为交通控制的主要手段,在交通信息工程应用中起着重要的作用。

10.1 交通监控系统

交通监控主要是对高速公路或城市内的交通状况进行监控,监控的目的是对车辆违章、突发事件进行判断,以及作为交通事件处理的依据等。交通监控系统的监控设备主要由前端、中端及后端组成。前端有摄像机、快球、红外摄像机等,进行图像采集;中端有传输系统,比如视频线、电源线、控制线等;后端主要有硬盘录像机、矩阵,进行图像的存储、控制等。有些情况下,前端会有声音采集的功能和视频同时进入摄像机进行存储。

10.1.1 高速公路监控系统

1)高速公路的系统构成

高速公路交通监控一般由三级监控系统构成:

(1)检测子系统包括各类外场设备自身所形成的相对独立的检测交通流和气象状况的监测子系统、发布各种警示和诱导信息的显示子系统、相对独立设立的紧急电话报警子系统,以及观察道路交通情况的闭路监控子系统。

(2)监控分中心。监控分中心负责管辖各自区段的外场设备,采集数字和图像信息,接收和发布各种控制命令及传输各类数字和图像信息。

(3)监控中心。监控中心接收各分中心监控系统传输和各类数字和图像信息,监视全路段的交通运行情况,向分中心发布各种控制命令。由此形成一个自下而上能传递各类电话信息和图像、发布各种交通指挥信息的、较完善的交通监控网络系统。

2)设备组成

监控系统的设备组成主要有车辆检测器、能见度检测器、气象检测器。除主要设备外,还有相应的外围设备。

(1)车辆检测器(Vehicle Detector,VD)。高速公路全线设置车辆检测器,每套车辆检测器由两对环形线圈与一个车辆检测器组成。当车辆通过埋设在路面下的环形线圈时,车辆检测器就可检测出通过该车道的车流量、车辆速度、车辆占有率等。车辆检测器包括控制单元和磁性线圈两部分。其中,控制单元有数据处理微型计算机、检测单元和通信控制单元;磁性线圈采用双线圈工作模式。

(2)能见度检测器(Visibility Detector,VD)。在各个监控分中心的管辖段内各设置能见度检测器,用以检测道路的能见度状况。

(3)气象检测器(Meteorological Detector,MD)。在水网地区(苏州)和丘陵地区(镇江)各布设了一套气象检测器。气象检测器除可以检测风力、风向、大气温度和湿度以及路面温度、湿度外,还可以给出路面结冰预报。

(4)闭路电视(Closed Circuit Television,CCTV)摄像机。沿线设置摄像机,用来监视重点地段的交通状况。

(5)闭路电视监控系统。各监控分中心将本辖区的外场闭路电视摄像机通过视频矩阵切换器与监控分中心的监控室内的闭路电视监控器对应连接,实施24h监控。当一个报警信号发出时,经过编程的视频矩阵切换器自动将报警图像切换至控制台上的监视器,并进行录像。

(6)可变限速标志(Changeable Speed Limit Sign,CSLS或Variable Speed Limit Signs,VSLS)。设置可变限速标志,显示40km/h、60km/h、80km/h、100km/h、120km/h等限速指示。限速显示标志既可以是固定的,也可以是跳闪的,并可进行8级自动和人工调光控制,满足车辆在快速行驶过程中驾驶员对信息内容的识别。

(7)可变情报板(Changeable Message Signboards,CMS)。在主要出口匝道前设置若干块高亮度LED可变情报板,其中采用双行文字显示板设置在某些重要的出口匝道前。可变情报板可显示各种图像和文字,通告各种交通情况和气象信息,发布交通指令,保证交通行车安全。所显示的图像和文字既可以事先编制、存储在可变情报板控制器内,也可由控制可变情报板的计算机系统进行编制,通过网络发布。

(8)紧急电话分机(Emergency Telephone,ET)。按每千米一对的原则,在高速公路两侧设置紧急电话分机258对,为道路使用者提供单向呼叫、双向通话服务,紧急电话分机的音量为90dB,失真小于3%,电源为免维护充电电池。紧急电话主机系统负责管辖本区段内的紧急电话分机,紧急电话主机可控制256台紧急电话分机,其呼叫分机排队数量最多达6个;可以识别任一呼叫分机的编号,并在监视器和投影屏上显示其位置;通过通信电缆线对紧急电话分机的充电电池进行充电。紧急电话主机系统和紧急电话分机构成了ET-Ⅱ型紧急电话系统。

(9)监控分中心系统。监控分中心设有大屏幕投影系统、监控分中心计算机系统、闭路电视监控系统和紧急电话系统。

(10)大屏幕投影系统。投影仪将计算机信号或闭路电视图像投射到投影屏上,彩色图形服务器对大屏幕投影系统进行管理。投影屏上可显示本监控中心所管辖路段的交通况、气象信息、紧急电话分机工作状态以及所发出的各种指令。

(11)计算机系统。计算机系统主要由主服务器、交通监控计算机、通信计算机、彩色图形计算机、紧急电话主机系统、可变情报板计算机及一些辅助设备组成。

其中,主服务器负责本地局域网的管理、采集和处理各种交通监控数据及图像信息,以及外场设备运行状态。并且作为数据库服务器,存储各类有关信息,分析各类交通、气象信息,提出交通监管方案;交通监控计算机负责执行交通监控软件,按照高占有率算法(High Occpancy Algorithm,HIOCC)算法判别交通拥挤、事故等状况,管理各外场监控设备的运行,统计分析各类数字信息,并提供报告;彩色图形计算机负责将各种数据和信息经过处理在图形界面上显示;通信计算机负责本地局域网与下端外场设备、上端监控主中心的双向通信,并与本辖区紧急电话系统和收费系统进行通信;可变情报板计算机主要用来控制可变情报板,监视可变情报板的显示状况和工作状态,编辑显示内容,和交通监控计算机进行信息交换、发布工作指令等。如图10-1所示为高速公路交通车辆监控系统的示意图。

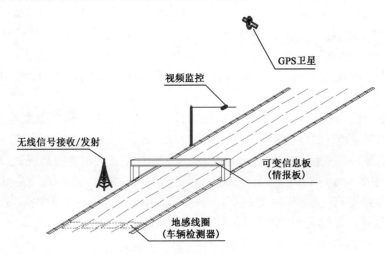

图10-1 高速公路交通车辆监控系统

10.1.2 城市区域交通监控

城市交通监控系统由闯红灯抓拍系统、超速抓拍系统、路段交通违法管理系统(含违法停车抓拍系统、压黄线违法抓拍系统、不按导向车道行驶违法抓拍系统等)组成,几个系统全部相互兼容,组成一个完整的交通监控管理系统,每个系统又相对独立,可以根据实际情况单独使用。例如对于道路设施智能监控(图10-2),系统从物理结构上可以分为前端设备部分、传输部分、终端部分三个部分,每一部分又是由相应的具体设备所组成。设施组成示意图如图10-3、图10-4所示。

通过摄像机实时摄取交通图像信息,用最新电磁感应或是视频技术来判断是否有违法交通行为发生,如果有交通违法事件发生,控制系统通过指令控制图像处理主机对交通违法图像进行处理并形成有效的数据库和图像信息。将违法数据库和图像信息传到违法处理机上,最后在违法处理机上对交通违法驾驶员进行处理。

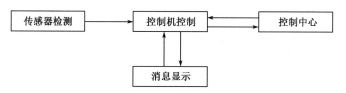

图 10-2　道路设施智能监控组成示意图

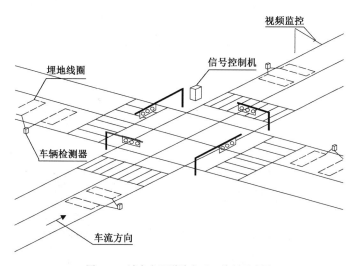

图 10-3　城市交通道路交叉口控制示意图

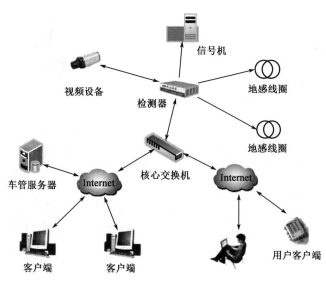

图 10-4　电子监控系统示意图

10.1.3　电子警察系统

电子警察系统主要是由环形线圈车辆检测器、视频采集设备及后端处理系统等组成,按其功能分为闯红灯抓拍系统(图 10-5)、卡口系统及超速抓拍系统。

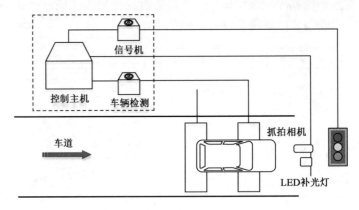

图 10-5 闯红灯抓拍系统

1）电子警察系统工作步骤

以闯红灯为例对电子警察系统进行介绍，电子警察系统的工作步骤如下：

(1) 电子警察系统信息采集部分

包括以下三步骤流程：第一步，电子眼（视频设备）采用环形感应线圈来感应路面上的汽车，通过传感器将信号采集到处理器，送寄存器暂存（该数据在一个红灯周期内有效）；第二步，在同一个时间间隔内（红灯周期内），如果同时产生两个脉冲信号，即视为"有效"，简单地说，就是如果当时红灯亮，车辆前轮过线，而后轮尚未压线，则只产生了一个脉冲，在没有连续的两个脉冲时，不拍照；有些系统采用三个脉冲有效，即前轮通过、后轮通过、通过路口这三个时刻感应到的脉冲，才拍照；第三步，黄灯亮时，拍照系统延时 2s 后启动；红灯亮时，系统已经启动；绿灯将要亮时，提前 2s 关闭系统，主要是为了防止误拍。

(2) 电子警察系统数据传输部分

采用网络传输模式实时将前端违法证据照片向数据中心上传数据，系统需根据提供不同网络传输模式 ADSL、CDMA、GPRS、光纤、串口以及以太网等多种通信方式，考虑到系统数据传输的实时性、稳定性、安全性，方案大多选择光纤以太网通信方式。

(3) 处理部分

中心的录入、查询、发布和管理软件可以调用这些记录并核查，形成可以进行处罚的记录文件并存入服务器的违章记录有效目录，供车辆违章记录处罚系统网站调用。

2）电子警察系统工作原理

(1) 信号灯检测原理

目前路口使用的交通信号机大多是多相位红绿灯，只需将直行、左转、右转的红灯信号、绿灯信号和黄闪信号送至抓拍相机，配合信号灯与虚拟线圈的逻辑关系，则可以确保系统只对红灯状态下越过虚拟线圈的车辆进行拍照，如在红灯信号消失、黄闪时间段内通过停车线的车辆，系统将不予拍照。

(2) 闯红灯抓拍原理

在红灯信号时，当车辆经地感线圈时（进入及离开该区域），相机快速地检测到这些信号变化，并通过对这一变化进行分析处理来判断是否有车辆通过，当检测到在红灯状态下有车辆通过时，将对违法车辆进行连续抓拍。

采用双线圈防逆行埋设方式时，每条车道不仅需要独立埋设，而且要埋设 2 个呈"吕"字形的线圈,当车辆在红灯状态由左向右通过该组线圈时,系统将进行拍照;如果是由右向左方向触发该组线圈,系统将不予拍照。如果该系统设定为防逆行方式,即便在绿灯状态下,当有车是由右向左方向触发该组线圈,系统也进行拍照。

(3) 线圈检测原理

环形线圈检测在理想环境下具有检测稳定可靠、检测速度准确的特点,环形线圈车辆检测器可以在1ms内检测到线圈中任一线圈发生的0.01%的电感量变化,从而可以检测到车速200km/h以上的车辆,并且可以准确地检测到经过线圈的摩托车、轿车、货车、工程车等各种车辆。

(4) 系统工作原理

抓拍相机在检测到红灯信号后,记录该红灯信号的起始时间并以每秒10帧的速率从CMOS或者CCD取得原始数据,并按照一定的算法对数据进行运算。当检测到虚拟线圈区域有车辆时,临时保存该数据并记录此时拍摄时间,当红灯信号有效并且多次检测该区域没有车时,再次保存该数据并记录此时拍摄时间,并将三次保存的数据进行压缩处理,成为标准的JPEG图片,在图片上叠加违章信息,并将该信息追加到文件末尾。无网络的情况下存储到本地;在网络允许的情况下将图片上传至中心服务器。上传的图片由管理人员使用中心录入软件将违章图片、叠加车辆信息等内容形成违章记录并保存在由违章车辆处理、查询软件建立的违章网站上,交警执法人员可以通过该网站处理自己管辖区内的违章车辆。

10.2 联网售票系统

联网售票系统工程建设数据交换平台,实现省联网中心与客运站的数据的共享和互联互通,同时实现省交通厅运输管理局与联网中心的基础数据、统计数据、票务交易数据的交换与共享,并实现联网售票系统与铁路、民航、城市客运等其他部门的信息交换与共享。

通过在联网售票系统进行数据采集、抽取,完成基础数据的采集工作,然后通过中间件将采集的数据稳定、可靠、高效、安全地传输到数据交换平台,完成该部分的数据采集和传输工作。

省级数据汇总之后,将省级统计数据通过部省联网信息交换通道,从省级平台传输到部级平台,并通过部级平台实现省与省之间的数据交换。在国家与行业相关标准规范基础上,实现客运基础信息与动态信息的全面整合,为部级道路客运联网售票业务数据分中心以及综合交通运输体系建设做好支撑。

平台还需实现与运政系统、诚信考核系统、道路运输管理信息系统以及其他外部系统之间的数据共享与交换,并负责从各客运站抽取整合数据,为省级应用系统提供数据支持,实现道路客运数据资源的集中管理。

此外,数据交换平台还要同公安等系统进行数据的交换,实现对业户的全面的管理及实名制验证。

10.2.1 数据组织方式

在建设的道路客运联网售票系统联网中心存储基础数据、票务交易数据库、统计分析管理数据库、交换共享数据库,为道路客运管理部门提供数据支撑。根据陕西省道路客运联网售票系统联网中心的组织方式,确定本次工程相关数据的组织方式如图10-6所示。

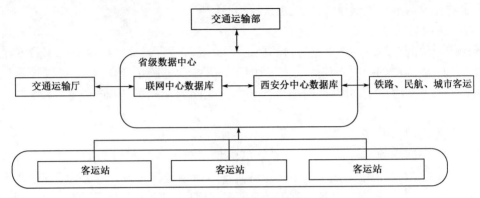

图10-6 数据组织方式图

10.2.2 平台架构

陕西省道路客运联网售票数据交换平台需要充分考虑满足联网售票系统的业务整合需求。平台架构如图10-7所示。

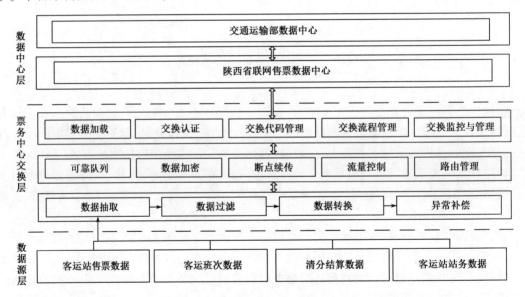

图10-7 交换平台架构

数据交换平台建设以数据交换服务为核心。

1) 数据源层

数据源主要包括四大类型:一是本次工程建设的陕西省道路客运联网售票系统在过程中产生的售票数据,二是站务数据,三是客运班次数据,四是通过各种售票渠道销售车票所得票款的清分结算数据。

2) 数据交换层

数据交换层从功能方面主要分为三个方面:

(1) 接入层:接入层由面向各类异构系统、异构数据源的适配器组成,完成各个子系统和业务支撑系统的数据抽取、加工等工作。在数据接入过程中涉及数据过滤,从大量数据内部仅仅筛选出需要的数据进行操作。其后部分数据进行转换,以满足数据能够正常进入接收端数据库的最终目的。在接入过程中需要通过异常补偿机制,保证数据接入的完整性。

(2)传输层:在传输层除了保证数据的可靠、高效传输之外,还要保证数据的安全性,基于此需求,数据交换平台的传输要求具备数据加密、可靠队列、传输管理、路由等功能。在传输过程中,依靠可靠队列,保障在当机或网络故障时数据不会丢失。此外,通过数据加密、断点续传、流量控制、路由管理,保障传输的安全、可靠、稳定、灵活。

(3)数据交换管理:交换中心端除了数据加载之外,还具有交换代码管理、交换流程管理、面向全过程的数据监控管理等功能。数据加载过程即将数据存放入部省数据库的过程,而交换前可进行交换认证,确保传输双方的正确性,交换代码管理、交换流程管理及交换监控与管理便于监控交换的数据内容的正确合理性,提供可靠的安全体系。

3)数据中心层

数据中心层由省级数据中心构成。同时,需要通过本次项目建设的数据交换平台,完成与部级数据中心的数据同步。

10.2.3 系统概述

联网售票系统工程建设由联网中心、西安分中心、一级客运站、部分二级客运站应用系统以及外围渠道系统等多层次的应用系统所组成,统一部署、综合应用,实现跨区域的联网售票和客运售票业务的综合集中监管。

行业监管系统可实现客流监测、监控经营车辆、应急处置、掌握道路运输实际情况,打击非法运营等扰乱运输市场秩序情况,治理、维护市场秩序,实现道路运输行业健康、安全和持续发展。

清分结算系统作用有二:一是用于对各种清分协议的备案,包括票务中心之间、站与站之间、渠道与站之间的清分规则;二是负责全省站外售票的清分清算,实现客运联网售票结算票款的清分结算和账务处理。

票务交易系统实现跨区域、跨行业客运联网售票的集中交易处理。

统计分析系统用于日常运行情况的统计,为行业主管部门提供不同维度的统计报表,为行业发展规划、政策法规制定、运力投放安排、客运票价调节以及财政补贴政策提供辅助决策。

道路客运出行服务网站实现旅客通过注册、登录票务中心的互联网门户网站进行订/购车票的业务。系统提供网上银行、信用卡、支付宝等多种电子支付方式进行票款结算。旅客凭电子票号和密码、身份证到客运站或指定的服务窗口和自助取票终端设备换取正式车票。同时,旅客可通过该系统查询到综合出行信息。

渠道管理系统实现对互联网、电话、手机应用、代理点、自助终端等销售渠道的管理以及业务规则的制定。渠道管理是各种销售渠道的专项功能,包括为各类渠道提供的统一渠道售票接口,以及本期建设的自助售票、互联网售票等。

站务系统,包括车站站务系统、车站售票系统及旅客服务系统,主要有车辆报班、车辆调度、售票、检票、退票、改签、结算、行包管理等功能,通过显示终端、广播等为旅客提供票务及班次相关的基础营运信息、变更信息等。

联网售票的最终用户主要有客运站、运输企业、客货运中心、政府职能监管部门、第三方运营服务商以及联网售票最终受益的广大出行民众。应用系统相互关系如图10-8所示。

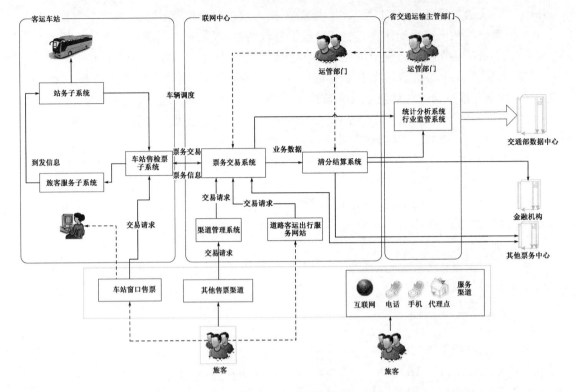

图 10-8　应用系统结构

系统基于中间件提供标准的访问控制,统一处理内部系统间及与外部系统的应用和数据访问。票务业务的访问接口格式符合国际标准规范,并基于此实现与民航、铁路、酒店等其他旅行运营服务商的业务接入。行业间通过标准的行业对外接口实现与银行、公安、民航、铁路等系统的互访。应用系统接口如图 10-9 所示,总体数据流程图如图 10-10 所示。

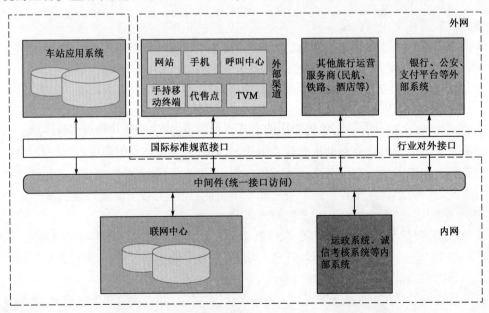

图 10-9　应用系统接口

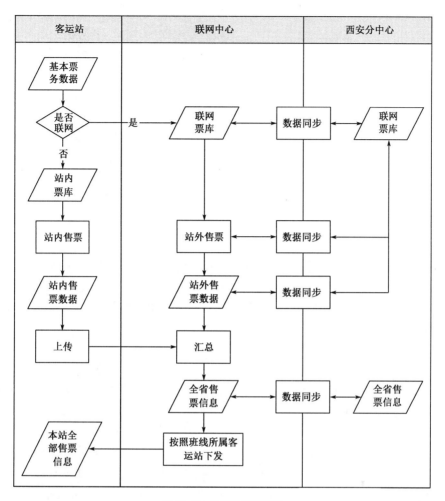

图 10-10　总体数据流程图

10.3　GIS-GPS 应用

GIS 与 GPS 作为不同系统，单独使用的方式逐渐消失，代之的是几种现代技术统一使用的模式。这种多技术系统能够起到单一技术解决、处理问题无法达到的高度，这就要求多学科的融合与交叉，GIS-GPS 就是在这种条件下得到应用和发展的。

10.3.1　GIS-GPS 的介绍

1）GPS 与 GIS 结合工具

GPS 与 GIS 结合构成 GPS-GIS 系统，系统的主要功能是实现业务智能化/信息图形化，目前，GIS 技术有国际主流的 ArcGIS/GeoMedia/MapInfo 等平台技术，在这些 GIS 平台上可以与 GPS 数据集成，完成 GIS-GPS 服务模式。

GIS-GPS 系统一般由数据层、平台层及应用层构成。

数据层以通用数据库为主体,以业内流行的 Oracle 数据库、SQLServer 数据库,以及 IBM 公司的 DB2 数据库为主流数据库,数据层采集和整理系统的 GIS-GPS 数据。资源层主要负责开发 GIS 接口层、数据交换平台、报表管理平台、GPS 接口层核心框架,实现从数据层数据到应用层数据的转换,为应用层各个应用系统提供必要的资源服务。

平台层主要负责开发 GIS 接口层、数据交换平台、报表管理平台、GPS 接口层核心框架,实现从数据层数据到应用层数据的转换,为应用层各个应用系统提供必要的资源服务。

应用层建立多种业务应用,用于智能交通的各个领域,包括车辆 GPS 监控/调度系统、公路监控/设施管理系统、公安警卫 GIS/GPS 系统等。

2) GIS-GPS 应用范围

GIS-GPS 的应用范围很广,比如监控中心、设施管理、物流管理、特种车辆调度和监控、出租车辆调度指挥、安全/警卫 GIS 系统、联动紧急救援系统等。

(1) 监控中心

适用于高速公路、交警、城市紧急救援单位的监控中心,动态监控道路状况及实时调度车辆,GIS 系统与 GPS 系统的紧密结合能更有效地发挥监控中心的工作效率,系统与外场监控设备联网,实现对交通流量、气象状况、事故等信息的自动采集,通过交通模型自动分析,调度指挥交通。

(2) 设施管理

建立路网 T-GIS 基础信息库,包括收费/通信/服务/监控/公共等各类设施的详细信息,在 GIS 系统上显示出来作为交通监控和运营管理的支撑平台,当设施损坏或者电子设备发生故障时,GIS 系统以报警形式主动提示管理者。

(3) 物流管理

与物流管理软件相结合,适用于大型码头、集装箱运输等大型物流企业的车辆监控与调度,实时跟踪货物的运输确保物流安全,及时调度物流车辆,加强对车辆的管理力度。物流车辆安装 GPS 卫星定位系统,在车辆遭遇意外事件或者货物被盗抢时向中心报警,中心则根据车辆信息在电子地图上显示车辆位置及详细资料。

(4) 特种车辆调度和监控

车辆 GPS 监控/调度系统是运用车辆专用的 GPS 定位一体化的通信设备(车台)、无线通信接收和发射设备、网络设备和 GIS 软件,实现对车辆进行实时监控的一体化系统,是充分利用 GPS-GIS 对车辆进行监控的重要和先进的技术手段。主要是对清障车、巡逻车、运钞车、紧急救援、警车等特殊车辆进行车辆跟踪、报警、动态监视和指挥。

(5) 出租车辆调度指挥

实时在监控中心 GIS 地图上根据接收的车辆 GPS 信息跟踪显示多辆出租车行驶路线。与出租车驾驶员进行语音/短消息通信;报警功能是指每辆车都配报警按钮,当遇到警情时向中心报警,中心接到报警做相应提示启动声光报警,而电子地图则以醒目的颜色显示报警车辆位置及其详细资料。调度功能是根据顾客叫车需求,GIS 系统自动查找最近的出租车,并通过对讲机/手机等方式通知驾驶员。

(6) 安全/警卫 GIS 系统

包括经纬路线设计、部署信息查询、现场信息查询等功能。警卫路线设计功能是指市区路线上任意两点间选取行车路线和备用路线,按沿线状况、警卫级别、警力资源等信息自动完成路线的警力部署。部署信息查询是显示并统计与警卫路线相关的自然情况、警力部署情况。现场信息查询是查询现场、出入口、制高点、参观部位、内部行走路线、火车站、机场路线、重点要害部门、建筑物、会议室、娱乐设施、内部停车场、周围指定医院,人员部署等信息。

(7) 联动紧急救援系统

结合 GIS 技术和呼叫中心(Call Center)技术,为公安等政府相关应急职能部门和网络单位提供一套完整的指挥调度系统,对市民反映的紧急求助事件进行迅速响应和处理,如火灾、意外事故、医疗急救、交通事故等,以及水、电、煤气泄漏等事件,为城市的公安、交警、消防、急救、防洪、防震、人民防空等部门实行统一的接处警和指挥调度。

10.3.2 GIS-GPS 在车辆导航中的应用

车辆导航系统是将全球定位系统(GPS)、移动数字通信(3G/4G/5G)、地理信息系统(GIS)和 Internet 互联网等现代高新技术有机地结合在一起,构成一个在全球范围内对移动车辆提供连续的、实时的、全天候的、高精度的定位地理信息服务的应用系统。

1) 系统平台

车辆导航系统由三个层次组成:物理层、逻辑处理层及智能层。物理层提供当前车辆的相关信息,包括位置相关的地理信息数据;逻辑处理层就是一系列数据的处理,实现地图的匹配;智能层体现导航的功能,包括各种智能算法、辅助决策、最优路径的选择等。也可根据软件层次结构划分结构形式:GIS 基础平台软件、GIS 行业应用平台软件、GIS 应用软件。

2) 定位数据处理

定位数据处理是获得车辆实时地理位置的主要手段,系统必须具有在 90% 以上的行程时间确定车辆的当前位置,且系统有一定的误差处理能力。在系统处理能力解决上,如果达到一个稳定有效的定位结果,需要考虑四个方面问题:具有较高精度与可靠性的车辆连续定位手段;测量结果坐标转换及投影变换误差;接收机动态定位性能的改善;完善的地图匹配算法。

3) 交通网络分析

交通网反映了一个明确的地理网络拓扑关系,通过对交通网络的分析,即网络元素的空间、属性数据,对路网的特性特征进行多方面的分析计算。在交通 GIS 的分析中,主要分析内容包括路径分析、服务中心范围的确定、可达性分析。路径分析是交通网络分析的重要组成部分,它可以对地理意义上的两点间的距离做最短分析,还有度量方式,如时间、费用、道路容量、道路行车安全速度等。

4) 交通信息知识库设计

交通信息知识库设计主要从两个方面进行考虑:信息知识库规则设计与导航提示信息设计。

交通信息规则知识库是行路系统功能的主要内容之一,主要是根据规划路径所产生的一个行驶命令列表,并确定合适路径及如何引导驾驶员行驶。行驶指令的确定需要考虑的因素包括:道路类型、车道数、行车车速、目标点距离、道路标志物以及驾驶员的状态等。

导航系统广泛的应用与发展,得益于用户对其功能、可靠性、灵活性的评价。通过仿真驾驶人员在车辆中的知识和经验,在车辆行进过程中给车辆驾驶人员一个比较合理的信息提示,使得系统更具有真实性。车辆导航要求能够实施获得车辆在行进中的位置坐标,这是进行导航信息提示的基础。导航信息提示是指示车辆驾驶员从当前位子到达所期望的目的地的一组指令列表。这些指令信息随着车辆位置的更新实时地提示给用户。由于驾驶员在驾驶车辆的过程中,注意力主要集中在道路或相关对象,对于表达方式来说越简单,越能符合驾驶员的需求。信息提示内容以驾驶员知道并能做出迅速反应等信号为基础,防止影响驾驶员的正常驾驶注意力。提示方式除图像显示外,也需要有语音提示作为驾驶员获取信息的补充。

5) 交通数据融合技术

车辆导航目前主要还是依据静态的交通数据库为基准。实时交通信息发布主要是将由信息采集系统提供的道路交通信息、对某些车辆的控制信息、为提高 GPS 的定位精度的差分 GPS 修正信息,以及一些求救信息等,通过无线通信手段向全部用户广播,并由用户设备识别、选择、接收。与路径诱导相关的主要内容包括道路的实时交通状况、被临时变更的单行道和路口转弯通行许可、紧急情况发生的位置等信息。实时交通信息的获取和处理是动态车辆诱导功能的基础,特别是在城市交通日益严重的今天,实时交通的获取更显重要。

近年来,交通信息服务体系是随着日益增长的交通需求发展起来的,是利用现代数字通信、卫星定位、计算机、GIS 等技术,提高路网资源效率的系统工程。这个体系通过高效的服务系统、智能软件系统,在短时间内对多种方式获得的数据进行处理融合,得出数据融合结果并能够及时向使用者发送提示信息。可以看出,交通数据融合技术在智能交通系统中占有越来越重要的地位。

10.3.3 基于 GSM 网络的 GIS-GPS 车辆网络监控系统

在车辆网络监控系统中,主要的组成部分是监控中心。监控中心主要由 GSM 天线、GSM 模块、GIS 系统、数据库管理系统、监控管理系统等组成,结构框图如图 10-11 所示。

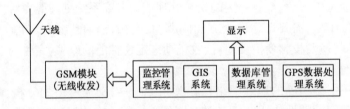

图 10-11 监控中心框图

监控中心工作流程如图 10-12 所示。

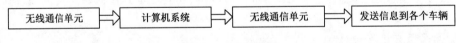

图 10-12 工作流程图

一个完整的 GIS-GPS 监控系统一般由计算机与一些外围设备组成,包括服务器、工作站、数字化设备、数据输出和数据备份设备,以及相关的通信模块等。

GSM 模块的功能有:接收车辆信息,包括车辆发送的位置、速度或者相关的状态信息;发送调度信息,向所需要的车辆发送调度信息或地理数据的更新信息。

GIS 系统包括软件系统和硬件。

软件系统是指计算机系统软件、GIS 软件和其他支持软件、应用分析程序等。计算机系统软件是指必需的各类程序系统,包括操作系统、汇编程序、编译程序、诊断程序、第三方库程序以及维护手册、程序说明等。GIS 软件和其他支持软件,包括通用的 GIS 软件包,也包括数据库管理系统、计算机图形软件包、计算机图像处理系统、CAD 系统等,主要是对空间数据输入、存储、转换、输出及与用户的接口等的支持。应用分析程序是系统开发人员或用户根据地理专题或区域分析模型编制的用于某种特定应用任务的程序,是系统功能的扩充或延伸的支持。

硬件一般由计算机与一些外围设备组成,包括服务器、工作站、数字化设备、报表打印机、数字扫描仪与数据备份等设备,根据功能可以分为数据管理、加工和分析设备与数据存储设备等、输入输出设备及其网络设备等。GIS 系统的主要功能有数据采集、转换、检验与编辑功能,数据的存储,数据的组织与管理功能,数据格式化、概念化、转化与分析功能。其他具体功能是指一些基本的操作:放大、缩小、漫游、图层定义、位置定位、地图显示、查询、基本信息展示、数据导入、数据更新、地图车辆监控定位等。

要实现对空间数据管理,首先要进行地图数字化,即制作电子地图。对于地理信息系统的应用来说,它是一切数据处理和分析的开始。电子地图主要是根据不同用途对地表的街道、行政界限、主要地物、河流、铁路等进行描述。在系统中,电子地图主要用于定位、定向、识别地物、对空间数据进行存储、查询、显示交通状况等,使用相关的软件参与分析和计算。电子地图中的每一个目标都要经过单独数字化,任何一个目标都是可修改编辑的,都具有属性特征,它作为基础地理信息,对分析、决策起关键作用。

目前,地理数字化的方法主要有两种:手扶跟踪数字化,即用数字化仪进行地图数字化。扫描数字化,即用扫描仪扫描之后在计算机内通过软件处理的方式进行地图数字化。监控系统的地图数字化采用的是第二种方法,即扫描数字化,其具体过程如图 10-13 所示。

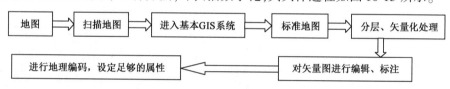

图 10-13 地图数字化过程

如图 10-14 所示为 GIS 系统工作空间分层构成。具体分层如下:

点状层——学校层、医院层、宾馆层、政府机关层、GPS 跟踪层;线状物——道路层,包括街道;面状物——街区层、绿化层、路口层。

数据库主要用来管理属性数据和与 GPS 中段有关的数据,GIS 系统的数据与一般的管理信息有很大的区别,除纯粹的业务信息外,还有 GIS 所需的大量与管理图形相对应的空间数据。因此 GIS 系统的数据库部分可分为两个部分,即空间数据和属性数据。因此在监控管理系统中使用专用的数据库管理系统 DBMS 来管理空间数据在技术实现上存在障碍。由专用的数据库来管理属性数据,诸如 Sql Server、Oracle 等。

图 10-14 工作空间的构成

由于 GIS 与 GPS 设备结合使用才能构成完整的系统,为用户提供定位信息,但是由于导航定位数据坐标系与 GIS 所采用的坐标系有所差异,因而需要通过 GPS 数据处理软件进行 GPS 的定位数据处理,从而达到与 GIS 的坐标相互配合显示。

监控管理系统的功能是完成地理数据的采集、编辑及处理。监控管理软件的基本功能是完成对被监控车辆的数据维护,包括对数据的增删、统计、修改等。

10.3.4 GIS-GPS 在智能公交系统中的应用

智能公交系统利用短信、WAP、WWW 网站等方式,向公众提供及时、准确、全面的公共交通信息,使得大多数待出行人群足不出户就能掌握公交运营情况,对于提高城市公共交通服务质量、缓解城市交通拥堵、减轻交通管理和道路建设压力起到了积极的支持作用。对于公交运营来说,智能公交带来的最大改变在于调度方式的升级。智能公交系统的建设,实现了从单纯人工调度到动态监控、实时调度的飞跃。目前,公交报站方式是公交车进出站、由驾驶员在语音报站器上按键进行报站,而公交车安装了 GPS 等车载设备后,就具备了自动报站功能,并且在加装了 GPS 等设备后,每辆公交车都具备了浮动车的特性,可以实时获取公交车运营,对公交系统的发展具有很重要的作用。

智能公交系统的主要原理就是通过各类手段获取公交车的车内、车外等信息,并实时传递给监控中心,经过处理后再反馈给用户。其实质就是借助 GPS 全球卫星定位系统、GIS 地理信息系统和 GSM/GPRS/3G/3.5G/4G 手机运营通信网络完善的无线服务,实现车辆动态定位、无线通信及电子地图显示技术,实现对线路运营车辆、机动车辆、检修车辆动态位置的实时监控,从根本上提高了调度指挥系统对运营状况的实时掌握与应变能力。

智能公交系统运用系统工程理论将交通流诱导技术、车辆定位技术、地理信息系统技术、公交运营优化与评价技术、计算机、网络技术、数据库技术、电子技术、RFID 等技术进行科学集成,形成智能化调度、智能收费、信息服务等为一体的先进的公共交通管理系统,如图 10-15 所示。

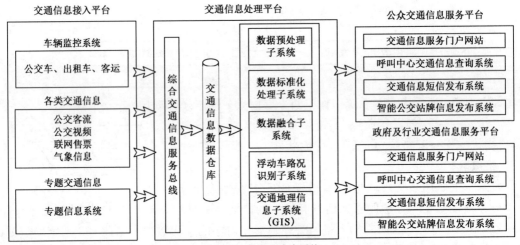

图 10-15 智能公交车系统

1) 信息接入平台

在信息接入平台,主要是对城市交通中与公共交通相关的信息进行采集、获取,包含针对大型城市活动对公共交通的影响信息。诸如各类公交车、出租车、各类客运公共交通工具的车辆监控。公共交通客流、公交视频、售票、气象环境、出行等交通信息以及有大型公共活动的特殊信息等。

2) 信息处理平台

信息处理平台,是实现公交智能化的核心内容,处理接入的各类信息,并通过信息处理平台为公众交通信息服务平台提供服务数据。信息处理平台包括各类相关的数据仓库、浮动车、GIS 等系统,以及数据的预处理、标准化、融合数据等功能。

3)公众交通信息服务平台

公众交通信息服务平台最终为出行人群、交通管理部门提供服务内容的数据展示或推送服务。其展示形式多种多样,如信息情报板、呼叫中心信息查询、专业网站、短信服务等。

对于未来的智能公交来说,随着物联网、车联网等技术的发展,会有更多数据服务功能,如轨迹导航功能、行程计算及个性化服务等。

10.4 城市交通流诱导系统

城市交通流诱导系统(Urban Traffic Flow Guidance System,UTFGS)研究内容是以动态交通分配理论为基础,实时分析复杂多变的路网交通状态,综合运用 GPS 和 GIS 等技术,通过车载信息装备、路边可变情报板等向出行者提供实时交通路径的最优引导信息,在目标上达到一种约束的均衡路网交通流的目的。在城市交通拥挤的对策上,交通流的诱导与控制协同无疑将是一个核心的内容,大力发展城市交通流诱导系统是必不可少的。

UTFGS 是智能运输系统 ITS 研究的重要方面之一,基于电子、计算机、网络和通信等现代技术,根据出行者的起讫点向道路使用者提供最优路径引导指令或者是通过获得实时交通信息帮助道路使用者找到一条合适的线路,来改善路面交通系统,防止交通阻塞的发生,减少车辆在道路上的停留时间,并最终实现交通流在路网中各个路段上的合理分配。

UTFGS 原理是采用数学模型或者应用人工智能中的机器学习与推理来处理交通流的短时预测与指导交通流进行诱导。UTFGS 研究的对象是所定义的道路网上的动态交通流运行过程,这个过程不断运行并变化。UTFGS 所研究的状态是采用检测手段不断获取道路网上每个路段、路口等的实际交通流数据,这些数据将反映出道路网上交通流的即时变化,反映出路况"事实"。然后按照一定的要求(例如时间、行程速度、道路负荷的均衡度等指标)评价出每个交通诱导信息的效果。从交通流状态、交通流诱导信息和诱导效果可以总结出交通诱导的规律性支持知识,建立交通诱导知识库,以便有最佳的交通诱导效果。交通流是随着时间的变化而变化的,每一个时刻的交通诱导信息都对下一步的交通流的状态有所作用,因此每一步交通诱导信息的决策必须适应下一步的交通流状态。故此,在交通流的诱导中不可避免地需要对交通流进行预测。为此,由交通流状态及交通诱导信息之间的对应关系同样可以总结出交通预测的规律性知识,生成交通流预测的知识库,这样通过不断获取交通流状态,动态地生成并在较短的时间间隔更新即将产生的交通流信息,实时推理出交通流的诱导信息。

从信息流的观点来看,交通流诱导系统大致可分为交通信息的采集、交通信息的传输、交通信息的处理、诱导信息的生成及诱导信息的发布五大部分,流程如图 10-16 所示。

10.4.1 交通信息采集

交通信息采集实现对系统所需原始数据的采集支撑(诸如道路现状、交通流量、交通流速、道路占有率等),并存储形成交通信息数据库,以此提供给诱导信息生成模块和 UTFGS 的其他子系统数据支持。

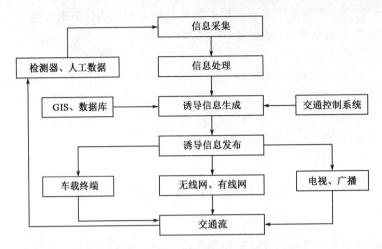

图 10-16　交通流诱导系统组成原理图

在交通流诱导系统中,交通信息采集是系统的最基础工作。交通信息采集一般来说是在城市道路交叉口设置各类传感装置,如地埋环形线圈、视频摄像机、雷达等,获得不同类型的交通数据,以及安装具有自适应的交通信号控制设备等是实现交通流诱导的前提。

把获得的道路网络交通流数据传送到交通流诱导主机,利用实时动态交通分配模型和相应的软件进行实时交通分配,滚动式预测网络中各路段和交叉口的交通流量,将此预测数据提供给交通流诱导。

10.4.2　交通信息处理

采集到的交通信息是原始交通数据,不能直接用于生成诱导信息,需要经过一定的处理过程。由于外界环境的影响和各种检测器在实际中存在检测误差,提供的交通流数据不一定能够真实地反映实际交通状况,存在一定的误差数据。因此,需要对传感器获取的数据进行一定的融合处理,并对交通信息的数据进行补偿,最大限度地保证数据的完整、准确。

10.4.3　交通信息存储

在交通流诱导系统中,需要大量的历史数据和即时数据等,故数据存储技术的支持不可缺少。交通流诱导系统主要采用的是能够应对海量数据存储、处理,并满足分布式处理的数据库系统。

交通流诱导系统需要建立交通量的历史数据库、行程时间历史数据库、城区路网基本信息数据库等关键数据库,这些数据库共同构成了交通诱导系统的支持基础。

10.4.4　诱导信息生成

数据库中的交通信息不能直接为诱导系统所使用,需将其进行必要的处理,生成诱导系统可用的信息。一般来说,诱导信息的生成按生成方式分为人工方式与自动生成方式两种。人工诱导信息的生成是由交通相关专门人员根据交通状况和道路状况,结合历史经验,选择合适的诱导方案并人工输入系统;自动生成方式是智能化交通诱导系统的核心内容,它将直接确定系统智能化水平的高低。诱导信息的自动生成依赖于一个实时的、统一的交通诱导信息数库,诱导信息的自动生成通常是根据预先设定的自动诱导模型,由软件自动根据采集到的实时交通数据进行处理、运算,生成预测数据,包括旅行时间、拥堵状况等信息。需要特别说明的是,在使用中,这种自动生成的诱导信息可以经过管理人员的确认和干预。

10.4.5 信息发布方式

交通信息服务子系统是交通诱导系统的重要组成部分,把交通流诱导主机运算得出的交通信息预测结果通过各种传播媒体传送给用户。发布的媒体形式随着技术的发展会有所变化,当前主要的媒介形式有电视、互联网、收音机、各类 VMS 及一些车载设备等。交通诱导系统的信息发布主要以预测信息为主,此外,应急信息也是发布信息的一部分。通过发布的媒介形式可以看出,发布的信息形式内容可以是视频、图像、音频、文本等,或者这几种发布形式内容的混合。

系统的核心功能是发布交通诱导信息,在信息发布功能上能够提供以下三种信息发布方式:

1) 固化信息显示

将通用的显示信息固化在下端显示屏中,用于显示屏与中心中断时显示,固化信息可以从控制中心下载或用笔记本下载。信息内容、显示时间可通过控制系统更改。

2) 人工诱导显示

将诱导信息人工通过控制系统发往室外显示屏显示。可设定为发送后立即显示或设定好后由控制系统定时发送显示。

3) 自动诱导显示

由诱导软件自动根据来自交通流实时动态信息检测系统所收集的实时交通流数据按预先设定的算法计算生成诱导信息,生成的诱导信息经确认后,自动发送到室外显示屏显示。

停车诱导信息发布:根据停车场检测系统,自动实现停车场剩余车位的发布。

10.5 交通安全与信息化

现阶段,信息技术大规模应用于道路交通管理中,更有效、科学、合理地配置有限的道路交通资源,减轻交通管理部门的压力,大大提高道路通行率,预防和减少道路交通事故,较好满足广大人民群众安全快捷出行的需求,从而更快、更好地服务于社会经济的发展,充分体现信息为交通服务的强大功能。交通安全信息化的,主要内容包括事故预警、应急事故现场处理等几个方面。

10.5.1 道路交通事故预警系统

信息采集的过程中,收集了大量的信息,其中将会包含一些事故信息,诸如交通流量的剧降、车速突变等。如图 10-17 所示的上游检测交通流速度 C 紊乱,形成速度突变,对交通事故出现的时间、位置作出判定。

作为信息技术条件下的道路交通安全系统,不可避免地要对某一个区域甚至是更大的范围内进行信息的统一采集处理,能够对事故应急处理有更多的信息作为参考。如根据路面的温湿度、能见度等提醒驾驶员路面的行驶速度在什么样的范围内是安全的,并且在超出安全范围的时候能够提示车辆驾驶员,采用的方法如设置电子公告牌等。

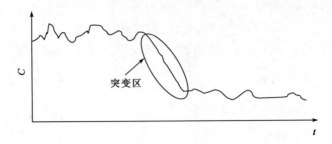

图 10-17　交通事故检测判断方法

作为大范围内的事故检测系统或者预警系统，无疑都有利于提高交通事故处理速度，加快事故处理的反应能力，提前预警，减少不必要的交通阻塞时间等作为系统实现目的。

利用交通采集、处理等信息方法，结合现代通信技术，可以构建一个较为完善的交通安全保障系统，如图 10-18 所示。所以，系统同样包括了信息的采集、处理以及 GIS、GPS 等技术。此外，对车辆驾驶员的体征进行感知，获得信息，并通过这些信息的处理得知驾驶员是否适合或继续驾驶车辆。

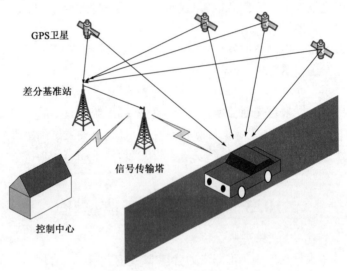

图 10-18　道路交通安全信息传输示意图

数据采集是系统能够准确进行预警或系统进行判断的主要依据，数据的即时、准确是系统的基础。事故数据的获取方式采用信息化方法后，手段达到了多样化，数据获取采用方法也得到了飞跃，见表 10-1。

事故数据获取的发展对比　　　　　　　　　　　　　　　　表 10-1

阶　段	现　状	信息技术
数据采集	(1) 现场人工记录事故信息； (2) 有部分 PDA 等手段； (3) 人工测量手段等	(1) 电子报告； (2) GPS 定位信息； (3) 编码阅读； (4) 磁条读取； (5) 数字图像、数字视频； (6) 时间数据阅读； (7) 激光测量

续上表

阶 段	现 状	信 息 技 术
数据处理	事件后的人工录入系统	(1) 文档扫描； (2) 无线通信
数据管理	信息管理系统	(1) 安全信息管理系统； (2) 中间件； (3) 网络技术应用

安全预警系统构架如图10-19所示。

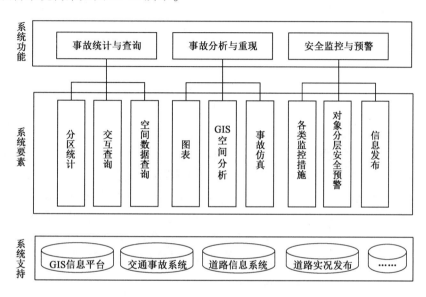

图10-19　安全预警系统构架示意图

10.5.2　道路交通事故应急处理系统

从某种程度上来说，应急事故的处理是一种被动的补救处理措施，对目前的道路交通的发展来说，应急处理不可或缺、亟待发展。快速交通事故处理可以提高交通服务质量，对后续车辆的通行减少人为的阻塞；快速事故处理可以对事故发生者给予最及时的救治；快速事故处理同样可以节省道路交通事故救治的人力物力，提高救治效率。所有的快速应急事故处理都离不开信息化的支持，涉及的技术及设备有GIS、GPS、浮动车、监控摄像、车载终端等设备及无线通信终端等。

利用计算机技术辅助办案人员实事求是、客观公正、依法合理、高效、规范地处理道路交通事故成为必然趋势。有兴趣的读者可以查找相关文献进行学习。

10.6　道路交通环境保护信息化

道路交通的环境传统的保护方法大多为人工方法，既费时费力，又不能对数据进行全面的掌握和分析。此外，对道路交通环境没有一个较好的、即时的信息预报机制。比如噪声问题、空气污染问题,都与现有的车辆的行进速度、数量、路面行车质量等有关。基于信息的方法去测定噪声、空气污染,并依此来对交通流的动态分配产生很好的辅助参考作用。下面以道路交通噪声的监控为例进行阐述。

道路交通形成的噪声影响是常见的现象,同样也能够带来危害,诸如生活区的噪声影响人群的正常休息,造成正常工作时间疲惫,长时间神经衰弱而影响睡眠。所以,对道路交通噪声的信息获取与信息化监控都是重要内容。

1)测点选择

测量点应选在两路口之间,道路边人行道上,离车行道的路缘20cm处,距离路口应大于50m,该点测量的噪声可以代表两路口间的该段道路交通噪声。为了对两侧区域的道路交通噪声分布进行调查,垂直道路按噪声传播由近及远方向设测量点,直到噪声级降到临近道路的功能区(如混合区)的允许标准值为止。布设传感器应该覆盖上述测点位置,避免因具有代表性的测点遗漏而造成信息缺失。

2)测量方法

一般在规定的测量时间段内,各个测点每次取样测量20min的等效A声级[国家标准《风机和罗茨鼓风机噪声测量方法》(GB/T 2888—2008)对A声级的定义为:用声级计或用与此等效的测量仪器,经过A计权网络测出的噪声级称为A声级,单位为分贝,单位符号dB,或表示为dB(A)],以及累积百分声级L_5、L_{50}、L_{95},同时记录车流量(辆/h)。

测量时间分为昼间和夜间,还可以分为白天、早晨、晚间三个部分,具体时间可依据地区和季节不同,按当地习惯划定。一般采用短时间的取样方法来测量,白天选在工作时间范围内(如8:00—12:00和14:00—18:00);夜间选在睡眠时间范围内(如23:00—5:00)。测量一般选择在星期一至星期六的正常工作日,如果星期日以及不同季节环境噪声有显著差异,必要时可要求做相应的测量,或长期连续测量。

测点应选择在两路口之间、道路边人行道上,离车行道的路沿20cm处。此处离路口应大于50cm,这样该测点的噪声可以代表两路口间的该段道路交通噪声。按照测点测得的等效A声级L_{eq}、分贝(dB)及累积百分声级L_5,分贝(dB)表示该路段的道路交通噪声评价值。

根据需要可以测量全市的噪声数据,进行全市或区域的噪声评价或者对某条路段的噪声进行评价。

将各段道路交通噪声级L_{eq}、L_5,按路段长度加权算术平均的方法计算全市或区域的道路交通噪声平均值为评价值,计算式如下:

$$L = \frac{\sum_{i=1}^{n} L_i \cdot l_i}{l}$$

式中:L——全市道路交通噪声平均值;

l——全市道路总长,$l = \sum_{i=1}^{n} l_i$,km;

l_i——第i段道路长,km;

L_i——第i段道路测得的等效A声级L_{eq}或累积百分声级L_5,dB。

根据各测点的测量结果按5dB分档,绘制道路两侧区域中的道路交通噪声等声级线。并按照不同的颜色或阴影线表示每一档等效声级,在覆盖某一区域的网格上,也可以利用网格中心测量值,在点间用内插法做出等声级,按5dB分档绘图。分级颜色和因影响规定详见表10-2。

等级颜色和阴影线规定　　　　　　　　　表 10-2

噪声带(dB)	颜　　色	阴　影　线
35	浅绿色	小点,低密度
36~40	绿色	中点,中密度
41~45	深绿色	大点,大密度
46~50	黄色	垂直线,低密度
51~55	褐色	垂直线,中密度
56~60	橙色	垂直线,高密度
61~65	朱红色	交叉线,低密度
66~70	洋红色	交叉线,中密度
71~75	紫红色	交叉线,高密度
76~80	蓝色	宽条垂直线
81~85	深蓝色	全黑

3) 信息传输

信息传输采用 3G/GPRS/CDMA 等手机网络或者 WSN 进行。信息传输在处于这种大范围的分布式传感器的布设网路占有重要地位。当然,如果采用现有的移动式监控车等设备,采用这种信息传输方案也能应对,方案类似于浮动车的信息采集方案。

4) 监控评价标准

道路交通噪声评价执行《社会生活环境噪声排放标准》(GB 22337—2008)中推荐的控制值,即昼间测量等效声级平均值不大于70dB。

10.7　不停车收费系统(ETC 系统)

不停车收费系统,也称电子收费系统(Electronic Toll Collection,ETC)或自动收费系统,通常系统包含一套读出/写入后端通信线路,在车道旁装有发射器(应答器),运行车辆装有无线电波发射器(应答器),当车辆通过时,不需要在收费站前停车缴费,一切均由电子的方式自动完成。在不停车收费系统中,采用了无线电子信息方面的技术,并采用了电子货币作为支付手段。此外,不停车收费系统有两种方法:第一种,自动收费后自动联动自动栏杆,车辆放行;第二种,没有自动栏杆,而是采用未自动缴费车辆,在行驶过程中抓拍记录,作为补交费用的依据,现阶段第一种收费方法较为普遍。

10.7.1　ETC 的组成

ETC 的结构组成如图 10-20 所示。主要包括以下部分:路侧无线装置、车辆检测装置、车道服务器、地感线圈、控制装置、龙门显示装置、车道服务器等设置在收费所在车道旁的设备与收费事务室(车道监视控制盘、收费所服务器等)。

路侧无线装置、车辆检测装置、DSRC 等构成路边单元及车载单元。路边单元一般设置在收费站的车道旁,它可以与车辆车载装置通过天线进行无线通信和信息交换。系统正常工作时,每当有车辆通过收费站口,车辆的信息就会被地感线圈感知到,同时路边单元开始进行工作发出询问信号,若这时车载单元不对该询问信号作出回应,则车辆与路边单元的双向通信就不会启动,也就无法进行数据交换。因此,车辆要想通过收费站口,必须对路边单元发出的询问信号作出响应。车辆对该询问作出相应的同时,中心管理系统会将获得到的车辆信息与预先存储在数据库中的车辆信息进行比较判断,然后控制管理系统会进行下一步的工作:从该车账户中扣除过路费或者让其免费通过。此时,其他辅助设施如:车辆摄像系统,自动控制栏杆或其他障碍,交通显示灯、屏显等设备会接到相应的指令并开始进行下一步的工作。

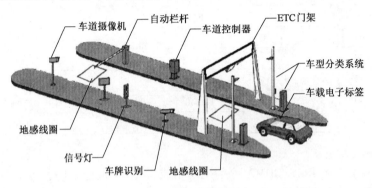

图 10-20　ETC 结构示意图

10.7.2　ETC 关键技术

目前,常用的 ETC 信息获取技术手段主要有 RFID 的识别技术、地磁感应识别、视频识别、红外线识别等技术,除信息采集技术之外,还有其他的关键技术组成。

1) ETC 系统关键技术

(1) 车辆自动识别技术(Automatic Vehicle Identification Systems,AVI)

国外比较先进的自动识别系统是采用多种先进的计算机、通信、激光技术合成,需要预先在车辆规定的位置贴上与该车相对应的 RFID。车辆经过收费站时,读写器判读装置自动读取 RFID 并传递给计算机,计算机按接收的 RFID 来读取预先储存的该车车型、车主姓名和所有计费信息,系统按相应的规定收费标准计取费用。

(2) 自动车型分类技术(Automatic Vehicle Classification Systems,AVC)

在 ETC 车道安装车型传感器测定和判断车辆的车型,以便按照车型实施收费。也有简单的方式,即通过读取车载器中车型的信息来实现车型分类。

(3) 违章车辆抓拍技术(Video Enforcement Systems,VES)

主要由数码照相机、图像传输设备、车辆牌照自动识别系统等组成。对不安装车载设备 OBU 的车辆用数码相机实施抓拍措施,并传输到收费中心,通过车牌自动识别系统识别违章车辆的车主,实施通行费的补收手续。

(4) DSRC 技术

在 ETC 系统中,通信协议主要采用 IEEE 802.11p,即 DSRC 技术,参见第 6.6 节介绍。

2) 不停车收费系统体系

不停车收费的基本原理是安装在车辆上的专门装置(车载单元)通过无线信号与安装在收费口上的天线进行信息交换,根据专门装置服务中保存的收费相关数据,可以及时算出并征收相关通行费用,然后通过信息的交互完成费用的征收。在此过程中,车辆做到了不停车即可完成费用的缴纳,大大减轻了收费工作的人员劳动,同时也减轻了在收费过程中造成的车辆排队造成的等候现象。

3)不停车收费系统的优点

不停车收费系统的实施有以下两个方面的优点:一是提高了车辆在收费过程中的行进速度;二是相对于人工收费,节省了人工收费的烦琐过程。同样,由于停车次数的减少,油耗也有所降低,进而环境污染也得到了改善。

10.8 桥梁监测系统

大型桥梁结构健康监测系统一般由传感系统、信号采集与处理系统和安全评价系统所组成。如图10-21所示是典型桥梁结构健康监测系统的总体框架。

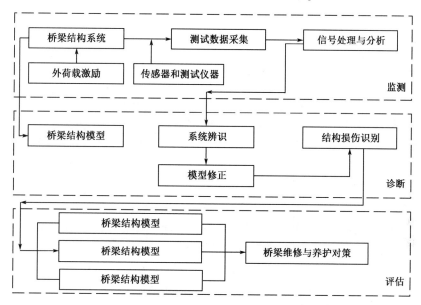

图 10-21 典型桥梁结构健康监测系统框

1)传感器

传感系统主要包括针对桥梁自然环境、车辆荷载、车辆速度、温度、应变、振动、挠度、位移等测试参数的多种传感器及相应的信号放大与接口装置等,主要完成桥梁结构环境状态与荷载信号以及各种静、动态响应信号的感知与变送功能。桥梁检测系统所应用到的传感器及设备需满足稳定性与耐久性、可埋设或附着、大规模分布式等。传感元件是桥梁健康监测系统的重要组成部分,实际工作中应根据不同结构形式、不同待测参数,有针对性地布设需用传感器。下面对系统使用到的传感器种类进行说明。

(1)几何测量仪器(传感器)

桥梁轴线及部件的位置以及位移测量是桥梁检测及长期健康监测的重要测量内容。对于不同结构形式及规模(跨径)的桥梁,所采用的传感器及设备有所不同,如整体位置测量常采用全站仪、全球定位系统、电子测距仪等,而局部位移变形测量传感器有位移计、电子倾角仪、连通管式挠度仪等。

(2) 环境监测传感器

主要目标是监测桥梁所处的物理化学环境,从而为随后的桥梁耐久性评估提供原始数据。如温度计、湿度计、钢筋锈蚀监测装置、酸碱度传感器、空气酸性检测仪等。

(3) 荷载监测设备

目的在于记录桥梁经受的各种可变荷载(包括风载、地震荷载及交通荷载等)及其历程,解决可靠性评估中的荷载监测问题,也为结构的自诊断分析提供荷载数据。可供选择的传感器有:摄像仪(视频摄像设备)、动态地秤、强震仪、风速仪等。

(4) 应变传感器

也叫应变片,用来记录结构的静动力应变和应力,与数据处理系统连接后可得到构件疲劳应力谱。常用的应变传感器种类有电阻式应变计、差动式应变计、振弦式应变计以及光纤应变传感器等。

(5) 拉压力传感器

记录主缆、锚杆、吊杆的张力,桥梁支座反力,以及预应力筋锚头、锚具等部件的压力。

(6) 振动测量传感器

记录结构在动载作用下的位移、速度及加速度反应谱。振动测量传感器是一种换能装置,它将振动信号转换成便于传输、放大和记录的电信号。由于振动传感器的原理决定加速度传感器比速度与位移传感器在构造上更容易实现,因此加速度传感器应用得也更为普遍。常用加速度传感器主要包括:压电式加速度计、压阻式加速度计、电容式加速度计、力平衡式加速度计等。

(7) 其他传感器

如索力仪、剪力销、磁弹仪等。

2) 应变测试原理及信息采集系统

电阻应变片是结构局部应变测量最常用、效果较好的传感元件。粘贴在结构表面或者埋入结构中,具有性能较稳定、可以组成各种形状和面积的阵列、防电磁干扰、耐久性较好、面积小、不影响埋置材料的自身性能、制作容易、价格低廉、耐高温、抗冲击和弯曲强度高等优点。无线应变片传感器的使用更适合在土木结构监测中的应用。

(1) 电阻应变片的工作原理

电阻应变片在外力作用下产生机械形变,再由形变引起电阻变化,这就是电阻应变效应,应变测量就是利用这种机理实现的。

设长为 l、截面积 S(设 $S = \pi r^2$)、电阻率 ρ 的金属丝,未受外力时,电阻为:

$$R = \rho \frac{l}{S}$$

受到拉力作用后,将伸长 Δl,截面积相应减少 ΔS($\Delta S = 2\pi r \Delta r$),因应变片晶格畸变引起结构变化,导致电阻率变化 $\Delta \rho$,上述变化引起的电阻变化 ΔR,上述变化引起的电阻变化 ΔR,用微分公式表示为:

$$\mathrm{d}R = \frac{\rho}{S}\mathrm{d}l - \frac{\rho l}{S^2}\mathrm{d}S + \frac{l}{S}\mathrm{d}\rho$$

整理后得:

$$\frac{dR}{R} = \frac{dl}{l} - 2\frac{dr}{r} + \frac{d\rho}{\rho}$$

dR/R 为电阻相对变化量;dl/l 为纵向相对变化量(轴向应变,见图 10-22);dr/r 为半径相对变化量(径向应变);$d\rho/\rho$ 为电阻率相对变化率。

根据材料力学可知,轴向应变与径向应变的关系为:

$dl/l = \varepsilon$,$dr/r = -\mu\varepsilon$,故此整理后有:

$$\frac{dR}{R} = (1+2\mu)\varepsilon + \frac{d\rho}{\rho}$$

对于金属材料 $d\rho/\rho$ 的变化很微小,可以忽略,而 μ 是常数,这样定义应变金属材料灵敏系数 K_0 为:

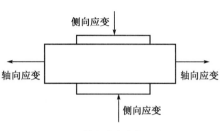

图 10-22 轴向应变与侧向应变

$$K_0 = \frac{\dfrac{dR}{R}}{\varepsilon} = 1+2\mu$$

由此可以看出,金属应变材料在一定应变范围内电阻变化率与应变成正比,这意味着一旦测试出电阻的变化规律,也就知道了其所反映的应变情况。利用这一特性,可以测试结构的应变变化情况。

(2)无线应变片信号的采集与传输

对于应变信号的采集与传输,通常采用如图 10-23 所示的系统。电阻应变片发生变化,经过放大、滤波后进行信号处理,将处理过的信号通过无线传输节点发送无线信号传输到网关节点,网关节点与 PC 机通过串口通信技术连接,完成信息采集过程。

图 10-23 无线应变采集传输系统

(3)拓扑结构设计

应用在交通附属设施健康检测的 WSN,一般采用两层网络结构:一个主基站和多个子网。其中每个子网包括次基站和传感器节点。通常一个网内的节点能够满足结构振动检测的需要。在整个网络中基站不直接与传感器节点通信,只是控制次基站的运行,次基站直接控制所有所限传感器运行和处理传感器的数据,无线传感器节点主要是监测结构变化情况。如果传感器感知超过警戒数据,传感器将产生的数据通过次基站处理,传至主基站,完成报警动作,同时传感器节点自身、次基站等都可在小范围内蜂鸣报警。

10.9 城市交通一卡通系统

遵循"统一标准、互联互通、信息共享、业务协同"的原则,陕西省交通一卡通互联互通系统采用多层架构,以整合统一 IC 卡结构、读卡机具和数据为基础,制定统一数据交换接口为前提,以提高公众出行服务为目标,实现我省各地市及全国城市交通一卡通的互联互通。

10.9.1 卡片选用

交通一卡通是一种电子支付卡,目前电子支付卡可采用两种模式:一种是先交钱后消费模式(储值模式),另一种是先消费后交钱模式(记账模式)。这样将电子支付卡分为记账卡和储值卡两大类。记账卡因其先消费后支付(定期结算)的特点,存在一定的透支风险,因此交通一卡通卡推荐采用储值卡。

10.9.2 卡号分配

卡号即《公共交通IC卡技术规范 第2部分:卡片》(JT/T 978.2—2015)中的应用主账号(PAN),卡号长度为19位。

根据《全国交通一卡通互联互通业务实施指南(试行)》的有关规定,卡号长度为19位,全部由0~9的阿拉伯数字组成,组成规则见表10-3。

卡号组成规则　　　　表10-3

3AAAAA	BB	CCCC CCCC CC	D
发卡机构识别码(即IIN码)	发卡机构识别码的扩展码	发卡机构自定义10位	发卡机构自定义校验位

注:扩展后的发卡机构识别码共8位,如3AAA AABB,由全国交通一卡通互联互通平台统一分配。

10.9.3 城市交通一卡通使用

交通一卡通使用逻辑构架见图10-24。用户从卡片发行管理机构(系统)得到交通一卡通用户卡后,可通过联机充值系统为卡片充值,并在公交、地铁闸机、出租车、公共自行车等交通运具的终端上刷卡乘坐公共交通工具或为其他服务(放心早餐、超市、景点等)支付费用。充值系统的充值记录与消费终端的消费记录上传至数据采集与管理系统,分类后由交易验证系统对每笔交易的合法性进行验证,验证合法的交易记录上传至清分结算系统,由清分结算系统将资金划拨给相应的服务提供方,如公交公司、地铁等。

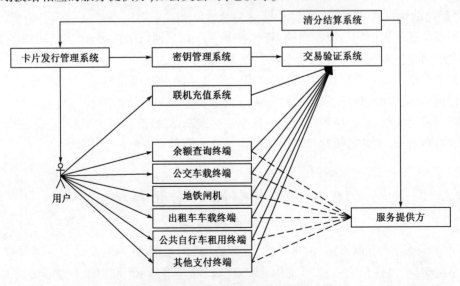

图10-24 交通一卡通使用逻辑架构示意图

10.9.4 交通一卡通基本消费业务流程

交通一卡通以公交为主,逐步向出租车、轨道交通等领域进行了扩展,同时,在此过程中交通一卡通也在小额消费领域得到应用,如商场、超市、便利店、快餐、旅游景点等场所进行应用。未来其功能势必要从"一卡在手,出行无忧"延伸至"一卡在手,生活无忧"。

随着业务领域的扩展,交通一卡通的业务处理也在逐渐复杂。如图10-25所示为交通一卡通的业务流程图。

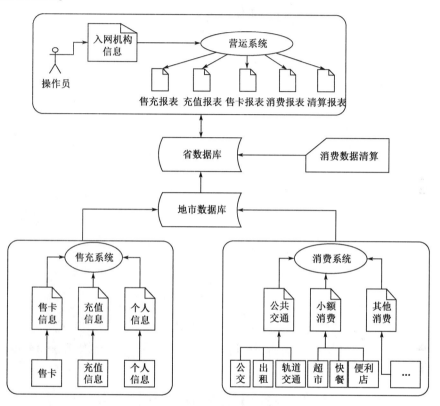

图 10-25　系统业务流程图

【复习思考题】

10-1　交通监控系可以作为哪些系统的子系统?

10-2　联网售票系统包括哪些子功能?

10-3　结合现有的交通状况,GIS-GPS在监控、定位等功能外,还具有哪些功能?请举例说明。

10-4　ETC系统包括哪些部分?

10-5　桥梁监控系统在应用中,可以采用哪些传感器采集、分析桥梁的生命周期?

10-6　城市一卡通系统由哪些基本功能系统组成?

第11章
交通信号控制概述

作为道路交叉口的交通信号控制是交通管理最有效的方法之一,故而,信号灯控制也是道路交叉口最为普遍的交通管理形式。此外,快速路的交通控制同样是交通管理最有效的方法之一。

11.1 交通信号机控制概述

11.1.1 信号灯交叉口的主要参数

在交通信号控制配时设计中,经常涉及的一些时间参数有:周期时长、各信号阶段的起讫时间、绿灯时间、最短绿灯时间、最长绿灯时间、绿灯时间可变幅度、绿灯间隔时间、损失时间、绿灯起步时距等。

首先需要阐明的是关于信号周期的概念以及它与信号阶段的关系,即每一个信号阶段均起始于上一信号阶段的绿灯终止点,而不是起始于本阶段绿灯开始点。

信号相位就是一股或者几股车流在一个信号周期内,任何瞬间都获得完全相同的信号灯色显示,那么就把它们获得不同灯色的连续时序称为一个信号相位。也可以理解为信号机在一个周期内有若干个控制状态,其中每一种状态即一个相位。

绿灯时间就是某一相位在一个信号周期内所获得的绿灯显示时间,也称作相位绿灯时间。

最短绿灯时间是对各信号阶段或者各个相位规定的最低绿灯时间限值。即不论任何信号阶段或者任何相位一次绿灯时间,都不得短于规定的最短绿灯时间。

绿灯时间间隔是指一个相位绿灯结束到下一个相位绿灯开始之间的一段时间间隔。通常,一个相位绿灯时间结束之后,总要插入一段黄灯和红/黄灯时间,或者全红灯时间。这是为了确保已通过停车线驶入路口的车辆,均能在下一相位的首车到达冲突点之前安全通过冲突点,驶出路口。为此,根据相邻两个相位各自停车线到潜在冲突点之间的行驶时间差设计绿灯间隔时间。

绿信比是指某个相位的有效绿灯时间 g 除以周期时长 C 所得值称为绿信比 μ。

相位差在线控中应用,它指的是线联动系统开始工作时,各个交叉的信号相对于主机起始点的时间偏移。周期时长和绿信比是针对单个交叉口的控制参数而定,而相位差是针对多个交叉口的控制参数而定。相位差有绝对相位差与相对相位差两种。各个信号机与该信号机共同的基准时间的相位差称为绝对相位差,与邻接的信号机的相位差称为相对相位差。

11.1.2 交叉口对车流的阻滞作用

众所周知,无序的交叉口将会带来拥堵,或者交通流的阻断,故无序交叉口的状态无须讨论。本节主要讨论拥有信号灯控制状态下的交叉口的阻滞作用,在这里不可避免地要讨论几个交通的基本参数,即通过能力、饱和度、车辆受阻延误时间及停车时间。道路交叉口控制信号就是以这四个基本参数作为设计依据。当然,除了以上四个基本参数外,还有一些其他参数,如车辆在交叉口的燃油消耗量、废气排放量以及运营成本。但这些都是上述四项基本参数派生而来的次级参数。

相位的通过能力是指单位时间内该相位能够通过交叉口的车辆总数,用数学关系式表示则为:

$$Q = S\left(\frac{g}{C}\right)$$

式中:S——该相位饱和流量,veh/h;

Q——该相位允许通过能力,veh/h;

g/C——该相位所能获得的有效绿信比,用 u 表示有:$u = g/C$。

交通量 q 与允许通过能力 Q 的比值称为该相位的饱和度(x)。即:

$$x = \frac{q}{Q}$$

一个相位通过能力提高,另一个相位通过能力则相应降低。在一个周期中的几个信号阶段之间也有类似的关系。因此,有必要把整个交叉口上各相位作为一个整体考虑,研究整个交叉口总的通过能力和总的饱和度。道路交叉口总通过能力就是一个交叉口对于各个方向(或相位)全部车流所能提供的最大允许通过量。饱和度是指饱和程度最高的相位所达到的饱和度值,并非各相位饱和度之和。信号控制设计的目标就是要达到最大的通过能力,最低的饱和度,并使通过交叉口的全部车辆总延误时间最短或停车最少。

车辆到达道路交叉口的时间间隔和单位时段内到达停车线的车辆数都是随机变化的。故在每个信号周期内,总有一部分车辆在达到停车线之前后受到红灯阻滞。即使存在一些车辆在绿灯期间可到达停车线,但是由于前面有上一次红灯阻滞而寄存下的车辆阻挡,也不得不减速甚至停车等待。实际上,这些车辆的延误也还是红灯阻滞的结果。图 10-1 中给出了某辆车在通过停车线前后一段时间内的"行驶距离—时间轨迹线",这辆车由于受到红灯阻滞,在到达停车线之前就已制动减速,车速由原来的正常行驶速度降至0。等候一段时间后,重新启动,加速至原正常行驶速度。若不受红灯阻滞,以正常行驶速度,完成行程 l 所需要的时间 t_c 为:

$$t_c = \frac{l}{v_c}$$

式中:v_c——正常行驶车速;
l——正常行驶距离。

实际完成行程 l 所花费的时间 t 为:

$$t = t_c + d$$

式中:d——车辆受阻的总延误时间。

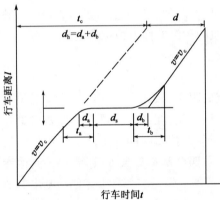

图 11-1　阻滞车辆行驶时间—距离轨迹线
t_a、t_b -车辆在减速阶段和加速阶段所用掉的时间;
d_a、d_b -车辆在减速阶段和加速阶段所行驶的距离;
d_s -车辆完全停驶时间,也称"停车延误"

车辆在减速和加速两个阶段产生的延误时间 d_h 为:

$$d_h = d_a + d_b$$

式中:d_a、d_b——减速和加速阶段所产生的延误时间。

由图 11-1 看出,车辆受阻延误时间,就是车辆在受阻情况下通过交叉口所需时间与正常行驶同样距离所需时间之差。

为了检验某种信号控制方案实际的运行效果,或为检验交叉口改建改造工程中的实际效果或者效益,通常要实际观测车辆总延误时间作为主要的评价依据。常用的延误时间观测方法以一个交叉口的观测工作为例,图 11-1 给出了观测断面的设置方法及车流编号规则。

时刻 i 车辆的延误时间,由下式表示:

$$d_i = t_i - t_{标准}$$

式中:$t_{标准}$——车流通过进出口断面的标准无阻滞行驶时间,这个时间由实地反复测试求得。

平均延误时间,则按下式计算得:

$$\bar{d} = \frac{\sum_{i}^{n} d_i}{n}$$

式中:n——同一流向中该类型车实际样本数量。

11.1.3　交通信号控制系统简述

在《道路交通信号机控制机》(GB 25280—2010)中,将交通信号机定义为:"能够改变道路交通信号顺序、调节配时并能控制道路交通信号灯运行的装置"。

交通信号机由主液晶显示屏、CPU 板、控制板、带光耦隔离的灯组驱动板、开关电源、按钮板六种功能模块插件板以及配电板、接线端子排等组成。

从交通信号的运行方式来说,具有代表性的有固定配时方案控制系统、车辆感应控制系统及自适应协调控制系统等。

1) 固定配时方案控制系统

在事先确定的配时方案中,绿灯时间的长短、信号周期以及每个方向上绿灯的起止时间都是相对固定的,也就是说在某一确定的时间区段中,这些配时参数保持不变。比如根据一日交通量的波动情况,划分若干时间区段,对应于每一时间区段的平均交通量制定相适应的配时方案。

固定配时控制系统,可以是单个交叉口独立控制(单点定周期控制),也可以是多个交叉口联动控制,设置整个路网的联动协调控制(面控)。单点独立控制系统是一种初级控制方式,所用设备简单,在每个需要控制的交叉口设置一台信号机就能工作,无需设置主控信号机或计算机控制中心,投资低,设备运行管理及维护费用也较少。但是控制效率低,这是由该系统的灵活性决定的,不能根据现场交通需求进行交通的实际的波动状况随时配时调整方案。此外,各个交叉口之间没有协调关系,使得车辆在行驶过程中信号阻止次数增多,延误时间增加。多个交通口的联动控制,虽然也按固定配时方案控制信号机运行,但它是将批次连接的一串交叉口通过中央控制设备协调,使得它们的信号转换按照合理的步骤实行和谐同步运行,车辆通过这些交叉口时就有可能获得最佳的连续性。

2) 车辆感应控制系统

车辆感应控制系统是用车辆感应检测器将检测到的车辆到达信息传输给信号控制器,信号控制器将根据这种实时交通信息对信号实行随机控制,其中包括各种交通信号灯色的现实时间的长短和转换时序。为达到这种控制方式,需要在交叉口的各个进口通道上设置车辆检测装置。可以看出,这种系统所需要的前期投入较高,但是这种信号系统在信号配时控制上具有最大的灵活性,信号周期时间的有效利用率相对于固定配时要高。

3) 自适应协调控制系统

固定配时配置方案与车辆感应控制系统有各自的优点,同样也存在缺点,在现代车流量较大的地区尤为突出。为了克服出现的问题,交通控制方法上有新的研究与应用,大多是采用中央控制系统协调控制的实时随机控制系统,这些系统主要是自适应交通状况的协调控制配时。

交通信号控制方法有各种不同的分类,考虑选择控制方式将信号控制分为点控、线控、面控三种方式。

11.1.4 交通信号机配时基本要求

根据国家标准 GB 25280—2010,交通信号机配时计算有以下基本要求:

1) 基本转换序列

交通信号机的机动车、非机动车、行人过街信号基本转换序列如下:

(1) 机动车信号:红→绿→黄→红。

(2) 非机动车信号:红→绿→黄→红。

(3) 行人过街信号:红→绿→红。

2) 信号持续时间

绿信号、红信号持续时间应根据路口实际情况设置。黄信号持续时间可调,至少持续3s。

3) 信号闪光频率

黄闪信号频率为 55~65 次/min,其中信号亮暗时间比为 1:1。卤钨灯光源的闪光信号频率允许降低,不得低于 30 次/min,信号亮暗比不大于 1:1。

绿灯闪烁参照黄闪信号。

4)信号启动时序

当信号机通电开始运行时信号机应先进行自检,然后按如下时序启动:

(1)相位应先进入黄闪信号,持续时间至少10s。

(2)黄闪信号结束后应进入全红状态,持续时间至少5s。

(3)启动时序结束后,信号机按预设置的方式运行。

11.2 单点交通信号控制

单点控方式,也称单个道路交叉口控制。它是使用与相邻信号机间距较远,线控效果不理想时,或者因为各相位交通需求变动显著,其交叉口的周期时长和绿信比的独立控制比线控更有效的情况。

1)定周期控制

定周期控制是对应于交通需求的变动参数,将一天分为几个时间段,相应于不同时段设定不同的周期时长、绿信比等信号控制参数,由时钟来控制变换参数的控制方式。定周期控制方式适用于交通量的变动模式基本固定并可以预测的情况。因某种原因变动模式发生变化时,就要修改控制参数。

(1)相位信号配时

确定信号的相位方案,就是确定对信号给某些方向的车辆或行人轮流分配通行权顺序。信号控制机按设定的相位方案轮流开放不同的信号显示,每一种控制状态(通行权),即轮流对各方向所显示的不同灯色组合,称为一个信号相位。所有这些信号相位及其顺序统称为相位方案。一般有两相位和多相位,多个相位是指三相位以上。相位方案常用相位图来表示,如图11-2所示,为最基本的相位方案,通常称此相位方案为基本相位方案。

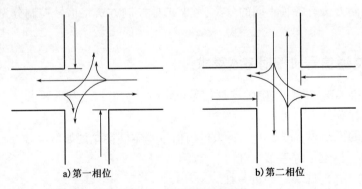

图11-2 两相位信号相位图

信号配时方案一般用信号配时图表达。如图11-3所示是一种最基本的两个相位信号配时图。图中第一相位,对不同方向显示的灯色组合含义是东西向道路开放绿灯,南北向道路开放红灯,车辆在东西向的道路上获得通行权,南北向车辆则不准通行,第二相位改为东西向道路放红灯,南北向道路放绿灯,即东西向通行车辆失去路权。

通常道路交叉口的信号控制多以两相位配时,但是在信号交叉口的配时设计中,由于左转车流量对交叉口运行的影响非常大,可以将相位分成允许冲突相位和保护转弯相位两类,在某些情况下,如果这种左转车流与其他车流发生冲突而引起车辆的延迟造成拥堵,就需要考虑单独设置左转相位,而在设置专用左转车道时,就可以考虑三相位或三个以上相位的信号配时方案。

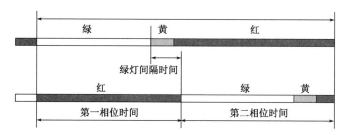

图 11-3 两相位信号配时图

在三相位的配时方案中,专用左转相位需要用绿色左转箭头灯。三相位配时方案各进口道不同方向的信号灯色组合解释为:对由东向南和由西向北左转车放绿色左转箭头灯分配路权,东、西直行车流及南、北直行车流均放红灯,另外两个相位就是基本的两相位信号组合。这三个相位按图所示顺序排列,就形成一个三相位的配时控制方案,如图 11-4 所示。在这个相位方案中,由东向南和由西向北左转相位就是保护转弯相位,而由北向东和由南向西左转相位则是允许冲突相位。

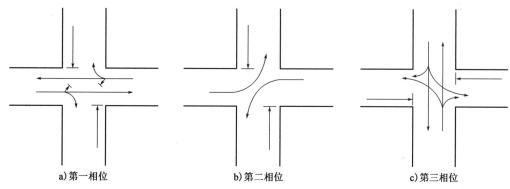

图 11-4 三相位信号相位图

如果在配置的相位中考虑非机动车或自行车配置专用的相位,信号控制机安排的相位数量将成倍地增加。事实上,相位数使得道路交叉口通过的机动车流量达到最大的通过量与保证通过的车辆及行人安全通过的前提下,采用最少的相位较为合理。这是因为相位增加对于任何一个入口都将增加等待时间。

(2) 信号基本控制参数

在单点交叉口控制定时信号基本控制参数主要有周期时长与绿信比。周期时长是对应于某一进口道的信号灯各种灯色轮流显示一次所需的时间,也就是各种灯色显示时间之综合;或是某主要相位的绿灯启亮开始到下次该绿灯再次启亮之间的一段时间,单位表示为秒(s)。

绿信比就是一个信号相位的有效绿灯时长与周期时长之比,一般用 λ 表示:

$$\lambda = \frac{g_e}{C} \tag{11-1}$$

式中: λ ——绿信比;
C ——周期时长,s;
g_e ——有效绿灯时长,s。

由于信号在相位变换时不可避免地出现时间的损失,如绿灯在启亮过程中,驾驶员的反应延迟及绿灯将要结束时,驾驶员放缓车速停车等候等,这个时间为损失时间。即在绿灯时间内减去损失时间就是有效绿灯时间。

(3)定时信号配时的基本方法

定时信号控制基本流程按照不同的流量时段划分信号配时的时段,在同一时段内确定相应的配时方案。信号配时流程如图 11-5 所示。

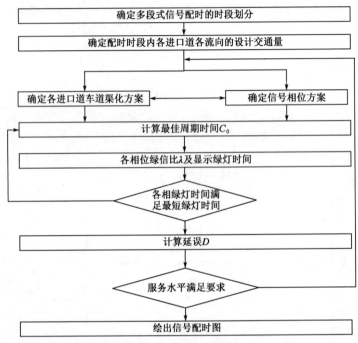

图 11-5 交叉口信号配时设计流程

(4)确定信号相位方案

对于新建交叉口信号相位方案的确定,在缺乏交通量数据的状况下的十字路口,进口车道数与渠化方案选取初步试用方案如表 11-1 所示。对于 T 形交叉口,建议先选用三相位信号,然后根据通车后实际交通各流向的流量调整渠化规划方案及信号相位方案。

新建道路交叉口初步试用方案　　　　　　　　　表 11-1

进口车道数	渠化方案	信号相位方案
5		4
4		4
3		4
2		2

(5) 设计交通量的确定

确定设计交通量时,应按道路交叉口每天交通量的变化情况,分出各类具有特征交通量的时段,然后确定相应的设计交通量。

已选定时段的设计交通量,需要按照该时段内交叉口各进口车道不同流向分别确定,其计算公式如下:

$$q_{d_{mn}} = 4Q_{15_{mn}} \tag{11-2}$$

式中:$q_{d_{mn}}$——配时时段中,进口车道 m、流向 n 的设计交通量,pcu/h;

$Q_{15_{mn}}$——配时时段中,进口车道 m、流向 n 的高峰小时中最高 15min 的流率,pcu/15min。

假如没有最高 15min 流率的实测数据时,$q_{d_{mn}}$ 可按式(11-3)估算:

$$q_{d_{mn}} = \frac{Q_{mn}}{(\text{PHF})_{mn}} \tag{11-3}$$

式中:Q_{mn}——配时时段中,进口车道 m、流向 n 的高峰小时交通量,pcu/h;

$(\text{PHF})_{mn}$——配时时段中,进口车道 m、流向 n 的高峰小时系数;主要进口道可取 0.75,次要进口可取 0.8。

(6) 饱和流量计算

饱和流量的定义是在一次连续的绿灯信号时间内,进口车道上一列连续车队能通过进口道停车线的最大流量,单位是 pcu/绿灯小时。

饱和流量随交叉口集合因素、渠化方案及各流向交通冲突等情况有所区别。因此,应以实测数据为主要依据,实在无法取得实测数据时,如新建交叉口设计时,才考虑用估算的方法。

交叉口进口道经划分车道并加渠化后,进口车道饱和流量随进口车道数量及渠化方案而存在差异,所以需分别计算各条进口车道的饱和流量,继而在把各条车道的饱和流量累计成进口道的饱和流量。

饱和流量采用实测平均基本饱和流量各影响因素校正系数的方法计算,即进口车道的估计算饱和流量 S_f。

$$S_f = S_{bi} f(F_i) \tag{11-4}$$

式中:S_f——进口车道的估算饱和流量,pcu/h;

S_{bi}——第 i 条进口车道基本饱和流量,pcu/h,i 取 T、L 或 R 分别表示相应的直行,左转或右转,下同;

$f(F_i)$——各类进口车道对应的校正系数。

①基本饱和流量。

各类进口车道各有其专用相位时的基本饱和流量 S_{bi},进口车道宽为 3.0~3.5m,可采用表 11-2 的数值。

各类进口车道基本饱和流量(单位:pcu/h)   表 11-2

车　　道	S_{bi}	车　　道	S_{bi}
直行车道	1400~2000,平均 1650	右转车道	1550
左转车道	1300~1800,平均 1550		

车道基本饱和流量值并不能直接进行计算使用,需要根据各类环境影响对基本饱和流量进行调整,具体调整对应的交通系数调整列于表 11-3。

各类饱和流量调整系数　　　　　　　　表 11-3

调整内容	公式	饱和流量	参数
各类车道通用校正系数	车道宽度 W 校正：$$f_W = \begin{cases} 1 &, 3.0 \leq W \leq 3.5 \\ 0.4(W-0.5) &, 2.7 \leq W < 3.0 \\ 0.05(W+16.5) &, W > 3.5 \end{cases}$$ 坡度及大车校正：$$f_g = 1 - (G + HV)$$		W——车道宽度，m； G——道路纵坡，下坡取 0； HV——大车率，HV 不大于 0.5
直行车道饱和流量	自行车影响系数：$$f_b = \begin{cases} 1 - \dfrac{1+\sqrt{b_L}}{g_e} &, 无左转专用相位 \\ 1 &, 有左转专用相位 \end{cases}$$ b_L 为实测数据，如没有，则估算：$$b_L = \dfrac{\beta_b B(C-g_e)}{C}$$ 无信号配时数据时，粗略确定 g_e：$$g_e = \dfrac{G_e}{j}$$	$S_T = S_{bT} f_W f_g f_b$	f_b——自行车影响校正系数； b_L——绿灯左转自行车数，辆/周期； B——自行车流量； β_b——自行车左转率； C——周期时长，s； g_e——有效绿灯时长，s； G_e——总有效绿灯时间，s； j——周期内的相位数； S_{bT}——直行车道基本饱和流量，pcu/h，见表 11-2
左转专用车道饱和流量	左转校正系数：$$f_L = \exp\left(-0.001\xi\dfrac{q_{T0}}{\lambda}\right) - 0.1$$ 如缺信号配时数据，可粗略估算 λ：$$\lambda = \dfrac{G_e}{jC}$$	有专用相位时： $S_L = S_{bL} f_W f_g$ $S'_L = S_{bL} f_W f_g f_L$	S_{bL}——左转专用车道有专用相位时的基本饱和流量，pcu/h，见表 11-2； S'_L——无专用相位时左转专用车道饱和流量，pcu/h； f_L——左转校正系数； ξ——对象直行车道数影响系数，取值见表 11-4； q_{T0}——对象直行车流量，pcu/h； λ——绿信比
右转专用车道饱和流量	$$f_R = \begin{cases} 1 &, r > 15m \\ 0.5 + \dfrac{r}{30} &, r \leq 15m \end{cases}$$ 行人影响校正系数：$$f_p = \dfrac{(1-p_f)g_p + (g_{eR} + g_p)}{C}$$ 自行车的影响校正系数：$$f'_b = 1 - \dfrac{t_T}{g_j}$$ 其中：$$t_T = \left(\dfrac{b_{TS}}{S_{TS}} + \dfrac{b_{TD}}{S_{TD}}\right)\dfrac{3600}{W_b}$$	$S_R = S_{bR} f_W f_g f_R$ $S'_R = S_{bR} f_W f_g f_R f_{pb}$ 其中： $f_{pb} = \min[f_p, f'_b]$	S_{bR}——右转专用车道基本饱和流量，pcu/h，见表 11-2； f_R——转弯半径校正系数； r——转弯半径 f_{pb}——行人或自行车影响校正系数； p_f——右转绿灯时间中，因过节行人干扰，右转车降低率； g_p——过街行人消耗绿灯时间，s； g_{eR}——右转相位有效绿灯时间，s； C——信号周期时长，s； g_j——该相位显示绿灯时长； t_T——直行绿灯自行车驶出停止线所占用的时间； b_{TS}——红灯期到达停在停止线前排队的直行自行车的交通量； b_{TD}——绿灯期到达接在自行车对后直接连续驶出停止线的直行自行车的交通量

续上表

调整内容	公　式	饱和流量	参　数
右转专用车道饱和流量	行人影响校正系数：$f_p = \dfrac{(1-p_f)g_p + (g_{eR} + g_p)}{C}$ 自行车的影响校正系数：$f'_b = 1 - \dfrac{t_T}{g_j}$ 其中：$t_T = \left(\dfrac{b_{TS}}{S_{TS}} + \dfrac{b_{TD}}{S_{TD}}\right)\dfrac{3600}{W_b}$	$S'_R = S_{bR}f_Wf_gf_R$ f_{pb} 其中： $f_{pb} = \min[f_p, f'_b]$	S_{TS}——红灯期到达排队自行车绿初驶出停止线的饱和流量，建议取3600辆/(m·h)； S_{TD}——绿灯期到达直接驶出停止线自行车的饱和流量，建议取1600辆/(m·h)； W_b——自行车车道宽度
直、左合用车道饱和流量	$f_{TL} = \dfrac{q_T + q_L}{K_L q_L + q_T}$ 其中：$K_L = \dfrac{S_T}{S'_L}$	$S_{TL} = S_T f_{TL}$	q_T——合用车道中直行车交通量，pcu/h； q_L——合用车道中左转车交通量，pcu/h； K_L——合用车道中的左转系数
直、右合用车道饱和流量	$f_{TR} = \dfrac{q_T + q_R}{K_R q_R + q_T}$ 其中：$K_R = \dfrac{S_T}{S'_L}$	$S_{TR} = S_T f_{TR}$	q_R——合用车道中右转车交通量，pcu/h； K_R——合用车道中的右转系数
直、左、右合用车道饱和流量	(1) 普通相位间有行人影响，取直行左、右合用车道饱和流量的最小值，即 $\min[S_{TL}, S_{TR}]$； (2) 有单向左转相位或单向交通，参照直行车道饱和流量 S_T		
左右合用车道饱和流量（三岔交叉口）	$f_{LR} = \dfrac{q_L + q_R}{K'_R q_R + q_L}$ 其中：$K'_R = \dfrac{S_L}{S'_R}$	$S_{LR} = S_T f_{LR}$	q_L——合用车道左转车交通量，pcu/h； q_R——合用车道右转车交通量，pcu/h； K'_R——合用车道中的右转系数
短车道饱和流量校正	左转专用与右转专用车道段车道校正系数	专用车道本身的校正系数：$f_x = u_L + \eta(1 - u_L)$	$S_x = S_T f_x$	进口车道实际可供排队长度小于要求排队长度时，需做短车道饱和流量校正
		专用车道相邻车道的校正系数：$f_s = u_L + (1-\eta)(1 - u_L)$ $u_L = \dfrac{L_q}{L_r}$ $L_r = \dfrac{S_f g_e L_{pcu}}{3600}$	$S_s = S_T f_s$	η——使用专用车道的车辆比率； S_f——经各类校正后的饱和流量，pcu/h； g_e——有效绿灯时长，s； L_{pcu}——排队中一辆小轿车的平均占位长度，一般取6m
	合用车道段车道校正系数	直、左合用车道段车道校正系数：$f_{TLs} = f_x f_{TL}$	$S_{TLs} = S_T f_{TLs}$	
		直、右合用车道段车道校正系数：$f_{TRs} = f_x f_{TR}$	$S_{TRs} = S_T f_{TRs}$	

对向直行车道数影响系数 ξ 的取值　　　　表 11-4

对向直行车道数	1	2	3	4
ξ	1.0	0.625	0.51	0.44

②配时参数计算。

配时计算见表 11-5。

配时计算公式列表　　　　表 11-5

计算内容	公　式	说　明
信号周期时长	$C = \dfrac{L}{1-Y}$	C——信号周期时长,s; 宜取 40～180s,高峰期间不大于120s
信号总损失时间	$L = \sum\limits_{k}(L_s + I - A)_k$	L_s——启动损失时间,应实测,如无实测数据,去 3s; A——黄灯时长,可定为 3s; I——绿灯时间间隔,s; k——一个周期内的绿灯间隔数
绿灯间隔时间	$I = \dfrac{z}{u_a} + t_s$	z——停止线到冲突点距离,m; u_a——车辆在进口道上的行驶车速,m/s; t_s——车辆制动时间,s。 当计算绿灯时间间隔 $I<3s$,配以黄灯时长 3s; $I>3s$ 配以黄灯 3s,其余时长配红灯
流量比总和	$Y = \sum\limits_{j=1}^{j} \max\,[y_j, y'_j, \cdots] = \sum\limits_{j=1}^{j}$ $\max\,\left[\left(\dfrac{q_d}{S_d}\right)_j, \left(\dfrac{q_d}{S_d}\right)'_j, \cdots\right]$	Y——组成周期的全部信号相位的各个最大流量比之和; j——一个周期内的相位数; y_j, y'_j——第 j 相的流量比; q_d——设计交通量,pcu/h; S_d——设计饱和流量,pcu/h; Y——计算值大于 0.9 时,需改进道口设计、信号相位方案,重新设计
总有效绿灯时间	$G_e = C_0 - L$	—
各相位有效绿灯时间	$\lambda_j = \dfrac{g_{ej}}{C_0}$	
各相位显示绿灯时间	$g_j = g_{ej} - A_j + l_j$	l_j——第 j 相位启动损失时间
最短绿灯时间	$g_e = 7 + \dfrac{L_p}{v_p} - I$	L_p——行人过街道长度,m; v_p——行人过街步行速度,取 1.0m/s; I——绿灯间隔时间

③信号交叉口通行能力与饱和度。

道路交通通行能力表征道路交通设施能够处理交通的能力。即:道路交通设施中,在要考察的地点或断面上,单位时间内能够通过的最多交通单元,是交通规划、交通工程设计与交通管理等交通工程有关各领域中必不可少的一个重要指标。

信号交叉口通行能力分别按交叉口各进口道估算,一般以小车当量单位(pcu)计;信号交叉口一条进口道的通行能力是此进口道上各条进口车道通行能力之和；一条进口车道通行能力是该车道饱和流量及其所属信号相位绿信比的乘积。信号通行能力计算公式见表11-6。

信号通行能力计算 表11-6

计算内容	计算公式	说明
一条进口道通行能力	$CAP = \sum_i CAP_i = \sum_i S_i \lambda_i$ $= \sum_i S_i \left(\dfrac{g_e}{C}\right)_i$	CAP_i——第i条进口车道的通行能力，pcu/h； S_i——第i条进口车道的饱和流量，pcu/h； λ_i——第i条进口车道所属信号相位的绿信比； g_e——该信号相位的有效绿灯时间； C——信号周期时长，s
直行车道通行能力	$CAP_T = \lambda S_T$	
左转专用车道通行能力	$CAP_L = \lambda S_L$ $CAP_L = \lambda S'_L$	
右转专用车道通行能力	$CAP_R = S_R \dfrac{g_{eR}}{C}$ $CAP_R = S'_R \dfrac{g_{eR}}{C_i}$	
直左合用车道通行能力	$CAP_{TL} = \lambda S_{TL}$	当每周期平均左转车辆达2辆时，已增设左转专用车道； 增设左转专用车道有困难，宜采用单向左转相位
直右合用车道通行能力	$CAP_{TR} = \lambda S_{TR}$	
直左右合用车道通行能力	$CAP_{TLR} = \min[CAP_{TL}, CAP_{TR}]$ 有单向左转相位或单向交通时，可按直行车道计算	
左右合用车道通行能力	$CAP_{LR} = \lambda S_{LR}$	
饱和度	$x_i = \dfrac{g_{eR}}{C}$	

④服务水平评估。

信号交叉口设计与交通信号配时的服务水平，根据使计算的平均信号控制延误确定。用作交叉口服务水平评价的延误是15min分析期间的平均每车信号控制延误，也称为信控延误。

信号交叉口服务水平的影响因素很多，涉及交叉口几何设计、信号配时等，是一个综合评价交叉口优劣的指标。

延误是一个影响因素十分复杂的指标，理论计算所得结果难于精确符合实际情况，故应采用现场采集的延误数值作为评价依据。对设计交叉口的不同设计方案做比较分析、无法现场观测时，可以使用估算方法。

估算延误须对交叉口各进口道分别估算各车道的每车平均信控延误。进口道每车平均延误是进口道中各车道延误的加权平均值，整个交叉口的每车平均延误是各进口道延误的加权平均值。延误估算公式见表11-7。

延误估算公式   表 11-7

计算内容	计算公式	说明
各车道延误可用	设计交叉口： $$d = d_1 + d_2$$ 其中： $$d_1 = 0.5C \frac{(1-\lambda)^2}{1-\min[1,x]\lambda}$$ $$d_2 = 900T\left[(x-1) + \sqrt{(x-1)^2 + \frac{8ex}{CAP \cdot T}}\right]$$ 现有交叉口： $$d = d_1 + d_2 + d_3$$ 其中： $$d_1 = d_s \frac{t_u}{T} + f_a d_u \frac{T-t_u}{T}$$ $$d_2 = 900T\left[(x-1) + \sqrt{(x-1)^2 + \frac{8ex}{CAP \cdot T}}\right]$$ $$d_3 = \begin{cases} 3600\frac{Q_b}{CAP} - 1800T[1-\min[1,x]] & (t_u = T) \\ 1800\frac{Q_b t_u}{T \cdot CAP} & (t_u < T) \end{cases}$$	d——各车道每车平均信控延误，s/pcu； d_1——均匀延误，即车辆均匀到达并产生的延误，s/pcu； d_2——随机附加延误，及车辆随机到达并引起超饱和周期所产生的附加延误，s/pcu； d_3——初始排队附加延误，即在延误分析期初停有积余车辆初始排队使后续车辆经受的附加延误，s/pcu； C——周期时长，s； λ——所计算车道的绿信比； x——所计算车道的饱和度； CAP——所计算车道的通行能力，pcu/h； T——分析时段的持续时长，h，取 0.25h； e——单个交叉口信号控制类型校正系数，定时信号取 $e = 0.5$；感应信号 e 随着饱和度与绿灯延长时间耳边，当绿灯延长时间为 2~5s 时，建议的平均 e 值见表 11-9
各进口道平均信控延误	按该进口道中各车道延误的甲醛平均数估算： $$d_A = \frac{\sum_i d_i q_i}{\sum_i q_i}$$	d_A——进口道 A 的平均信控延误，s； d_i——进口道中第 i 车道的平均信控延误 s； q_i——进口道 A 中第 i 车道的消失交通量换算为其中高峰 15min 的交通流率，辆/15min
整个交叉口的平均信控延误	$$d_1 = \frac{\sum_i d_i q_i}{\sum_i q_i}$$	d_1——交叉口每车的平均信控延误，s； q_i——进口道 i 的高峰 15min 交通流率，辆/min

对于服务水平的评价，每车平均信控延误数值与信号交叉口服务水平的对应关系见表 11-8。

服务水平与信控延误关系表   表 11-8

服务水平	A	B	C	D	E	F
每车信控延误(s)	≤10	11~20	21~35	36~55	56~80	>80

单个交叉口信号控制类型校正系数值   表 11-9

x	e	平均值	x	e	平均值
≤0.5	0.04~0.23	0.13	0.6	0.13~0.28	0.20
0.7	0.22~0.28	0.20	0.8	0.32~0.39	0.43
0.9	0.41~0.45	0.43	>1.0	0.5	0.5

2）交通感应控制

交通感应控制方式是对应于交通状况变动进行实时控制的方式。该方式根据使用车辆感测器测得的比较短时间的交通需求的变动，改变绿灯时间和周期时长的控制方式。

3）行人信号控制

人行横道的信号控制方式有"定周期控制"和"按钮式控制"。繁华街、车站周围以及办公区、商店街等地点全天都有行人穿越横道,即使在高峰时间以外也有大致平均每一分钟有一人以上的交通需求量,所以进行定周期控制为好。按钮式控制用于需求量随时间变动显著、存在着几乎无人过街的时间段或需求量不大的时间段,如购物、通勤、通学时所用的生活道路等情况。

11.3 干线交通信号联动控制

线控方式是把一条道路延长线上的连续几个信号机在时间上相互联系起来进行信号显示,通过减少车辆停止次数、缩短停车时间达到交通畅通的目的。另外,这种控制方式有助于形成适当速度的交通流。线控的一个关键就是实行线控的各交叉口周期时长相同。

1）定周期联动控制

定周期联动控制与点控制方式一样,是根据交通需求的变动模式,将一天分成若干个时间带设定控制方案,把预先设好的控制参数按时间表进行选择的控制方式。该方式适用于交通流比较稳定的路线区间,与点控方式不同的是,控制参数中还有相位差(也称为时差)。

干线交通定时式联动控制需要考虑几个因素:周期时长 C、绿信比 λ、相位差、通过带宽度及通过带速度,如图 11-6 所示。

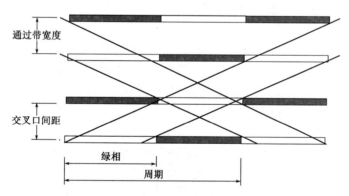

图 11-6　干线交通信号联动控制时间—距离图

(1)周期时长

在信号控制系统中,为使各交叉口的交通信号能取得协调,各个交通信号的周期时长必须一致。为此,必须首先按单点定时信号的配时方法,根据系统中各交叉口的布局及交通流向、流量,计算出各个交叉口交通信号所需的周期时长,然后从中选出最大的周期时长作为这个系统的周期时长,把需要周期时长最大的那个交叉口叫作关键交叉口。在近代的控制系统中,对有些交通量较小的交叉口,实际需要周期时长接近于系统周期时长的一半,可把这些交叉口的周期信号时长定为系统周期时长的半数,这样的交叉口叫作双周期交叉口。

(2)绿信比

在信号控制中,各个信号的绿信比是根据各个交叉口各项交通量的流量比来确定,故此,在控制系统汇总,各个交叉口信号的绿信比并不相同。

(3) 时差

时差也称为"相位差",根据参考相位的不同,分为绝对时差与相对时差。绝对时差是指各个信号的绿灯或红灯的起点或终点相对于某一个标准信号绿灯或红灯的起点或终点的时间之差。相对时差等于两个信号绝对时差之差,也是指相邻量信号的绿灯或红灯的起点或中点之间的时间之差。在交通信号管理中,使车辆通过协调信号控制系统能连续通过尽可能多的绿灯道路交叉口,必须使得相邻道路交叉口信号间的绿时差与通过车辆在期间的行程时间相适应,所以时差是信号控制系统实现协调控制的关键。

(4) 通过带

在线控制系统中,能够使得车辆通过的最大标定时间范围,即在图 11-6 中标定的一对平行斜线,其宽度称为通过带宽度,或绿波带宽度,简称带宽。平行斜线的斜率就是车辆沿干道可连续通行的车速,可称为通过带速度,简称带速。通过带宽度是确定干道上交通流所能利用的车道时间,以秒或周期时长的百分数计算。

2) 单向交通街道

单向交通街道,或者双向交通量相差悬殊时,只需要照顾单向信号协调的街道是最容易实施交通信号协调控制的街道。相邻各交叉口信号间的时差可按照公式(11-5)确定:

$$Q_\mathrm{f} = \frac{s}{v} \cdot 3600 \tag{11-5}$$

式中:Q_f——相邻信号间的时差,s;

s——相邻信号间的间距,km;

v——线控系统车辆可连续通行的车速,km/h。

3) 双向交通街道

双向交通街道的信号协调控制,在各交叉口间距相等时,比较容易实现,且当信号间车辆行驶时间正好是线控系统周期时长一半的整倍数时,可获得理想的效果。各交叉口间距不等时,信号协调控制就较难实现,必须采取试探与折中方法求得信号协调,还会损失信号的有效通车时间,直接提高相交道路上车辆的延误。

双向交通定时式定时式线控各信号间的协调方式见表 11-10。

双向交通定时式线控各信号间的协调方式   表 11-10

线控各信号间的协调方式	内容	公式表示
同步式协调控制	连接在一个系统中的全部信号在同一时刻,对于干道车流显示相同的灯色	相邻信号交叉口的间距: $s = \dfrac{vC}{3600}$ 式中:C——系统周期时长,s
交互式协调控制	连接在一个系统中相邻交叉口的信号,在同一时刻,显示相反的灯色	相邻信号交叉口的间距: $s = \dfrac{vC}{2 \times 3600}$ 车辆能连续通行的车速: $v = \dfrac{4s}{C} \cdot 3600$
续进式协调控制	根据道路上要求的车速和交叉口的间距等信息,确定合适的时差,用以协调各相邻交叉口上绿灯的启亮时刻	

续进式协调控制方式又可分为简单续进系统与多方案续进系统。简单续进系统只是用一个系统周期时长和一套配时方案,使沿干道车队可在各交叉口间以设计车速连续通行。多方案续进系统是简单续进系统的改进系统。在为干线信号系统确定配时方案时,往往会遇到交通流变化的问题。一个给定的配时方案对应于一组给定的交通条件,当这些条件发生变化时,这个配时方案就不能适应。交通流发生变化存在几种可能:单个路口的交通流发生变化与交通流方向发生变化。一般来说,对应于出现的不同变化,应在配时中提供至少3种配时方案。

4)定时式线控系统的配时方法

(1)配时需要的数据准备

道路交叉口间距、街道及交叉口的布局、交通量、交通管理规则、车速和延误。

获取以上数据时,特别是一些交叉口间距及交通量的数据等需要进行调研,交叉口间距过长等一些数据需要排除在外,或者汇入其他的配时系统方案中考虑。

(2)计算备用配时方案

计算步骤为:

①根据每一个交叉口的平面布局及计算交通量按单点定时控制的配时方法,确定每一交叉口所需的周期时长。

②以所需周期时长最大的交叉口为关键交叉口,依此周期时长为线控系统的备选系统周期时长。

③以各交叉口所需周期时长并根据主次道路的流量比,计算各交叉口各相位的绿信比和显示绿灯时间。

④计算关键交叉口上主干道相位的显示绿灯时间,即各个交叉口上对于干道方向所必须保持的最小绿灯长度。

$$g_m = g_{me} - I_m + l \tag{11-6}$$

$$g_{me} = (C_m - L_m)\frac{\max(y_m, y'_m)}{Y_m} \tag{11-7}$$

式中:g_m——关键交叉口上主干道方向显示绿灯时间,s;

g_{me}——关键交叉口上主干道方向有效绿灯时间,s;

I_m——关键交叉口绿灯间隔时间,s;

l——启动损失时间,s;

C_m——系统周期时长,s;

L_m——关键交叉口总损失时间,s;

y_m、y'_m——关键交叉口上主干道双向的流量比;

Y_m——关键交叉口上最大流量比之和。

⑤按第三步求得非关键交叉口上次要道路方向显示绿灯时间,是该交叉口对次要道路所必须保持的最小绿灯时间。

$$g_m = g_{me} - I_m + l$$

$$g_{ne} = (C_n - L_n)\frac{\max(y_n, y'_n)}{Y_n} \tag{11-8}$$

符号意义同④定义,不同的是非关键交叉口上次要道路方向相应的各项意义。

⑥系统周期时长大于非关键交叉口所需周期时长时,非关键交叉口改用系统周期时长,其

各向绿灯时间均随之增长。

通过计算的配时方案,在线控系统中,属于备用方案,还需要根据配合协调系统时差的需要给予调整。

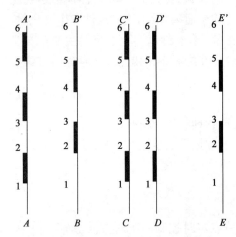

图 11-7 协调时差图解法示例
注:黑粗线表示红灯时段,细线表示绿灯时段。

图解法过程如表11-11所示。

(3)选定周期时长

交通信号协调控制系统中的系统周期时长,不仅决定于各交叉口信号配时的结果,同时还与取得适用的时差有关,所以在协调系统时差时要经过反复试算来确定。

(4)确定信号时差

协调线控系统相邻信号间的时差,有两种实用的方法:图解法与数解法。

以图解法为例,在时间—距离图上协调线控系统的时差,需同时调整确定通过带速度和周期时长,如图 11-7 所示,相邻五个交叉口(A、B、C、D、E)内如一个线控系统,根据调整系统通过带速度宜在 36km/h 上下,按上述方法,相应的系统周期时长暂定为 60s。

图 解 法 过 程   表 11-11

步骤	操作过程
1	从 A 点引一条斜线(36km/h 带速),此斜线与 BB' 线的焦点,同从 AA' 上 1 点所引水平线同 BB' 线的交点(BB' 线上的 1 点)很接近。 BB' 上的 1 点可取为 B 交叉口同 A 交叉口配成交互式协调的绿时差;BB' 线上相对于 AA' 画出 2-3、4-5 粗线段,为交叉口的红灯时段
2	连接 A 点和 BB' 上的 1 点成斜线,此线同 CC' 的交点,同从 AA' 上 2 点所引水平线同 CC' 的交点(CC' 上的 2 点)很接近,CC' 上的 2 点也可取为 C 交叉口对 B 交叉口组成交互式协调的绿时差,所以在 CC' 竖线上可画出 1-2、3-4、5-6 各个红灯线段
3	连接 A 点和 CC' 的 2 点成斜线,并获得与 DD' 上的交点,从 AA' 上的 2 点所引水平线同 DD' 的交点(DD' 上的 2 点)很接近,所以 C 交叉口与 D 交叉口应是同步式协调,在 DD' 上画出与 CC' 相同的红灯线段
4	同第三步方法在 EE' 上作出红灯线段,构成各个交叉口由交互式与同步式组合成的双向线控系统
5	最后得出图中的通过带,求得带速约为 57km/h,带宽为 16s,周期时长 60s 的 27%,表明带速高过了实际车速,适当增加周期时长,降低带速,结果带速控制在 40km/h,延长周期时长为 85~90s
6	调整绿信比。方法:将红灯(或绿灯)的时间按实际绿信比延长或缩短即可

(5)交通感应控制

交通感应控制方式是对应于变化的交通状况实时改变控制参数(周期时长、绿信比、相位差)进行控制的方式。此方式可根据交通需求的变动进行实时的控制参数修正而实现高度的线控制。因此,适用于交通量随时间变动剧烈、交通量大、对交通处理效率有要求的干线道路。

决定交叉口控制方式为点控还是线控,可根据以下情况参考进行综合判断:

①相邻交叉口间距越小,线控的必要性越大。

②交通量(线方向)越多,线控的必要性越大。

③相邻两个信号机之间交通流的脉冲越大,线控的必要性越大。

④当相邻交叉口饱和度相差很大,最优周期时长不同但不是相差整数倍或整数分之一的周期时长的情况下,应把实施线控的损失和不采用线控的损失进行比较后再决定是否采取线控。

(6)面控方式

对设置在大面积道路网上的多台信号机采用集中控制的方式称为面控方式。这种控制方式原理上可看作是将线控扩大到面上。因此,面控是由若干个子区控制构成的。这里的子区是指由相同的周期时长进行控制的区域,对每一个子区给出最佳周期时长,在各个子区内得到最优控制的效果。

11.4　区域交通信号联动控制

在城市的发展过程中,随着出行需求的加大,交通量的影响逐渐突出,使得交叉口间距对交通量的影响关系越来越复杂。如果区域中的某个道路交叉口形成拥堵,随着时间的推移,这种拥堵现象会逐渐波及周围的路口甚至区域内的路段,故这种现象需要得到关注。由于现代道路交叉口的控制大量地采用了信息技术、计算机技术、自动控制等高科技为区域交通的畅通奠定了基础,但是同样这些技术如果更深入地发掘道路交叉口交通流量的潜能,就需要使用更为细致的区域交通信号联动控制技术。

区域交通信号控制系统的控制对象是城市或某区域中所有的交叉口的交通信号。区域交通信号控制系统(面控)是把城区内或者区域内的全部交通信号的监控作为一个指挥控制中心管理下的一部整体的控制系统,是单点信号(点控)、干线信号系统(线控)和网络信号系统的综合控制系统。如图11-8所示是三种存在的基本信号控制类型。

区域交通信号控制有整体监视和控制、可因地制宜地选用合适的控制方法、有效及经济的使用设备三种好处。这种系统的实施策略,可提高现有道路的交通效率,改善道路交通安全,节省能量消耗,可协调控制、有效缓解城市交通的措施之一。

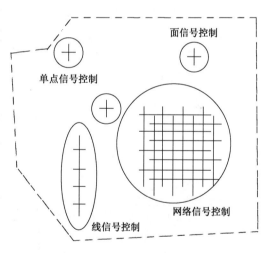

图11-8　面信号控制系统的组成

1)区域交通信号控制系统分类

如果按控制策略分类,可划分为定时式脱机操作控制系统与适应式联机操作控制系统两大类。定时式脱机操作控制系统是利用交通流历史及现状统计数据,进行脱机优化处理,得出多时段的最优信号配时方案,存入控制器或控制计算机内,对整个区域交通实施多时段控制。适应式联机操作控制系统是一种能够适应交通量变化的"自适应控制系统",也叫"动态响应控制系统",在控制区域交通网中设置检测器,实时采集交通数据并实施联机最优控制。

如果按照控制方式分类,可划分为方案选择方式与方案形成方式。方案选择方式对应于不同的交通流,预先做好各类交通模型和相应的控制参数并储存在计算机内,按实时采集的实际交通数据,选取最实用的交通模型与控制参数,实施交通控制。方案形成方式则是根据实时采集的交通流数据,实时算出最佳交通控制参数,行程信号控制配时控制方案,当场按此方案操纵信号控制机运行交通信号灯。

按照控制结构分类,则有集中式计算机控制结构与分层式计算机控制结构。在集中式计算机控制结构中将网络内所有信号连接起来,用一台微型机或计算机对联网的整个系统进行集中控制。而分层式计算机控制结构是把整个控制系统分成上层控制与下层控制。上层控制主要接收来自下层控制的决策信息,并对这些决策信息进行整体协调分析,从全系统战略目标考虑修改下层控制的决策。下层控制则根据修改后的决策方案,再作必要的调整。上层控制主要执行全系统协调优化的战略控制任务。下层控制则主要执行个别交叉口合理配时的方案控制任务。与集中式控制相比,提高了系统的可靠性,但需要增加设备,投资较高。

2)城市交通控制系统中的信号控制方法分类

城市交通控制系统(Urban Traffic Control System,UTCS)中的信号控制方法按照其发展历程可分为三代。

在第一代控制系统中,使用基于历史数据所提出的预先储存的信号配时方案。第二代控制是一个在线模型,它根据检测数据和预测数据来计算和实施信号配时方案,配时修正时间周期 5~10min。第三代控制系统是执行和评估一个完全响应的在线控制系统,配时修正时间周期 3~5min。

11.4.1 定时式脱机操作控制系统控制

国际上应用较广的是 TRANSYT(Traffic Network Study Tool),即交通网络研究工具。这种系统的基本原理,是利用交通流历史及现状统计数据,进行脱机优化处理,得出多时段的最优信号配时方案,编制计算机控制程序,对整个区域交通实施多时段定时控制。它由交通模型和优化程序两部分组成,即仿真模型与优化。TRANSYT 的基本原理与仿真流程见图 11-9、图 11-10。

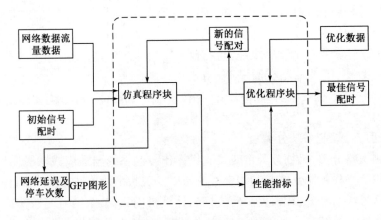

图 11-9 TRANSYT 基本原理图

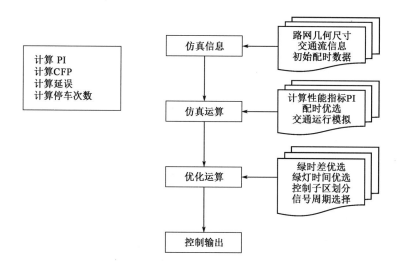

图 11-10　TRANSYT 仿真流程图

将网络的几何尺寸、交通流信息及初始配时送入系统的仿真部分,通过仿真,得出系统的性能指标 PI 值(Performance Index)作为配时的优化目标函数。以下是 TRANSTY 仿真模型的几个主要步骤;

1)交通网络结构图式

TRANSYT 把一个复杂的交通网简化成适于数学计算的图式,图式由"节点"及"节点"间的"连线"构成。在交通网络结构图上,每一个"节点"代表一个由信号灯控制的道路交叉口,每一条"连线"表示一股驶向下游一个"节点"的单向车流。一般来说,在交叉口停车线后面单独形成不可忽视的等候车队的车流,均应以一条单独的"连线"表示。对于某些排队长度微不足道的次要车流,则不一定要用单独的"连线"表示。但是对于有专用绿灯的左转车流,为了把它与直行车流区分,则要为这种左转车流单独设一条"连线"。如果几条不同车道上的车流到了停止线后面,以差不多同等比例加入同一行等候车队汇总,而且这几条车道上的车流均属于同一信号相位,就可以只用一条"连线"来表示这几条车道上的所有车流。网络结构图上应标出所有节点和连线的编号,还以折算小客车为单位标出平均小时交通量以及转弯交通量的大小。

2)周期流量变化图式

周期流量变化图式是纵坐标表示交通量,横坐标表示时间(以一个周期时长为限)的交通量在一个周期内随时间变化的一种柱状图。通常将一个信号周期等分为若干个时段,每个时段为 1~3s。在 TRANSYT 交通模型内,所有计算过程的基本数据均为每个时段内的平均交通量、转弯交通量及该时段的排队长度。此图可由 TRANSYT 程序计算得到,并作为一项输出内容打印出来。在 TRANSYT 的计算分析中,均以上述这种柱状流量图式为依据。

在 TRANSYT 中,周期交通量图式虽然仍以周期的等分时段为段位,但配时优选则以 1s 为单位。其优点是一方面提高了配时优选的精度,另一方面能节省计算机的 CPU 时间,尤其在配时优选中,所得到的有效绿灯时间长度不是周期等分时段的整倍数,在这种情况下,TRANSYT 便按时间比例取用交通量图中相应部分的交通量值。

3)车辆延误时间的计算

TRANSYT 计算的车辆延误时间是均匀到达延误、随机延误与超饱和延误之和。

4)停车次数的计算

TRANSYT 计算的停车次数,也分成均匀到达停车次数、随机停车次数及超饱和停车次数三部分。

11.4.2 自适应式联机控制

定时式脱机操作系统控制由于不能适应交通的随机变化、各个交叉口的信号配时参数都是预先确定,故而在应用中存在对实时交通情况变化,缺乏适应能力,所以这种定时式脱机控制系统具有一定的局限和弊端。

自适应控制结构复杂、投资高,对设备可靠性要求高,但能较好地适应交通流的随机变化。目前,国内使用的自适应控制系统具有代表性的主要有:SCATS 系统、SCOOT 系统以及国内自主开发的系统。

1)SCATS 系统

SCATS 控制系统,是方案选择式实时自适应控制系统。它是一种用感应控制对配时参数可作局部调整的方案选择系统,即预先设计一套与交通流量等级对应的最佳配时参数组合,存储于中央控制计算机中。中央控制计算机通过设在各个路口的车辆感应器反馈的车流通过量数据,自动选择合适的配时参数,并根据所选定的配时参数组合实行对路网交通信号的实时控制。SCATS 系统的控制结构用的是分层式三级控制:中央监控中心—地区控制中心—信号控制机,如图 11-11 所示。通常地区控制中心对信号控制机实行控制,将每 1~10 个信号机组合为一个子系统,若干子系统组合为一个相对独立的系统,系统之间基本上互不相关,而系统内部各子系统之间,存在协调、协作的关系。在交通状态有所变化时,子系统可以合并,也可以重新划分。当然,系统允许子系统单独地处理每个交叉口的车辆感应控制。

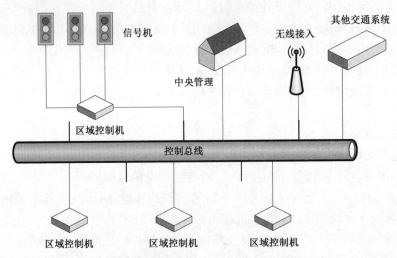

图 11-11 SCATS 系统拓扑

SCATS 系统的功能主要有:交通信息(数据)的实时采集和统计分析;实现对交通流的自适应最佳控制,根据不变化的交通状况实时提出最佳控制方案,保证交通畅通、快速和安全;提供"绿波带"及紧急车辆优先通行权;提供公交车辆优先通行权;提供交通信号灯人工操作功能;提供野外工作终端。可以将便携式个人计算机连接到任何一个路口交通信号机,从而进入整个 SCATS 系统;进行系统技术监察、故障诊断和记录;远程维护。可以电话拨号的方式将计算机连入 SCATS 系统,进行操作维护。

SCATS 有四种运行模式:①联机主控模式,由地区控制计算机提供完全的自适应区域控制,所有的控制参数都是由地区控制机经过综合计算后提供,是正常的工作模式。②无电缆控制模式,当区域计算机发生故障或者通信不畅时,路口控制器便进入离线状态,在这个工作状态下,信号的相位时间、相序及行人的通过时间都在预设的方案中,信号机根据电源频率或时钟同步运行。③单点全感应控制模式,在时钟故障或不能协调的路口,通过车辆感应来自动控制路口的运行,因此,它的周围时间和相位时间都是不能预测的。通过设置在路口信号机上的损失计时器,间隔计时器和车头时距计时器的参数来控制。④黄闪控制模式,所有的方向都闪黄色交通信号灯。

无论采用何种控制运行模式,对路口的交通控制都是通过合理地调控信号控制的三个要素,即周期、绿信比及其相位差来实现的。在不同的路口或同一路口在不同的控制状态下,SCATS 系统都有不同的灵活控制方式来控制路口的交通流。

但是,在 SCATS 系统中由于没有使用交通模型,故此系统本质上来说是一种实时方案选择系统,限制了配时方案的优化过程,缺乏灵活度。

2) SCOOT 系统

SCOOT 系统(Split-Cycle-Offset Optirnazation Technique),即"绿信比—信号周期—绿时差优化技术",是方案生成式实时自适应控制系统,是一种实时交通状况模拟系统。与方案选择方式的区别在于:不需要先储存任何既定的配时方案,也不需要预先确定一套配时参数与交通流量的对应组合关系。方案生成式系统是通过安装于各交叉路口每条进口道上游的车辆感应器,采集车辆到达信息,通过联机处理,形成控制方案,连续地实时调整绿信比、周期时长及绿时差三个参数,使之与变化的交通流相适应。因此,它可以保证整个路网在任何时段都在最佳配时方案下运行,SCOOT 的工作原理见图 11-12,在工作中需要一些其他软件把 SCOOT 系统内核与交通设备等联系起来。

SCOOT 系统是一种实时自适应控制系统,其硬件组成包括三个主要部分:中心计算机及外围设备,数据传输网络和外设装置(包括交通信号控制机、车辆检测器或摄像装置及信号灯)。软件大体由五个部分组成:车辆检测数据的采集和分析;交通模型(用于计算延误时间和排队长度等);配时方案参数优化调整;信号控制方案的执行;系统检测。以上五个子系统相互配合、协调工作,共同完成交通控制任务。

SCOOT 系统是方案形成式控制方式的

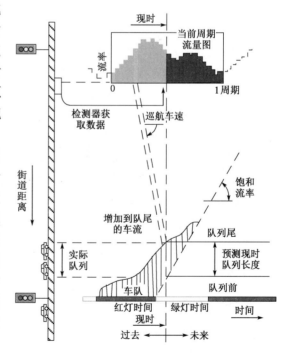

图 11-12 SCOOT 工作原理图

典型代表,是一种实时自适应交通信号控制系统。SCOOT 系统通过连续检测道路网络中交叉口所有进口道交通需求来优化每个交叉口的配时方案,使交叉口的延误和停车次数最小的动态、实时、在线信号控制系统。概括来讲,SCOOT 系统具有五个特点:实用性强,几乎不受城市交通出行方式、出行起讫点分布、土地使用情况、季节性和临时性交通变化以及天气和气候变化的影响;对配时参数的优化是采用连续微量调整的方式,稳定性强;个别交通车辆检测器错误的反馈信息几乎不影响 SCOOT 系统对配时方案参数的优化,而且该系统对这类错误的信息有自动鉴别和淘汰功能;对路网上各交叉口信号配时方案的检验和调整,每秒钟都在进行,所以能对路网上交通状况的任何一种变化趋势作出迅速的反应;SCOOT 系统能提供各种反映路网交通状况的信息,为制定综合管理决策创造了有利的条件。但是,SCOOT 系统几乎所有相关控制策略模型都是通过数学模型的仿真获得的,这就要求抽象的数学模型必须准确地反映系统的运行状态,误差范围小,否则必然会影响控制效果。另一方面,数学模型的精确度越高,结构就越复杂,因而仿真时间就越长,这将会在实时性与可靠性之间产生矛盾,特别是要求进一步提高效果时,这一矛盾就会越突出。

SCOOT 优选配时方案的主要环节有检测、子区划分、模型、优化等。检测,是使用环形线圈检测器实时地检测交通数据;子区划分,系统划分子区由交通工程师预先判定,系统运行就以划定的子区为依据,运行中不能合并,也不能拆分,但 SCOOT 可以在子区中有双周期交叉口;模型,车队预测、排队预测、拥挤预测及效能预测,其中车队预测采用周期流量图,即根据检测到的交通信息经实时处理后,实时绘制成检测器断面上的车辆到达周期流量图,然后在检测器断面的周期流量图上通过车流散布模型预测到达停止线的周期流量图。效能预测,与 TRANSYT 相同,使用延误和停车数的加权值之和或者油耗作为综合效能指标 PI,在 SCOOT 中也有采用"拥挤系数"作为效能指标。优化,比如在优化中需要考虑优化策略、优化次序、绿灯时长优选、绿时差优选及周期时长优选等。

3)国内自适应控制

20 世纪 80 年代开始,国内在自适应控制方面,借鉴国外先进系统,结合我国特色,在单点控制研发基础上开发了众多的自适应控制系统。由于引进与借鉴的国外技术与成果,大多难以适应我国的"非机动车—机动车—行人"混合交通流的特点,因此研制一套适应我国国情、路况,实现高效城市交通路网控制的系统很有必要。因此,国内自主研发的自适应控制系统主要是应对混合交通流的特点,并以此为原则发展出了众多的品牌,参与者有高新技术的 IT 公司、传统交通行业的科研院所及高校,代表性成果如北京普天、浙大中控等企业的相关产品。这些系统都有较好的算法与本地化特点,但是国内自适应控制系统仍具有接口难以相容的弊端,造成使用扩展与升级过程中消耗很多成本。

11.5 快速路交通控制

快速路出入口管理与控制是整个快速路系统运行顺畅的关键。快速路的控制系统主要分为三个部分:入口匝道控制系统、主线控制系统及出口闸道控制系统。其中使用最为广泛的是入口匝道控制系统。

快速路作为投资大、速度快的交通方式,如果管理存在问题,同样也难以发挥正常的功能。

下面分别对快速路的控制系统进行介绍。

1）匝道控制的方法

城市快速路匝道控制方法分为匝道口控制、转移匝道控制及匝道联合控制三种类型。匝道口控制就是通过可变信息板、信号灯等设施对匝道出入口的放行、封闭情况进行控制；转移匝道控制就是将出入口匝道控制转移到与出入口匝道相连的辅路交叉口来实现；匝道联合控制是指快速路的多个匝道口、多个辅路交叉口、辅路交叉口相连道路的多个交叉口的综合控制方法。

匝道口控制主要通过感应线圈、可变信息板及信号灯等设施的协作完成，感应线圈检测每个车道上的交通流量（图 11-13）；可变信息板是向驾驶员即时提供路段及匝道情况，请驾驶员提前做准备；信号灯是通过红绿灯实现车流控制的功能。感应线圈、可变情报板及信号灯三者协作运行过程。

匝道口控制主要通过对快速路主线部分、匝道入口、匝道出口的交通流量监测，随时分析各个路段的服务水平及运行状况，遇到交通拥堵或者偶发事件，即可通过可变信息板和信号灯对匝道出入口进行控制，保证快速路系统的顺畅。此外，还需要在与快速路相接的主要道路等关键节点设置监测器及可变信息板等，将监测的信息即时传入指挥控制中心，通过指挥控制中心判断其交通状况，并反馈给驾驶员，达到快速路和相接的主要道路的交通信息共享，使得驾驶员及时避让拥堵路段，提高行车效率，其工作过程如图 11-14 所示。

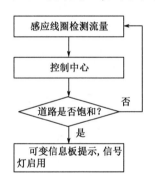

图 11-13　匝道入口控制流程

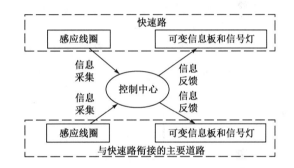

图 11-14　快速路与其相衔接道路信息共享

2）监测器、信号灯的布设

匝道口控制最基本的形式有独立入口匝道控制和独立出口匝道控制两种。入口与出口的各种形式下的控制方法可以根据这两种基本形式进行组合，达到控制目的。

在匝道入口处需设置可变信息板，用来提示匝道及主线道路运行状况，以利于非快速路主线上的驾驶员判断是否驶入匝道。在匝道与主线上均需布置感应线圈，监测其交通流量，将即时的交通流量信息传入指挥控制中心，为指挥控制中心分析判断提供依据。在匝道与主线相汇处还需设置信号灯，显示由指挥控制中心发出的匝道开关信息。

11.5.1　入口匝道控制

入口匝道控制，一般被认为是快速路的主要交通控制措施之一。它的作用是如下一个或几个：首先，减少整个快速路系统内所有车辆的行程时间；其次，使交通流量得到均匀整理；然后，消除或减少交汇中的冲突和事故；最后，由于交通流量均匀平滑，使得车流状况得到改善，减少了不舒适感和环境的干扰。快速路进口匝道检测器位置示意图见图 11-15。

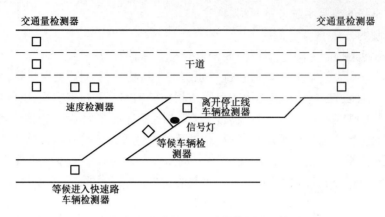

图 11-15　快速道路进口匝道检测器位置示意图

入口匝道控制方法有以下四种：

1）封闭匝道法

考虑封闭匝道的情况：互通式立交非常接近，交织问题十分严重的地方；有较多车辆要在匝道上排队，但没有足够长度容纳排队车辆的匝道；附近有良好的道路可供绕行通过。

2）匝道定时限流控制法

这种控制方法也是匝道限流条件控制，匝道定时限时控制的目的是改善快速路的交通状况或改善车流汇合时的安全。如果匝道的集合形状合理，则其可能的通行能力为 800～1200 辆/h。匝道条件交通量的范围在正常交通量和某些较为合理的最小交通量之间。调节控制用匝道上的交通信号实现，这些信号包括标准信号或改进型信号，按时允许一定的数量的车辆通过匝道驶入快速路干道。定时限流是最简单的控制形式，其精确程度与城市道路交叉口信号相似。这种调节系统主要包括设置在匝道上的一个或两个信号机、时钟控制和某种形式的交通标识，这种标识能够提醒车辆驾驶员匝道正在执行限流。信号机可按三种不同速率进行工作，限流率根据快速路上交通流量、下游交通能力及匝道进入快速路的交通流量而定。

如图 11-16 所示，上游需求量如果加上准备进入干道的匝道需求量将大于瓶颈处的 7200 辆/h，此时，应该对匝道准备进入干道的车辆进行限制进入，以达到一个理想的通行状态。

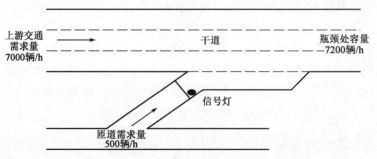

图 11-16　交通需求量超过快速路瓶颈容量的情况

3）匝道感应交汇控制法

在快速路上和匝道上装有检测器，可获取交通信息。根据不同的控制方案，通过小范围的控制中心或中心计算机，实施限流控制，限流率可依靠交通信息作相应的调整。匝道调节可被看作是对快速道路、匝道和匝道引导上的交通反馈。控制方案变量可以通过各类交通参数的各种组合获得,如交通量—通行能力差额控制、占有率控制、路肩车道间隔控制、可插间隔交汇控制、移动交汇控制等。

4) 匝道系统控制

将一系列的匝道集中起来作为一个整体控制的交通控制系统,称为匝道系统控制。系统限流率根据整个系统的交通量与通行能力之差确定。与独立的限流控制相比,匝道系统控制的优点是能够兼顾整个系统,达到统一控制的目的。整体车辆感应限流控制能适应交通量变化要求,使整个系统的车流保持最佳化,若快速路段发生偶然事故,这种交通控制显得较为有效。此时,发生事故的下游匝道,其限流率会自动增加,而上游匝道的限流率会自动减少。可以看出,这种系统需要中心计算机进行控制,才能完成这种复杂的控制操作。

11.5.2 主线控制

主线控制的作用主要有三个:首先是取得最佳车速,从而使得瓶颈路段的通行能力达到最大;其次,一旦因车速或车流密度等发生变化产生波动时,可防止汽车发生追尾、冲突;最后,出现事故或因维修而使主线通行能力受到限制时,可提高快速路的使用效率。

控制方法主要有可变限速控制、车道封闭控制及可逆车道控制,下面分别进行介绍。

1) 可变限速控制

快速路上设置可变限速标志,指示随着交通的状态变化进行限制车速。作用是向驾驶员预告前方交通拥塞或将要通过瓶颈路段,驾驶员应按照指示的限速行驶。可变限速标志指示的车速能使车流平稳、车速均匀,从而提高通过瓶颈路段的通行能力。

2) 车道封闭控制

这种标志通常在各车道上用垂直绿箭头表示。如果某条车道由于养护等而需要提前封闭时,该车道上面的绿箭头标志相应改变为红色"×"标志,当交通量小于快速路的通行能力时,车辆会服从这种标志的指示,并在车道封闭前比平常更早离开已封闭的车道;当交通量大于快速道路的通行能力,在高峰期间封闭某个车道,期望采用此方式能带来较大收益并不现实。

3) 可逆车道控制

快速路在高峰时间,交通量会出现较大的双向不平衡状态,这种不对称的平衡状态在的存在将造成道路的供给严重不对称,目前,较为合理的解决方法是设置可逆车道。为安全起见,可将可逆车道与一般车道分开,形成三类车道共存,并在匝道与可逆车道的出入口处设立移动的隔离栅栏与可变情报板等控制标志加以引导。在可逆车道的控制中可变情报板发挥着重要作用。

如果快速道路在养护与维修期间,或一条车道因严重交通事故而引起车流阻塞时,利用双向车道作为应急是有利的。快速路如果没有良好的平行干道或界面道路可利用时,可以优先考虑使用可逆车道,若可逆车道能保证安全,方便行驶,则通行效果更为高效。

11.5.3 出口匝道控制

出口匝道和入口匝道类似,也可以有调节驶离快速路的车辆数及封闭出口匝道。但是从现实意义上讲,作用并不是很大。这是因为封闭出口匝道会造成如下的影响:增加了驾驶员的行车时间及距离;设置人工控制的隔离栅栏,或自动门等,费用甚大,并且在高峰时间负面影响较大;对驾驶员的心理造成负担;交通追尾事故的可能性要大于正常行驶。

当然,有些情况还是需要考虑出口匝道的封闭出口情况,比如在大量的车量在出口拥堵时,并在短期内难以疏散,或者出口匝道连接着大型交通是立交的沿街道路,或者近郊道路距离较短等情况下造成的堵塞等,这种方法可以起到调控作用。

11.5.4 匝道系统控制

区域中的一些匝道集中起来作为一个整体来统一考虑交通控制的系统,称为匝道系统控制。限流率是根据整个系统的交通量与通行能力来确定的,它与独立的匝道控制相比更具科学性,对整个匝道的控制能够为快速路的交通出行提供更好的服务。

整体车辆感应限流控制可适应交通量变化的情况,使得整个系统的车流能够保持在一个稳定的最佳状态。当然,这种控制操作也较为复杂,需要中央控制计算机进行入口、出口匝道及主线协调控制。

【复习思考题】

11-1 交通信号控制系统主要应用在哪些环境中?

11-2 什么是绿信比?

11-3 快速路由哪些部分构成?

11-4 在快速路的交通信号控制方面,如何考虑设置交通信号的安装位置?

11-5 交通信号配置设计中,经常涉及的时间参数主要有哪些?

11-6 从交通信息号的运行方式上来说,基本可以划分为几个大类?请对各大类内容进行有效阐述。

第 12 章
道路交通仿真软件简介

交通仿真计算的做法突破了传统的人工计算烦琐的数据采集以及试验验证等研究工作。如图 12-1 所示为道路交通仿真系统作用示意图。

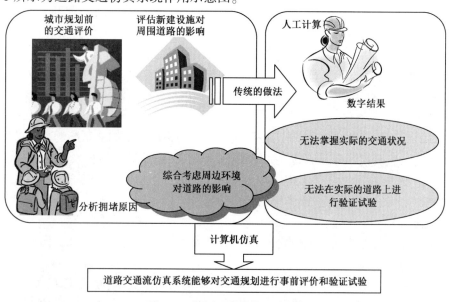

图 12-1　道路交通仿真作用示意图

"道路交通仿真系统"可以对"城市再规划"、道路的新建和改扩建的效果作出事先验证；可以评价新建的大型设施对周边道路交通环境产生的可能影响；可以对"缓解交通堵塞对策"的有效性进行评估。

道路交通仿真适用的范围很广，包括对城市规划等进行先行评价，评价和研讨城市二次开发计划，新铺道路建设以及不停车自动收费系统。道路交通仿真系统同样可以评价即将设置的设施对周围环境产生影响，包括停车场的建设计划和提供信息的情报板有效利用，以及如何通过改变交叉点信号周期的变化来缓解交通拥堵等问题。

12.1 仿真理论

计算机仿真通过建立数学模型、编制计算机程序实现对真实系统的模拟，从而了解系统随时间变化的行为或特性。

12.1.1 仿真分类

依据不同的分类标准，可将系统仿真进行不同的分类。

(1) 根据被研究系统的特征可分为两大类，即连续系统仿真和离散事件系统仿真。连续系统仿真是指对那些系统状态量随时间连续变化的系统的仿真研究，包括数据采集与处理系统的仿真。这类系统的数学模型包括连续模型(微分方程等)、离散时间模型(差分方程等)以及连续—离散混合模型。

离散事件系统仿真则是指对那些系统状态只在一些时间点上由于某种随机事件的驱动而发生变化的系统进行仿真试验。这类系统的状态量是由于事件的驱动而发生变化的，在两个事件之间状态量保持不变，因而是离散变化的，称之为离散事件系统。这类系统的数学模型通常用流程图或网络图来描述。

(2) 按仿真实验中所取的时间标尺 τ(模型时间)与自然时间(原型)时间标尺 T 之间的比例关系可将仿真分为实时仿真和非实时仿真两大类。若 $\tau/T=1$，则称为实时仿真，否则称为非实时仿真。非实时仿真又分为超实时($\tau/T>1$)和亚实时($\tau/T<1$)两种。

(3) 按照参与仿真的模型的种类不同，将系统仿真分为物理仿真、数学仿真及物理—数学仿真(又称半物理仿真或半实物仿真)。

①物理仿真。

物理仿真又称物理效应仿真，是指按照实际系统的物理性质构造系统的物理模型，并在物理模型上进行试验研究。物理仿真直观形象，逼真度高，但不如数学仿真方便；尽管不必采用昂贵的原型系统，但在某些情况下构造一套物理模型也需花费较大的投资，且周期也较长。此外，在物理模型上做试验不易修改系统的结构和参数。

②数学仿真。

数学仿真是指首先建立系统的数学模型，并将数学模型转化成仿真计算模型，通过仿真模型的运行达到对系统运行的目的。

现代数学仿真由仿真系统的软件/硬件环境，动画与图形显示、输入/输出等设备组成。

数学仿真在系统分析与设计阶段是十分重要的，通过它可以检验理论设计的正确性与合理性。其具有经济性、灵活性和仿真模型通用性等特点,今后随着并行处理技术、集成化软件技术、图形技术、人工智能技术、先进的交互式建模和仿真软硬件技术的发展,数学仿真必将获得飞速发展。

③物理—数学仿真。

物理—数学仿真,又称为半实物仿真,准确称谓是硬件在环(Hardware in the Loop)仿真。这种仿真将系统的一部分以数学模型描述,并把它转化为仿真计算模型;另一部分以实物(或物理模型)方式引入仿真回路。半实物仿真有以下几个特点:

a. 原系统中的若干子系统或部件很难建立准确的数学模型,且各种难以实现的非线性因素和随机因素的原因,使得进行纯数学仿真难以取得理想效果。此类情况,可将不易建模的部分以实物代之参与仿真试验。

b. 利用半实物仿真可以检验系统数学模型的正确性和数学仿真结果的准确性。

c. 利用半实物仿真可以检验构成真实系统的某些实物部件乃至于整个系统的性能指标和可靠性,准确调整系统参数和控制规律。

12.1.2 典型交通仿真模型建模方法与特点

仿真模型是被仿真对象的相似物或其结构形式,它可以是物理模型或数学模型。但并不是所有对象都能建立物理模型。例如为了研究飞行器的动力学特性,在地面上只能用计算机来仿真。为此首先要建立对象的数学模型,然后将它转换成适合计算机处理的形式,即仿真模型。具体地说,对于模拟计算机应将数学模型转换成模拟排题图;对于数字计算机应转换成源程序。

交通仿真模型大致可划分为微观交通模型、中观仿真模型及宏观仿真模型。对于各类模型,微观模型是以个体车辆行为为研究对象,一般适用于离线、中小型路网的交通仿真。通过采用并行处理技术,微观模型也可以用于大型路网的交通仿真;中观模型因变量大多难于实时求解,在线交通控制应用上受到限制,一般用于离线分析;宏观模型以车辆整体流动为研究对象,将交通流和流体进行类比,抽象度较高,计算量实时性较高,比较适合对大型路网进行交通流仿真。

1) 微观交通模型

微观交通模型非常细致地描述交通系统中每一时刻,每一辆车的行为及其相互作用关系。微观交通模型有四个典型代表,即安全距离跟驰模型、刺激—反应跟驰模型、心理—生理学跟驰模型和CA模型(元胞自动机模型)。

(1) 安全距离跟驰模型

安全距离跟驰模型也称防撞模型,就是寻找一个特定的跟驰距离,使得在前车驾驶员采取一个意想不到的操作时,只要后车与前车间距大于这个特定的跟驰距离,就不会发生碰撞。

(2) 刺激—反应跟驰模型

刺激—反应跟驰模型的基本原理是:驾驶员试图与前车驾驶行为保持一致,即只要有前车的行车刺激,后车就会对此作出反应,但是有一个延迟时间 T。该模型重在描述驾驶环境中各种刺激对驾驶员行为的影响,表述为:反应 = 灵敏度 × 刺激,通常,"反应"是指后车所做的减速或加速动作。

(3) 心理—生理学跟驰模型

心理—生理学模型也称反应模型,是用一系列的阈值和期望距离体现人的感觉和反应,这些界限值划定了不同的值域,在不同的值域,后车与前车存在不同的影响关系。德国 Karlsruhe 大学的 Wiedemann 于 1974 年建立的 MISSION 模型是这类模型中最为深入、最符合驾驶员行为的模型。模型通过将车辆跟驰状态划分为自由行驶区、脱离前车区、逼近前车区、跟驰行驶区、制动避祸区,在不同区域采用不同的模型计算车辆下一时刻的状态。

(4) CA 模型(元胞自动机模型)

元胞自动机模型又称为微粒跳跃模型,目前已经被用于许多领域,如生物学、物理学等。将该模型应用于交通仿真,可仿真大型路网的微观特性。在该模型中,交通系统被视为一个个相同大小(一般是 7.5m)的蜂窝格子,车辆的运动是以离散方式从一个蜂窝跳跃到另一个蜂窝。车辆的速度只能在一个有限的区间 $(0, V_{max})$ 内取离散值,V_{max} 为最大速度。

由于计算简单,该类模型运算速度非常快,可用于仿真大型路网的交通运转或用于交通预测。模型在追求运算效率的同时,融合了微观仿真模型的优点。但是,车辆跟驰规则毕竟与真实驾驶行为存在较大的差距,存在一定的局限:如缺乏直观性,模型中对于超车、汇流等交通细节的描述和研究都比较粗糙。

2) 中观交通模型

中观模型采用中等详细级别来表述交通,既不区分车辆和驾驶员的行为,也不单独描述,而是运用一种更聚合的方式来描述两者,如概率分布函数。但是行为规则的描述还是在独立级别上,如气体动力模型描述在某地某时刻的速度分布。中观模型有三个典型代表,即车头距分布模型、车辆团模型及气体运动模型。

(1) 车头距分布模型

车头时距指两辆车连续通过同一位置的时间差。车头距分布模型既没明确细节,也没有跟踪单个车辆,而是描述车头距的分布情况。在混合车头距分布模型中,将首车与跟驰车辆区别对待,即这两类车的车头时距服从不同的概率分布。该模型的缺点是忽略了交通动力学特性,同时假定所有车辆在本质上是相同的。

(2) 车辆团模型

车辆团模型中的核心就是车辆团,指拥有统一特征的车辆组。团的大小可以动态增加或减少,但团里面的交通状况,如车头距、速度差等,通常是不必仔细考虑的。团的形成一般是由超车限制引起的,如禁止超车、与周围车辆的关系冲突不可能超车、天气因素或周围条件等。

(3) 气体动力模型

连续气体动力模型描述的不是单个车辆的运动特性,而是交通中车辆速度分布函数的动态变化。这是一个从统计物理学里借用来的概念,类似于宏观交通模型中的交通流密度,反映出单个车辆的速度分布函数。

3) 宏观交通模型

在连续的宏观交通模型中,独立变量为位置 x 和时间 t,绝大多数的宏观交通模型都是描述密度 $k=k(x,t)$、流量 $q=q(x,t)$、速度 $v=v(x,t)$ 的动态变化。密度 $k(x,t)$ 表示在时刻 t,路段 $[x, x+\mathrm{d}x]$ 的单位长度上的车辆数;流量 $q(x,t)$ 表示在时段 $[t, t+\mathrm{d}t]$ 的单位时间上通过 x 点的车辆数;速度则可表示为 $v(x,t)=q(x,t)/k(x,t)$。

假设交通流的相关变量是时间空间的微分函数,于是可以得到:$q=vk$,以及车辆守恒方程:$\partial k + \partial q = 0, \partial k/\partial t + \partial q/\partial x = 0$,表明在区间 $[x, x+\mathrm{d}x]$ 的边界上进入和流出的车辆数是守恒的。上面两个独立方程,被称为交通流第一连续模型。

1955年，英国学者Lighthill和Whitham将交通流比拟为一种流体，提出了流体动力学模拟理论，即L-W理论。

采用交通仿真作为分析和实验的工具，可以描述复杂交通系统的特性，主要可用于：在动态的交通管理中评价各种处理方式；对道路基础设施的建立或撤销进行评估和预测；对道路的通行能力或服务水平进行评估和预测；进行事故仿真，分析其阻塞的形成、传播和疏通过程等。

12.1.3 仿真过程

通常仿真研究过程分为：系统分析、模型构造、系统分析及模型构造等，如图12-2所示。

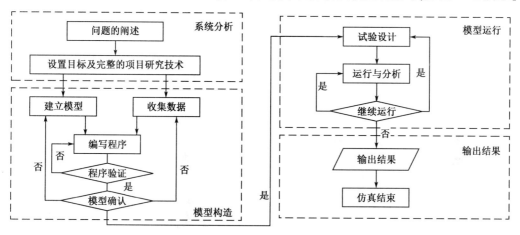

图12-2 仿真研究步骤

系统分析是明确问题和提出总体方案。即把被仿真系统的内容、目的、系统的边界表达清楚，确定问题的目标函数和可控变量，找出系统的实体、属性和活动等。

模型构造就是建立模型。选择合适的仿真方法，如选择时间步长法、时间表法等，确定系统的初始状态，设计整个系统的仿真流程图。同时收集数据，编写程序，进行程序认证，并确认模型。

模型的运行与改进，确定具体的运行方案，如初始条件、参数、步长、重复次数等，然后输出数据。改进是将得出的仿真结果与实际系统进行比较，进一步分析和改进模型，直到符合实际系统的要求及精度为止。

设计格式输出仿真结果，设计出结构清晰的仿真结果输出，包括提出文件的清单及重要的中间结果等。输出格式要利于用户了解整个仿真过程及分析和使用仿真结果。

12.1.4 仿真基本理论

长期以来，人们已经充分认识到利用数学模型去描述所研究系统的优越性，并且逐渐地发展了系统研究和系统分析理论。但是，由于数学手段的限制，人们对复杂事物和复杂系统建立数学模型并进行求解的能力是有限的。在20世纪末、21世纪初工业技术的迅速发展过程中，由于常规数学模型的缺陷对技术的进步的制约作用日益明显，系统仿真作为一门技术科学也就应运而生。

仿真方法可分为连续系统的仿真方法和离散事件系统两大类仿真方法。人们有时将建立数学模型的方法也列入仿真方法,这是因为对于连续系统虽已有一套理论建模和试验建模的方法,但在进行系统仿真时,常常先用经过假设获得的近似模型来检验假设是否正确,必要时修改模型,使它更接近于真实系统。对于离散事件系统,建立它的数学模型就是仿真的一部分。

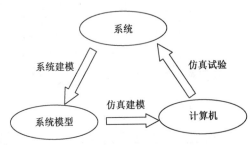

图12-3 系统仿真三个要素与三个相关基本活动

对于系统仿真来说,一般是指活动过程有很多的研究对象与研究手段,但总的来说包括三个要素:系统、模型与计算机。联系这三个要素有三个基本活动:系统模型的建立、仿真模型的建立及仿真试验。它们之间的关系结构如图12-3所示。

从交通形式上来说,交通流在高速公路上或者很长的公路隧道,是一种连续不可压缩流体,这种交通流是简单的研究对象。复杂的交通流在形式上多种多样,比如车流的消散、车流汇集等可压缩交通流的状况。这些复杂的形式是由简单的交通流组成,表现为一种可压缩流的形式,所以流体运动规则同交通流的运动有着相似性。通过研究,认为由流体的黏性原理与可压缩性同样可以模拟交通流在遇到阻力或者道路变窄时的特殊状况。

此外,从交通流的理论上来说,交通仿真又分为微观模型仿真、中观模型仿真及宏观模型仿真。

12.1.5 仿真环境

仿真环境主要包括仿真硬件和仿真软件两部分。

(1)仿真硬件

仿真硬件中最主要的是计算机。除计算机外,仿真硬件还包括一些专用的物理仿真器,如运动仿真器、目标仿真器、负载仿真器、环境仿真器等。

(2)仿真软件

仿真软件包括为仿真服务的仿真程序、仿真程序包、仿真语言和以数据库为核心的仿真软件系统等。

12.1.6 道路交通仿真的优点

计算机仿真涉及人们生活的方方面面,道路交通仿真的研究及应用在国内外也不断发展,并得到了越来越多的重视,对道路交通采用仿真研究方法是挖掘现有交通资源的潜力是很好的方法。这是因为传统的描述交通流状态的数学分析方法虽然在描述系统的总体特征性上有其独特的优势,交通流的假设只是在总体上把握了交通流与真实流体间存在的相似性,事实上,道路交通流中车型的多样性与流体的流质之间的特性不完全吻合,道路交通流的特征更加复杂。道路交通仿真继承了计算机仿真的各种属性,主要具有以下优点:

(1)灵活性与可重复性:在仿真的过程中,可以动态地修改仿真参数,经过多次的参数修改,仿真将会得到与实际情况更为相近的效果。

(2)安全性:具有很高的安全性,因为重复的仿真过程是通过计算机与软件呈现出结果,不需要投入大量的物质试验,避免了真实试验带来的不安全因素。

(3)经济性:重复的仿真带来了不可比拟的经济特性。比如:设备的购置、人员的配备等。

(4)可拓展性:通过仿真,可以发现问题的细节,从而有目的地进行更改,或者增加模块,使仿真系统具有更为强大的仿真功能。

(5)快速真实性:与实际交通调查相比,交通仿真可以快速获得结果,缩短了数据获取周期,还可以避免由于人为因素发生交通中断等干扰而造成的数据丢失或失真。

(6)可控制性:交通仿真是通过程序控制的,它很容易使某些参数的作用限制在一定范围或特定值。例如,人为地固定一些变量为常数,只改变一些变量以考察它们对道路安全性的影响;还可以事先对一些诸如信号配时、几何形状等因素进行人为优化,采取特定的组合方案进行模拟,进而对不同方案进行比选和评价等。

12.2　交通仿真应用

交通仿真技术指的是在计算机上通过设置实际交通特性的参数来模拟真实的道路交通,并且能评价设计方案是否有效的技术。

12.2.1　交通信号机仿真

交通信号机仿真是采用软件的方式(EDA 工具),把交通信号机与信号灯控制在一些硬件设计、代码调试及信号系统运行过程采用软件仿真的方式进行模拟的过程,或者是从原理图布线、代码调试,单片机与外围电路协同仿真的过程。

在交通信号机仿真过程中需要考虑道路交叉口的控制模式等,并设计好控制方案,即在设计仿真前需要对点控、线控、面控的方式进行选择,对绿信比等进行预先的计算,依据方案进行仿真系统的设计。

在仿真过程中,硬件设计等可以采用软件方式模拟处理,习惯上,从处理过程来说分为硬件仿真与控制仿真。硬件仿真是针对硬件设计等进行仿真,而控制仿真是对信号的控制代码进行仿真调试。而事实上,这个过程在交通信号机的仿真中是很难严格区分的,这是因为单独的控制仿真没有硬件环境的正确搭建是无法进行仿真的。

硬件仿真需要仿真软件具有把各类硬件的状态进行模拟的能力:支持如 8051、AVR、ARM、8086 等处理器模型的仿真。首先,通过计算得到合理的相位与绿信比等必要的参数,作为仿真介绍,本章主要采用定周期配时,便于对仿真软件的使用与学习。这里对道路十字形交叉口的信号灯控制进行仿真。其次,建立一个对应于相位的软件仿真环境,这里采用 Proteus 制图,并建立四相位仿真运行环境。再次,以 KEIL 为编程环境,针对四相位的仿真方案设计控制程序,并使得仿真 C51 芯片加载方案设计代码文件。最后,运行仿真,看是否对设计的相位控制符合要求。

1)相位设计

本仿真对象为道路十字交叉口的四相位控制,控制相位如图 12-4 所示。

2)基于 C51 单片机电路图设计

模拟交通灯控制器就是使用单片机来控制一些 LED 和数码管,模拟真实交通灯的功能。

红、黄、绿交替闪亮,用于管理十字路口的车辆及行人交通,单片机可选用 AT89C51,它与 8051 系列单片机全兼容,且内部带有 4kB 的 FLASH ROM,设计时无需外接程序存储器,为设计和调试带来极大的方便。详细设计电路如图 12-5、图 12-6 所示。

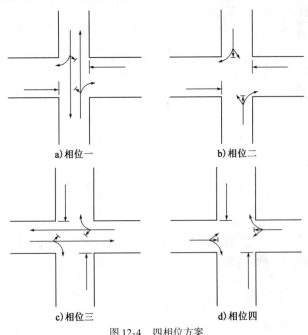

图 12-4　四相位方案

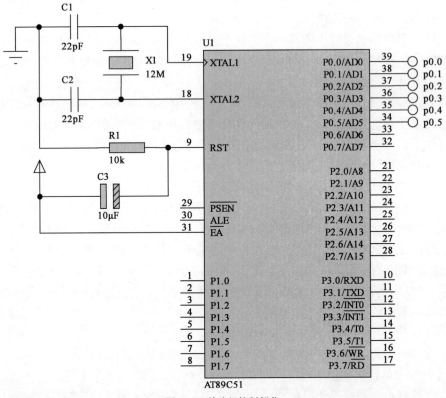

图 12-5　单片机控制部分

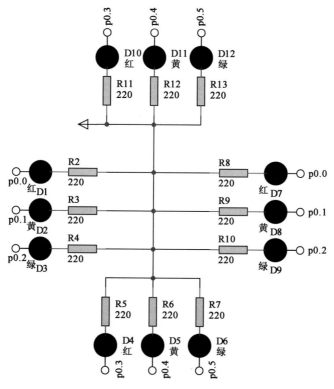

图 12-6　信号灯绘制部分

电路部分:东、西、南、北向均设置左右转绿色信号灯,并设置直行绿色信号灯,红色信号灯及黄色信号灯,按相位图设置相应的信号灯的值,如相位一:东西向左右转的绿色信号灯对应的变量值设置为 0,南北向红色信号灯对应的变量值设置为 0,其余的信号灯对应的变量值设置为 1,其他相位的信号灯对应的变量值按相应相位编写具体的 C 语言代码。

3)嵌入式代码

嵌入式代码设计师硬件能够按预定方案进行运行的必要内容,在信号机的控制中同样也离不开程序的控制,嵌入式代码主要采用 C 语言规范,主要仿真代码如下:

```
#include <reg52.h>
#define uchar unsigned char
#define uint unsigned int

sbit RED_A=P0^0;
sbit YELLOW_A=P0^1;
sbit GREEN_A=P0^2;
sbit RED_B=P0^3;
sbit YELLOW_B=P0^4;
sbit GREEN_B=P0^5;
sbit ZUOZHUAN_GREEN=P0^6;
sbit ZUOZHUAN_RED=P0^7;

        for(t=120;t>0;t--);
    }
}

void Traffic_lignt()
{
    switch(Operation_Type)
    {
        case 1:
            RED_A=1;YELLOW_A=1;GREEN_A=0;
            RED_B=0;YELLOW_B=1;GREEN_B=1;
            ZUOZHUAN_GREEN=1;ZUOZHUAN_RED=1;
```

```
uchar Flash_Count = 0;
Operation_Type = 1;

void DelayMS(uint x)
{
  uchar t;
  while(x--)
  {
```

```
            DelayMS(2000);
            Operation_Type = 2;
            break;
        case 2:
            DelayMS(200);
            YELLOW_A=~YELLOW_A;
            if(++Flash_Count !=10)
                return;
            Flash_Count=0;
            Operation_Type = 3;
            break;
        case 3:
            RED_A=0;YELLOW_A=1;GREEN_A=1;
            RED_B=1;YELLOW_B=1;GREEN_B=0;
            DelayMS(2000);
            Operation_Type = 4;
            break;
        case 4:
            DelayMS(200);
            YELLOW_B=~YELLOW_B;
            if(++Flash_Count !=10)
                return;
            Flash_Count=0;
            Operation_Type = 1;
            break;
    }
}

void main()
{
  while(1)
  {
    Traffic_lignt();
  }
}
```

4）结论

作为采用软件仿真的方法对信号机进行了解及掌握，有以下几项优点：

（1）避免了对硬件的重复试验造成的浪费,大量的事实证明软件在某种程度上完全可以模拟硬件的运行及其动作。

（2）对于学习重点放在控制方法及其算法上来说,通过软件仿真可以避免硬件实施过程中产生的其他问题对最终学习目的造成影响。

（3）对于交通信号机的控制可以采用仿真软件当中的各类元件库进行创新试验,得到更多的学习空间。

（4）使用仿真软件进行信号机的控制学习同样也具有缺点,即失去了对在控制机中的电子元件的感性认识,故此这些内容的学习应该在相关课程中需要进行弥补。

12.2.2 道路交通仿真

对于道路交通仿真可以针对不同的考察对象进行模拟现实状况,并通过模拟改进的方案进行评价确定方案的合理性。本仿真是以部分道路交通为研究对象,研究的是微观交通流运行特性,因此需构建微观仿真环境。

1) 仿真对象

对于本仿真来说,需要设定一个考察对象,并通过对考察对象的模拟仿真,再现道路交通的真实状况,进而通过改进后再次仿真来确定改进结果的合理程度。本仿真是以某城市快速路高架桥出口交织区对整个快速路的交通拥堵状况进行仿真分析及改善控制方案。

2) 仿真参数标定

本仿真选用 VISSIM 交通仿真软件,仿真参数的标定主要是依据西安市西二环路土门高架由北向南路段的调查数据来进行的,道路结构模型是通过将以百度卫星地图测量数据为基础制作的 CAD 底图导入 VISSIM 中建立的,如图 12-7 所示。

 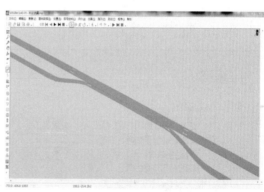

图 12-7 仿真的道路结构模型

（1）仿真模型标定流程

仿真参数的标定以实际调查数据为依据,尽可能使得交通仿真环境的搭建符合实际状况,具体流程如图 12-8 所示。

（2）交通数据采集

本仿真选定西安市西二环路一段北起丰镐西路南至昆明路的由北向南的金光门高架快速路为研究对象。该段高架匝道的结构为先入后出型。本书主要调查收集高架、出口匝道、入口匝道及其相连接的地面道路的交通流数据,主要对平峰、高峰时刻数据进行重点收集。此外,通过数据的采集小型车辆占99%左右的比例,且现有的信号控制为2个相位,周期为138s。

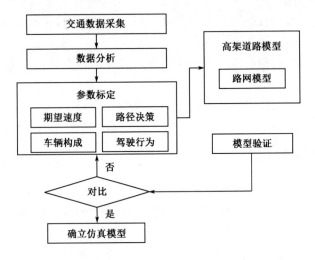

图 12-8 仿真模型标定流程

(3) 参数标定

参数标定是对仿真中各类参数进行近似描述进行的量化描述,包括车辆构成标定、期望车速和驾驶行为标定、路径决策标定等内容。

车辆构成通过调查,获得如表 12-1 所示中小汽车构成比例。

研究对象中小汽车构成比例　　　　　　表 12-1

时段	高架主路	入口匝道	出口匝道
平峰时段	99.6%	98.7%	99.1%
高峰时段	99.8%	98.9%	99.1%

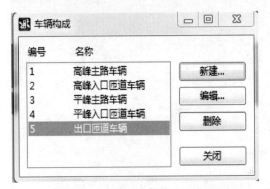

图 12-9 在仿真软件中标定交通车辆构成

在仿真软件中标定结果如图 12-9 所示。

期望车速根据西安市二环快速路文献资料和相应调查数据,通过对其分析,本书的研究对象中,车辆行为模型选择仿真软件 VISSIM 中的 Wiedmann74 模型,车头间距最小值由软件中默认的 0.5m 设置为 0.2m,根据观测到的实际交通状况,在 VISSIM 中将驾驶横向行为设置为同车道的车辆允许超车。

路径决策标定主要是指对车辆的行驶路径进行标定,路径决策需要选定路径所在路段的决策起点和目的。交通状况有四条路径:高架上游主路→高架下游主路、高架上游主路→出口匝道、地面快速路→入口匝道→高架主路、丰镐西路→入口匝道→高架主路。由上选定路径的交通信息调查、采集获得典型路段,平峰、高峰时段车流量,见表 12-2。

3) 仿真模型验证

仿真验证即检测模型的标定是否有效,验证时对比两组数据,第一组数据是实际调查的,第二组数据则用仿真模型仿真后得到的数据,如果通过仿真软件仿真所得数据与第一组数据相吻合,则可以认为本仿真模型符合要求。

路 径 流 量 表　　　　　　表 12-2

编　号	路 径 名 称	平峰时刻(veh/h)	高峰时刻(veh/h)
1	高架上游主路—高架下游主路	743	1898
2	高架上游主路—出口匝道	732	966
3	地面快速路—入口匝道—高架主路	587	1236
4	丰镐西路—入口匝道—高架主路	147	309

对比仿真试验时间设定为 3600s,仿真前 300s 作为清空时间,数据从第 300s 开始采集,数据统计间隔为 300s。分别在平峰、高峰时刻对入口匝道、出口匝道和高架主路的交通流量进行有效性检验。

(1)平峰、高峰时刻仿真模型验证

从平峰、高峰时刻的高架、入口、出口仿真验证数据如图 12-10 ~ 图 12-15 所示。

(2)平峰、高峰时刻仿真结果检验

先采用双样本 F 检验,看其方差是否相等,通过 F 检验发现平峰、高峰时刻入口匝道和高架主路对应各自的实际和仿真样本的方差相等,验证结果如表 12-3 所示。

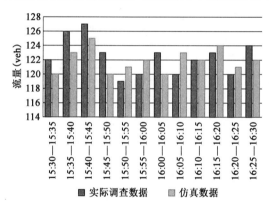

图 12-10　平峰时刻高架流量对比图

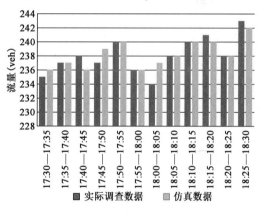

图 12-11　高峰时刻高架流量对比图

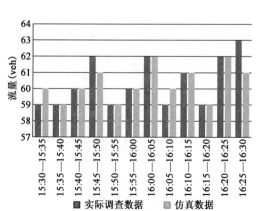

图 12-12　平峰时刻入口匝道流量对比图

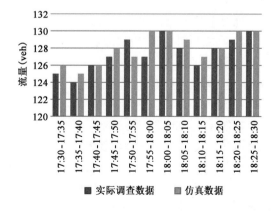

图 12-13　高峰时刻入口匝道流量对比图

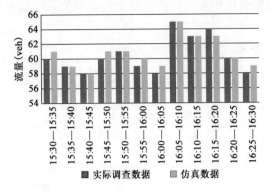
图 12-14 平峰时刻出口匝道流量对比图

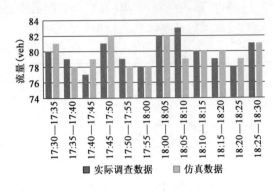
图 12-15 高峰时刻出口匝道流量对比图

95% 置信水平 F 值验证结果　　　　　　　　　　　表 12-3

平 峰 时 刻				高 峰 时 刻			
项目	高架主路	入口匝道	出口匝道	项目	高架主路	入口匝道	出口匝道
F 值	2.31	1.96	1.36	F 值	1.73	1.14	1.41
拒绝域				$F > 2.82$			

F 检验证明实际和仿真样本的方差相等,因此可以采用 T 样本等方差假设检验实测样本与仿真数据样本均值是否相等,检验发现平峰、高峰时刻入口匝道、出口匝道和高架主路对应各自的实际和仿真样本的均值相等,对比结果见表 12-4。

95% 置信水平 T 值检验结果　　　　　　　　　　　表 12-4

平 峰 时 刻				高 峰 时 刻			
项目	高架主路	入口匝道	出口匝道	项目	高架主路	入口匝道	出口匝道
T 值	0.5	0.15	-0.37	T 值	-0.18	-0.76	0
拒绝域				$\|T\| > 2.07$			

综上所述,仿真值和实际测量值具有高度的吻合性,说明仿真具有较高的逼真性。因此,仿真模型接近实际交通状况,本仿真模型符合研究对象的仿真要求,该仿真模型能够运用仿真数据解决实际交通问题提供充分的保证。

4) 改进方案仿真

通过上节分析,平峰时刻,交织区出现偶发性拥堵,这是由入口匝道驶入车流的偶发性增大造成的;高峰时刻,高架主路出现交通瘫痪现象。其主要原因为:高架上车流量达到 2875veh/h,处于饱和状态,驶入流量达到 1545veh/h,驶出流量达 966veh/h,因此,高架主路下游需要承受 3454veh/h 的交通流量,这已超过其通行能力 3000veh/h。

(1) 高峰时段交通拥堵控制策略

在制定高峰时刻控制策略可以借鉴第三章的入口匝道定时调节的研究成果,其调节率 r 主要取决于高架与入口衔接处上游流量 q_d(veh/h)、其衔接处下游道路通行能力 c_d(veh/h) 和驶入流量 q_r(veh/h) 之间的关系。当 $c_d > q_d + q_r$ 时,则驶入流量不需进行控制;当 $q_d > c_d$ 时,高架主路会出现拥堵现象,此时应考虑采取暂时关闭入口匝道的措施,从而缓解拥堵现象;当 $q_d < c_d < q_d + q_r$ 时,可采取调节驶入车流的流量的措施来保障高架主路车辆运行顺畅,其调节率为 $r = c_d - q_d$。

高峰时刻,高架上车流量达到2875veh/h,处于饱和状态,驶入量达到1545veh/h,驶出量达966veh/h,因此,高架主路下游需要承受3454veh/h的交通流量,这已超过其通行能力3000veh/h。因此,在高峰时刻,应将高架的入口匝道关闭。根据实际调查,通常土门高架的高峰时间集中在7:00—9:00和17:00—20:00时间段。

(2)控制改善方案评价

为了验证提出的控制策略对交通拥堵问题的解决是否有效,分别对平峰时刻和高峰时刻进行相应的控制策略进行仿真,然后对实施控制方案前后的密度、最大排队长度等数据进行对比分析,评价其控制策略是否有效。

①交织区密度。

通过对图12-16的分析可知,在高峰时间内,在入口匝道关闭前,外侧车道密度比内侧车道密度较高,维持在80～100veh/km,波动不是很明显;内侧的密度维持在60～100veh/km,波动很明显,特别是1860～2940s,波动很频繁。由交织区的服务水平划分方式可知,在高峰时刻,内侧道路的服务水平为E级,而外侧道路的服务水平为F级。在对入口匝道进行关闭后,主路内侧和外侧车道的密度波动平缓,其内侧的密度基本维持在40veh/km左右;外侧的密度保持在40～60veh/km,最高为58veh/km。这时,道路内侧的服务水平接近D级,而外侧的服务水平为E级。

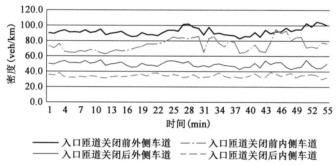

图12-16 高峰交织区密度对比图

采取入口匝道关闭控制后,高架主路交织区的服务水平得到明显提升,道路内侧的服务水平从E级提升到了D级,外侧的服务水平从F级提升到了E级,这说明入口匝道关闭控制对高峰期间交织区的服务水平的提升作用显著。

②主路最大排队长度。

通过对图12-17的分析可知,在高峰时间内,在入口匝道关闭前,车流处于排队密集时刻,排队现象很是严重。排队长度维持在40～110veh,波动很明显,最大排队长度为115veh。在采用入口匝道关闭控制后,排队长度大大减少,其排队长度维持在0～10veh,最大排队长度为11veh,多个时间段内无排队现象。通过对高峰主路停车次数对比(表12-5)分析可知,采用入口匝道感应控制前后引起的停车次数明显不同,通过数据可以看出采用入口匝道关闭控制能够有效减少停车次数。因此,该控制策略能较好地缓解高架主路的排队现象。

高峰停车次数对比表 表12-5

项 目	停车次数	停车减少率
入口匝道关闭控制前	2340	—
入口匝道关闭控制后	443	81%

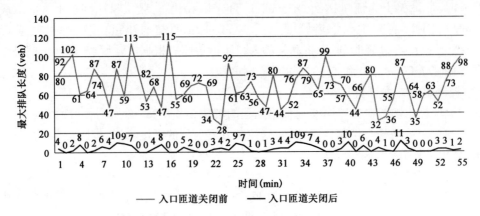

图 12-17　高峰主路最大排队长度对比图

以上分析表明,高峰时刻采取的入口匝道关闭策略对瘫痪性拥堵缓解效果显著。

【复习思考题】

12-1　交通仿真的优点是什么?

12-2　仿真过程包括哪些步骤?

12-3　举例说明在交通中的仿真用途。

12-4　交通仿真中常用的软件有哪些?

参 考 文 献

[1] 徐吉谦.交通工程总论[M].北京:人民交通出版社,1991.
[2] 王殿海.交通流理论[M].北京:人民交通出版社,2002.
[3] 王树盛,黄卫,路振波.路阻函数关系式推导及其拟合分析研究[J].公路交通科技,2006, 23(4):107-109.
[4] 史其信,郑为中.智能交通系统(ITS)共用信息平台构架及解决方案初步分析[J].交通运输工程与信息学报,2003,1(1):41-47.
[5] 杨晓光.中国交通信息化与发展智能交通运输系统问题研究[J].交通运输系统工程与信息,2001,1(3):195-202.
[6] 陕西省交通物流信息公共服务平台初步设计[R].西安:西安长安大学工程设计研究院有限公司,2014,10.
[7] 黄漫国,樊尚春,郑德智,等.多传感器数据融合技术研究进展[J].传感器与微系统, 2010, 29(3): 5-8, 12.
[8] 何友,王国宏,陆大金,等.多传感器信息融合及应用[M].北京:电子工业出版社,2000.
[9] 杨万海.多传感器数据融合及其应用[M].西安:西安电子科技大学出版社,2004.
[10] 宋明,王耀南.复杂工业系统的多传感器信息融合智能技术研究[J].计算技术与自动化,2003,22(2):130-133.
[11] 胡丹丹,肖书明,王燕清,等.基于多传感器的数据融合技术[J].东北电力学院学报, 2004,24(1):62-67.
[12] 杨兆升,冯金巧,张林.基于卡尔曼滤波的交通信息融合方法[J].吉林大学学报(工学版),2007,37(5):1039-1042.
[13] 王志华,史天运.射频识别技术(RFID)在交通领域的应用现状[J].交通运输系统工程与信息, 2005, 5(6): 96-99.
[14] 中华人民共和国国家推荐性标准.GB/T 18314—2009 全球定位系统(GPS)测量规范[S].北京:中国标准出版社,2009.
[15] 中华人民共和国行业推荐性标准.JTJ/T 066—1998 公路全球定位系统GPS测量规范[S].北京:人民交通出版社,1998.
[16] 张向果.GIS、GPS在车辆监控系统中的应用和研究[D].吉林大学学位论文,2004.
[17] 马颖,余廉,王超.我国城市交通突发事件预警管理系统的构建与运行[J].武汉理工大学学报·信息与管理工程版,2006,28(1):67-70.
[18] 常青,杨东凯,寇艳红,等.车辆导航定位方法及应用[M].北京.机械工业出版社,2005.
[19] 郑翠芳.几种常用无损数据压缩算法研究[J].计算机技术与发展, 2011, 21(9): 73-76.
[20] 中华人民共和国国家推荐性标准.GB/T 3222—1994 声学环境噪声测量方法[S].北京:中国标准出版社,1994.
[21] 张冬英,田红心.WiMAX与3G及其LTE技术研究[J].无线通信技术,2007,4:25-30.
[22] 赵智明,项洪印.DSRC技术及其在智能交通中的应用[J].中国科技信息,2005,22:

13-14.

[23] 杨明极,殷聪,幺宏伟.DSRC 电子标签的硬件设计及仿真[J].电子测量技术,2011,34(3):112-116.

[24] 欧冬梅.交通信息技术[M].上海:同济大学出版社,2009.

[25] 吴兵,李晔.交通管理与控制[M].北京:人民交通出版社,2010.

[26] 全永燊.城市交通控制[M].北京:人民交通出版社,1989.

[27] 陕西省交通一卡通互联互通总体设计方案[R].西安:西安公路研究院,2016,12.

[28] 周润景,张丽娜,刘印群.PROTEUS 入门实用教程[M].北京:电子工业出版社,2007.

[29] 程晓鹏.基于 VISSIM 交通仿真的城市高架拥堵分析及控制改善[D].西安:长安大学,2015.

[30] VISSIM[EB/OL].http://www.ptvchina.cn/traffic/vissim.asp.

人民交通出版社股份有限公司 公路教育出版中心
交通工程/交通运输类教材

一、专业核心课

1. ◆▲交通规划(第二版)(王 炜) …………… 40元
2. ◆▲交通设计(杨晓光) …………………… 35元
3. ◆▲道路交通安全(裴玉龙) ……………… 36元
4. ▲交通系统分析(王殿海) ………………… 31元
5. ▲交通管理与控制(徐建闽) ……………… 26元
6. ▲交通经济学(邵春福) …………………… 25元
7. ◆交通工程总论(第四版)(徐吉谦) ……… 42元
8. ◆▲交通工程学(第三版)(任福田) ……… 40元
9. 交通工程学(第三版)(李作敏) …………… 48元
10. 交通工程学(李岩) ………………………… 52元
11. ▲交通工程(吴娇蓉) ……………………… 45元
12. ◆交通运输工程导论(第三版)(顾保南) … 25元
13. 交通运输导论(黄晓明) …………………… 43元
14. 交通运输工程学(过秀成) ………………… 45元
15. Traffic Enginering 交通工程学(王武宏) … 38元
16. Introduction to Traffic Engineering 交通工程总论
    (杨孝宽) ………………………………… 59元
17. Transportation Planning(王元庆) ……… 58元
18. ◆交通管理与控制(第五版)(吴 兵) …… 40元
19. 交通管理与控制(第二版)(罗 霞) ……… 38元
20. Traffic Management and Control(杨 飞) … 24元
21. 交通管理与控制案例集(罗 霞) ………… 25元
22. 交通管理与控制实验(罗 霞) …………… 22元
23. ◆道路交通管理与控制(袁振洲) ………… 40元
24. ▲交通安全(裴玉龙) ……………………… 48元
25. ▲道路交通安全(鲁光泉) ………………… 48元
26. ▲道路交通设计(项乔君) ………………… 38元
27. 交通调查与分析(第3版)(王建军) ……… 55元
28. 交通调查与数据分析(邵长桥) …………… 46元
29. ◆交通工程设计理论与方法(第二版)(梁国华) … 36元
30. 交通工程设施设计(李峻利) ……………… 35元
31. 交通工程设施设计(丁柏群) ……………… 45元
32. 道路交通安全及设施设计(王建军) ……… 45元
33. ◆道路交通工程系统分析方法(第二版)
    (王 炜) ………………………………… 33元
34. 交通工程专业英语(裴玉龙) ……………… 29元
35. ◆智能运输系统概论(第三版)(杨兆升) … 49元
36. 智能运输系统(ITS)概论(第二版)
    (黄 卫) ………………………………… 24元
37. 运输工程(第二版)(陈大伟) ……………… 39元
38. ◆运输经济学(第二版)(严作人) ………… 44元
39. 交通运输经济与决策(马书红) …………… 49元
40. 运输组织(彭 勇) ………………………… 40元

二、专业选修课

41. 道路勘测设计(第二版)(裴玉龙) ………… 59元
42. 微观交通仿真基础(张国强) ……………… 35元
43. ◆道路通行能力分析(第二版)(陈宽民) … 28元
44. 道路运输统计(张志俊) …………………… 28元
45. ◆公路网规划(第二版)(裴玉龙) ………… 30元
46. ◆城市客运交通系统(李旭宏) …………… 32元
47. 城市客运枢纽规划与设计(过秀成) ……… 35元
48. ▲城市客运交通枢纽规划设计(孙立山) … 35元
49. 交通项目评估与管理(第二版)(谢海红) … 45元
50. 公路建设项目可行性研究(过秀成) ……… 27元
51. 交通组织设计(张水潮) …………………… 30元
52. ◆交通运输设施与管理(第二版)
    (郭忠印) ………………………………… 38元
53. 交通预测与评估(王花兰) ………………… 45元
54. 交通工程项目经济与造价管理(臧晓冬) … 40元
55. 交通工程基础方法论(臧晓冬) …………… 38元
56. ◆交通与环境(陈 红) …………………… 30元
57. 道路交通环境影响评价(王晓宁) ………… 25元
58. 交通信息工程概论(崔建明) ……………… 40元
59. 交通地理信息系统(符锌砂) ……………… 31元
60. 高速公路通信技术(关 可) ……………… 36元
61. 交通供配电与照明技术(第二版)
    (杨 林) ………………………………… 36元
62. 信息技术在道路运输中的应用(王 炼) … 42元
63. 运输市场管理(郭洪太) …………………… 38元
64. 交通类专业大学生职业发展与就业指导
    (白 华) ………………………………… 30元

了解教材信息及订购教材,可查询:"中国交通书城"(www.jtbook.com.cn)
天猫"人民交通出版社旗舰店"

公路教育出版中心咨询及投稿电话:(010)85285984,85285865
欢迎读者对我中心教材提出宝贵意见

注:◆教育部普通高等教育"十一五""十二五"国家级规划教材
▲交通工程教学指导分委员会推荐教材、"十三五"规划教材